Cesare Beccaria

Abhandlung über Verbrechen und Strafen

Cesare Beccaria

Abhandlung über Verbrechen und Strafen

ISBN/EAN: 9783744721516

Hergestellt in Europa, USA, Kanada, Australien, Japan

Cover: Foto ©Suzi / pixelio.de

Weitere Bücher finden Sie auf **www.hansebooks.com**

Des

Marchese Beccaria's

Abhandlung

über

Verbrechen und Strafen.

Von neuem aus dem Italiänischen übersetzt.

Mit Anmerkungen von Diderot, mit Noten und Abhandlungen
vom Uebersetzer, mit den Meinungen der berühmtesten Schriftsteller über die Todesstrafe nebst einer Kritik derselben, und mit
einem Anhange über die Nothwendigkeit des Geschwornengerichts
und über die Beschaffenheit und die Vortheile desselben
in England, Nordamerika und Frankreich.

Von

J. A. Bergk.

In rebus quibuscunque difficilioribus non expectandum, ut quis simul
et serat et metat, sed praeparatione opus est, ut per gradus
maturescant.
Baco.

Erster Theil.

Leipzig, 1798.
Bei Johann Gottlob Beygang.

Seiner Magnificenz

dem

derzeitigen Rektor der Universität Leipzig

Christian Daniel Erhard,

Doktor und Professor der Rechte, Assessor des Oberhofgerichts u. s. w.

Es giebt keine erhabenere und nützlichere Beschäftigung, als den Menschen ihre Rechte und Pflichten kennen zu lernen, weil diese Kenntniß der wahre und einzige Weg zur Tugend ist. Niemand verdient daher mehr Achtung, als die Handhaber der Gerechtigkeit und die Lehrer des Rechts, die den Saamen zu tausend guten Handlungen in den jungen Gemüthern ausstreuen. Ew. Magnificenz sind ein Eingeweiheter in die Lehren des Rechts und haben Lorbeern auf dem Felde errungen, daß ich in diesem Buche zu betreten gewagt habe. Der Gedanke, einem so erfahrnen Richter meine Arbeit zu widmen, würde mich davon abgeschreckt haben, wenn nicht die Hoffnung auf Ihre gütige Nachsicht mir wieder Muth gemacht und die Dankbarkeit mich dazu aufgemuntert hätte: denn wem
könnte

konnte ich diese Bearbeitung und Ueberſez-
zung des Beccaria mit größerm Rechte zu-
eignen als Ew. Magnificenz, die Sie mich
oft belehrt haben und mit welcher mir, mich
über die Gegenſtände, die den Inhalt dieſes
Buchs ausmachen, zu unterhalten, oft das
günſtige Loos fiel. Dankbar erinnere ich
mich an jene lehrreichen Geſpräche, die Sie
mit mir oft, über den Zweck der Strafe
und über die Rechtmäßigkeit und über den
Nutzen der Todesſtrafe führten, wo Sie
meine Meinungen erſt durch ihre Folgen
und dann durch die Grundſätze, auf welche
ſie ſich ſtützten, an der Wurzel ſelbſt angriffen. Ich gebe hiermit Ew. Magnificenz
eine Frucht zurück, welche Ihnen zu verdanken hat

Ew. Magnificenz

Leipzig,
den 27. März 1798.

unterthänigſter Diener
J. A. Bergk.

An

An den Leser!

Von dem Verfasser.

Einige Ueberreste von Gesetzen eines erobe-
rungssüchtigen Volkes aus dem Alterthume,
die ein Fürst, der vor zwölf Jahrhunderten zu
Constantinopel regierte, zusammenlesen ließ,
die hernach mit Longobardischen Gebräuchen
vermischt und in bänderreiche Werke unbekann-
ter Privatausleger eingeschlossen wurden, machen die Ueberlieferung von Meinungen aus,
der man in einem großen Theile Europens noch
immer

immer den Namen von Gesetzen giebt. Es ist
eine traurige und bis auf den heutigen Tag
noch sehr gewöhnliche Sache, daß eine Meinung von Carpzov, ein alter von Clarus be-
rührter Gebrauch und eine von Farinacius mit
zornigem Wohlgefallen angegebene Marter,
die Gesetze sind, die diejenigen ruhig befolgen,
die mit Zittern über das Leben und die Schicksale der Menschen gebieten sollten. Diese Gesetze, die eine Auswahl und eine Frucht der
barbarischsten Jahrhunderte sind, werden in
diesem Buche von der Seite des peinlichen
Rechts untersucht und man wagt, ihre Unordnungen und ihre Ungerechtigkeit den Beherr-
schern der allgemeinen Glückseligkeit in einer
Schreibart darzustellen, die den unaufgeklär-
ten und ungedultigen Pöbel davon abhält. Die
Freimüthigkeit, womit man der Wahrheit nach-
geforscht hat und die Unabhängigkeit von gemeinen Meinungen, womit dieses Werk geschrieben ist, ist eine Wirkung der sanften und
aufgeklärten Regierung, unter welcher der
Verfasser lebt. Die großen Monarchen, die
Wohlthäter der Menschheit, die uns regieren,

lieben

lieben die von dem unbekannten Philosophen
mit Ueberlegung und Ruhe vorgetragenen Wahrheiten, nicht aber die, welche ein schwärmerischer Eifer ausstreuet, von welchem bloß derjenige entflammt ist, der mit Gewalt oder mit
List auf sie losstürmt, den aber die Vernunft
vertilgt: die gegenwärtigen Unordnungen wird
derjenige, der genau alle Umstände derselben
untersucht, für eine Satyre und für einen Vorwurf der vergangenen Zeitalter und nicht für
eine Beschimpfung des gegenwärtigen Jahrhunderts und seiner Gesetzgeber ansehen.

Wer mich mit seinen Kritiken beehren
will, der suche sich nur anfänglich von dem
Zwecke, auf welchen dieses Werk gerichtet ist,
genau zu unterrichten, von einem Zwecke der,
weit entfernt das gesetzmäßige Ansehen zu verringern, vielmehr darzu dienen wird, es zu
vermehren, wenn die Meinung in den Gemüthern der Menschen mehr auszurichten vermag,
als die Gewalt, und wenn die Gelindigkeit und
Menschlichkeit in den Augen Aller dasselbe recht=
fertigen. Die übelverstandenen Kritiken, die
man gegen dieses Buch gemacht hat, gründen
sich

sich auf verwirrte Begriffe und zwingen mich
meine für den aufgeklärten Leser anzustellenden
Untersuchungen einen Augenblick zu unterbre-
chen, um ein für allemal den Irrthümern eines
furchtsamen Eifers oder den Verläumdungen
des boshaften Neides auf immer den Zugang
zu verschließen.

Es giebt drei Quellen, aus denen die moralischen Grundsätze und die politischen Regeln
der Menschen fließen. Die Offenbarung, das
Naturgesetz und die Verträge, die ein Werk
der Gesellschaft sind. Zwischen der Erstern
und den beiden Andern kann man in Beziehung
auf ihren Endzweck keine Vergleichung anstel-
len: nur darin stimmen alle drei mit einander
überein, daß sie zur Glückseligkeit dieses zeit-
lichen Lebens führen. Wenn man die Verhältnisse und die Belehrungen der Offenbarung
betrachtet, so schließt man dadurch die Belehrungen und die Beziehungen der beiden andern
nicht aus: ja vielmehr da jene, ob sie gleich
göttlich und unveränderlich sind, durch die
Schuld der Menschen, durch die falschen Reli-
gionen

gionen und durch die willführlichen Begriffe
von Tugend und Laster auf tausenderlei Art in
den verdorbenen Gemüthern entstellt worden
sind, so scheint es nothwendig zu seyn, jede
andere Betrachtung bei Seite zu setzen und bloß
das zu untersuchen, was aus rein menschlichen
Verträgen, die man entweder ausdrücklich ab-
geschlossen oder aus Nothwendigkeit oder um
des allgemeinen Besten willen stillschweigend
vorausgesetzt hat (eine Idee, worin jede Sekte
und jedes Moralsystem nothwendig einstimmen
muß) hervorgeht. Immer wird es ein lobens-
werthes Unternehmen seyn, das auch die Hart-
näckigsten und Ungläubigsten nöthigt, sich nach
den Grundsätzen zu fügen, die den Menschen
antreiben, in Gesellschaft zu leben. Es giebt
also drei verschiedene Classen von Tugenden und
Lastern, religiöse, natürliche und politische.
Diese drei Classen dürfen niemals im Widerspruche mit einander stehen; allein nicht alle
Folgerungen und Pflichten, die sich aus der
Einem ergeben, folgen auch aus den Andern.
Das Naturgesetz verlangt nicht alles, was die
Offenbarung fodert und das reingesellschaftliche
Gesetz

Geſetz legt uns nicht alles das auf, was das
Naturgeſetz gebietet. Es iſt aber ſehr viel daran
gelegen, dasjenige, was ſich aus dieſem Vertrage, d. h. aus den ausdrücklichen oder ſtill-
ſchweigenden Verträgen der Menſchen ergiebt,
abzuſondern, weil dies die Grenze derjenigen
Gewalt iſt, die rechtmäßiger Weiſe zwiſchen
Menſchen und Menſchen ohne einen beſondern
Auftrag des höchſten Weſens ausgeübt werden
kann. Daher kann man ohne Tadel den Begriff von der politiſchen Tugend veränderlich
nennen: der Begriff von der natürlichen Tugend würde immer deutlich und beſtimmt ſeyn,
wenn die Schwachheiten und die Leidenſchaften
der Menſchen ihn nicht verdunkelten; der Begriff hingegen von der religiöſen Tugend iſt
immer einerlei und beſtändig, weil er unmittelbar von Gott geoffenbaret und von ihm
erhalten worden iſt.

Man würde alſo irren, wenn man denjenigen, der von geſellſchaftlichen Verträgen und
ihren Folgen ſpricht, beſchuldigen wollte, er
trüge Grundſätze vor, die entweder gegen das
Natur-

Naturgeſetz oder gegen die Offenbarung an-
ſtoßen, da er doch nicht von dieſen redet. Man
würde irren, wenn man demjenigen, der von
dem Kriegszuſtande ſpricht, der vor dem geſellſchaftlichen Zuſtande vorausgeht, Hobbes
Meinung zuſchreiben wollte, d. h. daß er vor
der geſellſchaftlichen Verbindung keine Pflicht
und Verbindlichkeit zuließe, anſtatt daß man
denſelben als eine Thatſache anſieht, die von
der Verderbniß der menſchlichen Natur und von
dem Mangel ausdrücklicher Geſetze herrührt.
Man würde irren, wenn man es einem Schrift-
ſteller als ein Verbrechen anrechnete, daß wenn
er die Wirkungen des geſellſchaftlichen Vertrages unterſucht, er dieſelben nicht vor dieſem
Vertrage ſelbſt annimmt.

Die göttliche und die natürliche Gerechtigkeit ſind ihrem Weſen nach unwandelbar und beſtändig, weil das Verhältniß zwiſchen den Gegen-
ſtänden ſelbſt immer daſſelbe bleibt; die menſchliche oder politiſche Gerechtigkeit aber, die nur
ein Verhältniß zwiſchen der Handlung und dem
veränderlichen Zuſtande der Geſellſchaft ausdrückt,

drückt, kann sich verändern, je nachdem eine
Handlung für die Gesellschaft nothwendig oder
nützlich wird und hierüber kann niemand leicht
entscheiden, als wer die verwickelten und sehr
veränderlichen Verhältnisse der bürgerlichen
Verbindungen zergliedert. So bald als diese
wesentlich verschiedne Grundsätze mit einander
verwirrt werden, so giebt es keine Hoffnung
mehr, gründliche Untersuchungen über öffentliche Angelegenheiten anzustellen. Es ist eine
Pflicht der Theologen, die Grenzen zwischen
Recht und Unrecht festzusetzen, in so fern es
die innere Bosheit oder die Güte einer Handlung anbelangt und es kommt dem Staats-
rechtslehrer zu, die Verhältnisse zwischen dem
politischen Rechte und Unrechte zu bestimmen: und kein Gegenstand kann jemals dem
Andern zum Nachtheile gereichen, weil jedermann einsieht, wie weit die reinpolitische Tugend der unveränderlichen von Gott entsprun-
genen nachstehen muß.

Wer also, ich wiederhole es noch einmal,
mich mit seiner Beurtheilung beehren wollte,
fange

fange nicht damit an, mir Grundsätze beizu-
messen, die entweder die Tugend oder die Religion vernichten, da ich doch gezeigt habe, daß
ich keine solchen Grundsätze habe und anstatt
mich als einen Ungläubigen und Aufrührer zu
verschreien, suche man vielmehr in mir einen
schlechten Logiker oder einen unbesonnenen Politiker zu finden: man zittere aber nicht bei jedem
Satze, der das Interesse der Menschheit vertheidigt: man *überführe* mich entweder von der
Unnützlichkeit oder von dem politischen Schaden,
den meine Grundsätze anrichten könnten und
man beweise mir den Vortheil des bis jetzt angenommenen rechtlichen Verfahrens.

Ich habe ein öffentliches Zeugniß von meiner Religion und von meiner Unterwürfigkeit
unter meinem Souverain in der Antwort auf
die Noten und Bemerkungen *) abgelegt: es
würde daher überflüßig seyn, auf andere ähnliche Schriften zu antworten: wer aber mit der
Anständigkeit, die rechtschaffenen Männern ge-
ziemt

*) Der Tittel einer Schrift, die gegen Beccaria in Ita-
lien erschien.

ziemt und mit der Einsicht schreibt, die mich der
Mühe überhebt, die ersten Grundsätze zu beweisen, er sey von welchem Stande er wolle,
wird an mir nicht allein einen Mann, der sich
zu antworten bemüht, sondern auch einen friedlichen Liebhaber der Wahrheit finden.

Vor-

Vorrede.
Von dem Uebersetzer.

————

Es giebt kein zweckmäßiger Mittel, die Menschen zur Tugend zu leiten, als eine durchgängige Handhabung der Gerechtigkeit. Jedermann beugt sich vor dem Rechte, achtet und
gewinnt dasselbe lieb und thut allenthalben seine
Pflicht als Mensch und als Bürger, so viele
Mühe und Schwierigkeiten es ihm auch kosten
sollte.

Der Mensch hat vor nichts einen größern Ab-
scheu als vor widernatürlichen und ungerechten
Zwange. Sein empörtes Gemüth leistet diesem
Widerstand, wenn auch sein Leben dadurch in

b   **Gefahr**

Gefahr gerathen sollte. Ungleiche und harte Strafen streuen den Saamen zu den Verbrechen aus, die sie verhüten sollen. Sie fodern die trozige Gemüthsart der Menschen heraus, rufen schlummernde Leidenschaften zum Leben, die nach Rache dürsten, und regen Begierden auf, die durch ihre Unersättlichkeit gleich der Pest wüthen und stürzen die geplagte Menschheit in ein Meer von Irrthümer, Vergehungen und Sünden, aus welchem keine andere Rettung als der Tod ist. Harte Strafen verwirren die Begriffe und stempeln Handlungen als Verbrechen, welche die unschuldigsten und edelsten sind. Sie prägen dem menschlichen Gemüthe Blutgier und Rachgier ein, die keine Grenzen kennen. Sie umringen den Menschen allenthalben mit Furcht und Schrecken und giebt es wohl eine unedlere und schädlichere Triebfeder als Furcht? Kein Schrecken trägt unter Menschen Früchte, die ihrer werth und die ihnen nützlich sind. Es entehrt und erniedrigt das menschliche Gemüth und was sind solche Menschen, die sich vor sich selbst schämen müssen, nicht fähig, um die Verachtung von sich selbst in ihren Bußen auszutilgen, deren Qualen nur durch ein stetes Toben und durch

einen

einen unsinnigen Taumel von einem Laster zum
Andern gestillt werden? Niederträchtigkeit, eine
Frucht der Furcht und des Schreckens, wagt
jede Schandthat, so abscheulich und empörend
sie auch seyn mag. Menschen, in deren Busen
der Wurm der Selbstverachtung nagt, gehen
ohne Bedenken durch Blut und über Leichen,
um nur die foldernde Pein zu ersticken, die sie
stets verfolgt.

Menschen müssen durch Vernunft und Gerechtigkeit geleitet werden, weil dies der Pfad
der Natur und die Stimme der Gottheit ist.
Foltern und Qualen machen nur Bösewichter,
Achtung aber gegen die Menschheit und Be-
handlungen der Menschen nach vernünftigen und
rechtlichen Grundsätzen, erwecken Liebe zur Tugend und zum Rechte unter den Menschen.
Wer begeht die meisten Verbrechen? Wer achtet weder Tugend noch Einsichten und wer hat
kein Mitleid mit dem Unglücklichen und mit der
Unschuld? Sind es nicht Menschen, die nie
einen vernünftigen Grund, warum sie etwas
thun und lassen sollen, hören? Sind es nicht
die, bei welchen eine harte Behandlung die Naturgesetze entweder verstummen gemacht, oder
verwirrt hat? Sind es nicht die, welche von Ju-

gend

gend auf Geringschätzung drückt und Mißhandlung verfolgt? Sind es nicht die, welche man
bloß durch sinnliche Eindrücke und durch die ohnmächtige Furcht lenkt? Was entflieht eiliger
als Furcht, weil sie gegen die Naturgesetze an-
stößt? Wem enteilt der menschliche Geist schneller als der Furcht, die ihn schmerzt, und die ihn
niederdrückt, anstatt erhebt; die ihn von dem
Guten abschreckt, anstatt dazu ermuntert; die
ihn in den Augen Anderer verächtlich macht und
dem Spotte preiß giebt, anstatt daß sie ihm ihre
Achtung und Liebe verschaffen sollte?

Unser Zeitalter steht auf einer höhern
Stufe der Kultur, als die Vorwelt. Es fodert daher auch eine ganz andre Behandlung
als rohe Barbaren oder durch Elend und Bedrückung verwilderte Gemüther. Es ist Zeit,
daß die Vernunft herrsche und daß die Gerechtigkeit zu Gericht sitze, damit die Menschheit
sich nicht fürchterlich an den Menschen räche.
Die Natur hat einen Zeitpunkt, bis wohin sie
Mißbildung verträgt; wird aber dieser über-
schritten, so verwandelt man die Menschen in
Ungeheuer. Der Vernunft trotzen, ist gefährlich und der Gerechtigkeit ausweichen, ist Hochverrath

verrath an der Menschheit. Man wecke den
schlummernden Tiger nicht auf, man reiße nicht
seine Blutgier, man kehre auf den Pfad der
Natur und der Vernunft zurück und höre die
Stimme des Rechts und der Weisheit.

Es giebt keinen wichtigern und einflußrei-
chern Zweig der Gesetzgebung, als die Lehre
von Verbrechen und Strafen. Durch sie will
man die Menschen zur Tugend führen, durch sie
soll das Recht der Menschheit geschützt werden
und durch sie soll allgemeine Gerechtigkeit herrschen. Wie muß man nun es anfangen, um
diesen Zweck zu erreichen? Man muß genau das
Gebiet des äußern Rechts von dem Gebiete des
Gewissens trennen, man muß die Rechte des
Bürgers aufsuchen und ihre größere oder geringere Wichtigkeit bestimmen, man muß nach diesem Maaßstabe ihre Verletzung abmessen, man
muß damit wirksame und verdiente Uebel ver-
knüpfen, man muß aber genau die Vorschriften
der Gerechtigkeit beobachten, und man muß die
Strafen bald und mit Achtung gegen die menschliche Natur vollziehen. Ueber alle Staatsbürger
muß ein gleiches Gesetz herrschen, alle Missethäter
müssen gleichen Leiden unterworfen werden, wenn
sie

sie gleiche Verbrechen begangen haben. Parthei=
lichkeit bei der Untersuchung und harte Behand=
lung des Gefangnen muß entfernt werden, nie=
mand darf anders als nach dem Buchstaben des
Gesetzes gerichtet und verdammt werden, jeder
muß seines Gleichen zu Beurtheilern über seine
Schuld oder Unschuld erhalten. Das Verfah=
ren des Richters muß Publizität begleiten, der
Urtheilsspruch muß dem Publikum mit seinen
Gründen bekannt gemacht und die Strafe öffent=
lich vollzogen werden. Keine Strafe darf grau=
sam, entehrend oder unmäßig seyn, weil dieses
dem Verbrecher nützt, indem man ihn wegen seiner
Leiden bemitleidet, anstatt daß man seine Be=
strafung gerecht halten sollte. Nichts ist der
Herrschaft des Rechts schädlicher, als Bemit=
leidung des Verbrechers, wegen unverdienter
und harter Strafen. Keine Strafe darf allzu
lange dauern, jede muß dem Menschen ihr Ende
im Hintergrunde zeigen, damit ihn die Hoff=
nung und der Muth beleben, ein rechtlicher
Mann, wenn auch nicht ein moralischer Mensch,
zu werden. Der Staat muß sich hüten, dem
Verbrecher nie ein Recht zu entziehen, das ihm
nicht zum Schutze anvertraut ist. Er darf nicht
in die Regalien der Gottheit eingreifen: ist

Mord

Mord begangen worden, so darf er nicht wieder
tödten, weil er dadurch eine Gewissenspflicht des
Andern verletzt und kein äußers Recht, das al-
lein vor sein Forum gehört, in Anspruch nimmt.
Warum greift er in ein Reich ein, wo er nicht
Gesetzgeber, Richter und Vollzieher seyn kann?
Warum soll der Mensch etwas verlieren, was
er durch sein Gewissen verbunden ist, zu erhalten,
und was entschuldigt den Staat, eine härtere
Strafe zu verfügen als nöthig ist? Immer muß
Gleiches mit Gleichem vergolten werden: allein
diese Gleichheit bezieht sich bloß auf die Verlez-
zung der äußern Rechte. Den Mörder darf der
Staat nicht deshalb strafen, daß er dem Andern
das Leben geraubt, sondern daß er ihm seine
unveräußerlichen Bürgerrechte entrissen hat:
diese können und dürfen dem Menschen allein
von Menschen entzogen werden; und darein hat
jeder Verbrecher durch sein Verfahren eingewilligt. Es war seine Pflicht, Andere als sich
selbst zu betrachten. Seine Handlung zeigt also
die Strafe, die er sich will zugefügt wissen.
Nie darf aber der Richter eine Verletzung eines
Gewissensrechtes beurtheilen, sondern immer
nur das äußere Recht, das etwan durch die
Vernichtung des Lebens, oder durch Verstümmelung

melung oder durch Beraubung des Verstandes
verlohren gegangen ist.

Jeder Verbrecher muß um seiner That
willen, nicht Anderer wegen leiden. Ihn soll
Strafe treffen, weil er eine widerrechtliche
Handlung ausgeübt hat. Der Mensch ist
Selbstzweck und wehe dem der ihn zum bloßen
Mittel erniedrigt und zum eingebildeten Vortheile Anderer abschlachtet! Es ist Wahn, daß
sich die Menschen durch Strafen von Verbrechen
abschrecken lassen. Sie haben Anlagen, auf
welche alle Strafen nichts wirken, die alle solche Antriebe, die aus Furcht entspringen, ver-
schmähen und die das Primat über alle Aeußerungen der Menschen führen. Der Hang zum
Bösen kann nicht durch Furcht ausgerottet werden. Nicht die Nothwendigkeit, sondern die
Freiheit ist sein Schöpfer und auch sein Vernich-
ter. Der Mensch ist kein Opferthier, das Andern zur Versöhnung und zum Nutzen abge-
schlachtet werden darf, sondern eine moralische
Person, die ein Gesetz in ihrem Busen trägt,
das jede solche Behandlung für Frevel erklärt.
Was hat es für Vortheile gehabt, daß Heka-
tomben von Menschen in England und Frankreich

reich geopfert worden sind? Nicht eine kurze und grausame Strafe fruchtet etwas, sondern der Anblick eines gestraften Verbrechers, der als warnendes Beispiel uns stets vor Augen schwebt. — Die Zweckmäßigkeit der Strafe ist der Gerechtigkeit untergeordnet. Hat man gethan, was diese fodert, so kann man auch mit Achtung gegen die Menschheit auf jene Rücksicht nehmen: denn jede Strafe muß zugleich zweckmäßig seyn, aber nicht für andere allein, sondern vorzüglich für den Verbrecher. Er soll, wenn auch nicht gebessert, denn diese Macht ist nicht Andern sondern ihm allein gegeben, doch an rechtliche Maximen gewöhnt werden. Er muß durch Unterricht und Beispiel lernen, das Gute achten und das Recht befolgen. Jeder Verbrecher, dem es an Einsicht gebricht und dies ist nur leider! allzu oft der Fall, muß unterrichtet und belehrt werden, damit er das Gute von dem Bösen, das Rechtliche von dem Widerrechtlichen unterscheiden und damit er seine Pflicht kennen, und damit er einsehen lerne, wozu er da ist. Man muß ihn auch durch Umgang mit gebesserten Verbrechern zum Guten locken.

Jeder

Jeder Verbrecher, der ein verwildertes Gemüth und der ein zu großes Verbrechen begangen hat, muß in einem einsamen, aber gesunden, Kerker anfänglich sich selbst überlassen
werden. Der Hang nach Thätigkeit und nach
Beschäftigung, der dem Menschen natürlich ist,
muß ihn zum Nachdenken über sich selbst, und
über den Zustand seines vorigen Leben und dadurch zur Reue über seine Schandthat bringen.
Nichts scheint wirksamer zur Besserung des
Menschen zu seyn, als todtenstille Einsamkeit,
weil er, aus Mangel an äußern Eindrücken, an
sich selbst denken und sich mit sich selbst beschäftigen muß. Hat ihm diese Grabesstille zum
Nachdenken und zur Reue gebracht, dann muß
er in die Gesellschaft von Verbrechern kommen,
die schon große Fortschritte in ihrer Besserung
und in der Angewöhnung an rechtliche Maximen gemacht haben. Oeffentliche Arbeit ist
nunmehro die Strafe, die er noch zu leiden hat
und wo er mit Andern aber in keiner allzu großen
Anzahl arbeiten kann. Die Aufseher dürfen keine
rohen, unwissenden und barbarische Menschen,
sondern gute, erfahrne und einsichtsvolle Männer
seyn, die die menschliche Natur, ihre Anlagen,
ihre Triebe, oder ihre Begierden und Leiden-

schaf-

schaften und alles was den Menschen vom Pfade
der Natur ableitet, kennen. Sie müssen See-
lenärzte seyn, um immer die zweckmäßigsten
Mittel bei der Kur ihres Kranken wählen zu
können.

Wollte man mir einwenden, daß es sehr
schwer, wenn nicht in unsern jetzigen Zeiten
ganz unmöglich, sey, diese Foderungen zu befriedigen, so erwiedere ich, daß eine durchgängige Handhabung des Rechts und die Achtung
gegen die Menschheit und die Schonung der
Gesundheit des Menschen Pflicht ist, daß es
das Gesetz der Zweckmäßigkeit und die Klugheit
erfordert, daß der Staat sich angelegen seyn
lasse, den Verbrecher an ein rechtliches Leben zu
gewöhnen, um nicht widerrechtlich und zwecklos einen Menschen geplagt zu haben. Kann
man aber auch diese Foderungen der Vernunft
und des Rechts nicht auf einmal befriedigen, so
muß man doch versuchen, sich in seinen Handlungen ihnen zu nähern. Es ist unerläßliche
Pflicht der Menschen, daß sie die Verbesserungen,
welche das Recht fodert, nicht auf die lange
Bank schieben, weil sie dadurch ihren Charakter vernichten. Es ist entweder Kurzsichtigkeit
oder Eigennutz, wenn man behauptet, daß sich

Fode-

Foderungen des Rechts nicht ausführen lassen.
Kann denn aber unsere Vernunft — das Wirk-
lichste und Höchste, was es für Menschen giebt —
etwas fodern, was entweder nicht möglich oder
ungereimt ist? Kann sie etwas durch ihr feier-
liches Sollen als Pflicht ankündigen, was
einen Widerspruch enthält? Kann uns unser
Gewissen für etwas verantwortlich machen, was
wir nicht thun können? Der Stimme der Vernunft nicht gehorchen, ist Frevel und die Foderungen des Rechts und der Pflicht für leere
Anmaßungen erklären, ist Hochverrath gegen
die Menschheit. Die Stimme des Gewissens
ist Gottesstimme und wer erkühnt sich, sich gegen
den Allheiligen zu empören und zu behaupten, die
Foderungen der Vernunft, die allgemein, für
alle Menschen gleich und uneigennützig sind, seyen
Ungereimtheiten oder Erdichtungen?

Wenn die Menschen dem Rechte gehor-
chen, so sind sie deshalb noch nicht tugendhaft.
Strenger Gehorsam gegen das Recht ist erst der
Vorhof zur Tugend und diese ist eine Pflicht,
die ohne Selbstschändung und ohne blutige Reue
nicht abgewiesen werden kann. Stetes Refor-
miren in Dingen, die ein Produkt der Vernunft

nunft und der Freiheit sind, ist Pflicht, weil die
Vernunft uns ihre Ideen immer als Muster
aufstellt, dem wir nachahmen und das wir
als Vorbild ansehen sollen. Aber es ist ein Unglück, daß eine große Menge unserer Zeitgenossen höchst verständig ist, viele Einsichten besitzt und vor lauter Erfahrungen nicht weiß,
was sie thun soll und also den Wald vor den
Bäumen nicht sieht, hingegen desto weniger
vernünftig ist. Die Vernunft, der Charakter
der Menschen, scheint ihnen ein völliges Geheimniß zu seyn. Sie können sich nicht zu Ideen —
den Kindern der Vernunft — erheben, sie tap-
pen daher bei allen Unternehmungen im Finstern, sie sehen nicht die Heiligkeit ihrer Foderung ein, sie ahnden nicht die hohe Bestimmung
des Menschen und sie sind kalte und laue Zuschauer von allem, was um sie herum vorgeht.
Sie glauben, das Menschengeschlecht drehe sich
in ewigen Kreißen umher und fange immer die
Rolle, die es so eben ausgespielt habe, von
vorne an. Wie können diese Menschen Lust haben, etwas für ihre Mitmenschen zu unternehmen? Wie können sie geneigt zu Aufopferungen
seyn, da sie die Nothwendigkeit, den traurigen
Götzen, dem sie huldigen, für die Lenkerin der
Schick-

Schickſale der Menſchen halten? Allein es giebt einen Gott und eine Vernunft, die uns von dieſem Spiele der Nothwendigkeit erretten. Wir ſollen im Guten und in der Vollkommenheit fortſchreiten, wir ſollen das Recht auf den Weltthron erheben, wir ſollen Alle als unſers Gleichen lieben und achten. Niemand thut ſeine Pflicht, der nicht ſtets von dieſem Gedanken belebt iſt und den nicht ſtets die Majeſtät der Pflicht durchdringt. Gelingt auch eine menſchliche Verbeſſerung nicht auf den erſten Wurf, ſo dürfen wir doch nicht müde werden, darinne fortzufahren und an allem, was Menſchen thun und gethan haben, zu beſſern.

Unſere bürgerlichen und peinlichen Geſetze verlangen allenthalben eine Verbeſſerung. Sie ſind entweder ungerecht oder zu nachſichtig, beides kann nicht vor der Vernunft beſtehen.

Beccaria hat in ſeiner Abhandlung über Verbrechen und Strafen herrliche Ideen niedergelegt, von welchen zu verwundern iſt, daß ſie nur in Penſilvanien Früchte getragen haben. Seine Vorſchläge ſind human und gerecht, ſeine Ideen ſind meiſtentheils Ausflüſſe der Vernunft, ſeine Strafen weder entehrend noch unzweck=

zweckmäßig. Er achtet allenthalben das Recht
der Menschheit, und diese Achtung gegen dieselbe belebt seine ganze Untersuchung. Er verhüllt seine Ideen manchmal in Dunkel, und be-
schreibt, wo er bestimmt seine Meinung sagen
sollte, und wählt unbestimmte Ausdrücke, wo er
glaubte, für seine Zeitgenossen und für sein Vaterland anstößige Gedanken zu äußern, allein
darf uns das abschrecken, nach den Goldgruben
zu graben, die darin verborgen sind? Sind die
Winke, die er zu gerechten und zweckmäßigen
Gesetzen und Strafen giebt, nicht hinreichend,
dem Forscher nach Wahrheit anzudeuten, was
des Verfassers Meinung sey? Ein tiefer Abscheu gegen Bedrückung, eine heiße Liebe zur
Gerechtigkeit und eine höhere Achtung gegen
die Menschheit, sind der Charakter dieser Schrift.
Beccaria wollte die Wahrheit sagen, aber er
wollte nicht ihr Opfer werden, verlangt denn
nun die Wahrheit Opfer? Nein! nicht sie, sondern die Tyrannei der Menschen ist das gefräßige
Raubthier, das die Menschen unsere Brüder, wegen ihrer verschiedenen Meinungen verschlingt.
Kein Forscher nach Wahrheit darf sich aber deshalb abschrecken lassen, Wahrheit zu sagen und
Wahrheit zu hören, sie komme woher sie wolle,
denn

denn ſie iſt Gottes Stimme. Was ſollte aus
den Menſchen werden, wenn die Wahrheits-
ſucher ſchwiegen, ſobald ſie glaubten, ihre Meinung werde Mißfallen oder Aufopferung koſten? Wo würde man dies Himmelskind ſuchen
müſſen? Wo würde man noch Menſchen finden? Unter den Trümmern der Welt würde
alles begraben werden, was Menſchen theuer
und heilig iſt. Die Maxime, jeder darf ſagen
wovon er überzeugt iſt, iſt rechtlich, weil durch
ihre Anwendung niemand unrecht geſchieht und
weil es Pflicht für Menſchen iſt, ſich einander
ihre Meinungen mitzutheilen, indem dieſer
Ideenwechſel ein kräftiges Mittel zur Kultur
und eine mächtige Auffoderung zur Tugend iſt.

Beccaria hat oft Gegenſtände nur kurz be-
rührt, die der Denker ſchon weiter verfolgen
wird. Seine Ideen ſind oft ſehr zerſtreut, und zer-
ſtückelt, vielleicht mehr als ſich vertheidigen läßt,
aber er wollte kein Syſtem ſchreiben. Der Unwillen gegen die Ungerechtigkeiten der Menſchen
feuerte ihn an, ſeine Ideen auf das Papier nie-
derzuwerfen und ſich eben nicht ſo genau um
eine ſtrenge logiſche Verbindung der Gedanken
zu bekümmern. Er wollte den Menſchen
Menſch-

Menschlichkeit lehren und mußte daher nicht allein ihren Verstand, sondern auch ihr Herz in Anspruch nehmen. Er wollte ihnen eben die Verachtung gegen das Unrecht und eben den Abscheu vor Grausamkeiten einflößen, der ihn belebte. Nichts macht einen tiefern Eindruck auf die Menschen, als wenn der Schriftsteller die kalte Vernunft mit den Gefühlen des Herzens abwechseln läßt. Was ist die Ursache, daß manche philosophische Schriften Kants so sehr gefallen? Nicht allein der Reichthum an Gedanken, die Masse von neuen Ideen und die kühnen Ansichten, sondern die Sprache des Herzens fesselt uns unwillkührlich und ist Labsal nach heißen Tagen.

Diderots Anmerkungen ließ im Jahre 1797 der B. Röderer zum erstenmal aus der Handschrift des Verfassers zur französischen Uebersetzung von Morellet abdrucken. Die Franzosen müssen Beccaria fleißig studiert und gelesen haben, denn Röderer sagt, diese Uebersetzung sey einige zwanzigmal von neuem gedruckt worden. Diderots Bemerkungen sind zwar nicht zahlreich, aber sie sind voll Menschenkenntnis und wer ließt nicht gern die Meinungen eines Diderot, wenn

es

es einen so wichtigen Gegenstand der Menschheit betrifft?

Meine Anmerkungen sind hingeworfene Gedanken, die mir der Raum nicht gestattete weiter auszuführen. Ich wollte nur aufmerksam machen, wie ein peinliches Gesetzbuch beschaffen seyn müße, wenn es vor der Vernunft in unsern Tagen bestehen wolle. Sie sind ohne die Absicht, irgend jemand zu beleidigen, niedergeschrieben. Sie sind Kinder der Unschuld und gleichwohl sind sie nicht ohne Anfechtung zur Welt gekommen. Sie haben nicht die Absicht den Lauf der Sterne zu verrücken: immer mag der Mond und die Sonne den Gang fortgehen, sie werden dieselben in ihrem tausendjährigen Laufe nicht stören.

Die Absicht, warum eine neue Uebersetzung, wobei ich die Hommelsche benutzt habe, unternommen worden, ist, eine Kritik der Meinung über die Todesstrafen beizufügen, die Ideen über Verbrechen und Strafen zu revidiren und allenthalben das Gebiet des Gewissens von dem Gebiete des äußern Rechts abgesondert zu betrachten: erstlich allemal zu untersuchen, was ist rechtlich, und zweitens, was ist zweckmäßig. Ich habe deshalb unter

dem

dem Texte des ersten Bandes oft Anmerkungen
beigefügt, weil ich im zweiten Bande keine Gelegenheit habe, wieder auf diesen Gegenstand
zurück zu kommen. Der zweite Band, der
nächstens erscheinen wird, enthält die Ideen
einer peinlichen Gesetzgebung, (nämlich Abhandlungen, was ein Verbrechen sey, und über
die Stufenfolge derselben, über den Zweck der
Strafe und über den Maaßstab derselben) die
Meinungen der angesehensten Schriftsteller über
die Todesstrafe, nebst einer Kritik derselben
und einer Untersuchung ihrer Rechtmäßigkeit
und ihres Nutzens u. s. w.

Aus dem Briefe *) des Marchese Beccaria
an Andre' Morellet, habe ich einen Auszug gegeben und alles ausgehoben, was sich auf B.
Lage, Beschäftigungen, Lieblingsneigungen
und gesellschaftliche Verbindungen bezog.

Die Geschichte des peinlichen Rechts, die
ich beigefügt habe, ist bloß ein flüchtiger Abriß,
der zeigen soll, welche Handlungen in der Ver-
gangen-

---

*) Dieser Brief erscheint hier zum erstenmale teutsch.
Er war an den französischen Uebersetzer Andre' Morellet
gerichtet, mit dessen Erlaubniß er im Jahr 1797 in
Paris mit Diderots Anmerkungen zum erstenmal ab-
gedruckt wurde.

gangenheit für Verbrechen gehalten und welche Strafen ertheilt wurden. Mir schien es, als müsse bei einer solchen Erzählung die menschliche Natur und die Geschichte stets Hand in Hand mit einander gehen; ich habe daher immer auf den Grad und die Art der Kultur, die in einem Zeitalter herrschend waren, Rücksicht genommen.

Leipzig,
den 27. März 1798.

J. A. Bergk.

————

Kurze

Kurze Nachricht von dem Leben des M. Beccaria.

Auszug eines Briefes von ihm selbst

an

Andre' Morellet *).

Ich kann Ihnen nicht sagen, wie sehr ich mich gerührt fühle, mein Buch in die Sprache einer Nation übersetzt

*) Dieser Brief ist eine Antwort auf einen Brief von Andre' Morellet, der sein Werk, von Verbrechen und Strafen, ins Französische übersetzt und ihm Nachricht von dem großen Beifalle, welchen es in Frankreich fände, gegeben hatte. Zu dieser Uebersetzung war der Herr von Malesherbes die Veranlassung gewesen. Diderot, Helvetius, Büffon, Hume, der Baron Holbach, bei welchem sich täglich die größten Denker in Paris versammelten, ließen durch den Uebers. dem Marchese Beccaria, ihre Hochachtung, Dankbarkeit und Freundschaft bezeugen. Auch J. J. Rousseau hatte das Werk gleich anfänglich zum Lesen erhalten. Mit d'Alembert war B. schon vorher verbunden; dieser hatte daher auch jenem Zusätze zu seiner Abhandlung über Verbrechen und Strafen geschickt, von welchen aber bei der ersten Ausgabe der Uebersetzung kein Gebrauch gemacht werden konnte, weil sie Andre' Morellet

A

setzt zu sehen, welche Europa unterrichtet und aufklärt.
Ich selbst verdanke alles französischen Büchern.   Sie
haben in meiner Seele die Gefühle der Achtung gegen
die Menschheit erweckt, welche eine achtjährige fanati-
sche Erziehung erstikt hatte.   Ich verehre Ihren Namen
schon wegen der vortrefflichen Artikel, die Sie in das
unsterbliche Werk, die Encyclopädie, haben ein-
rücken lassen, und es war für mich die angenehmste
Ueberraschung, als ich erfuhr, daß ein Gelehrter von
Ihrem Ansehen meine Abhandlung, von Verbrechen
und Strafen, zu übersetzen, würdige.   Ich danke
Ihnen von ganzem Herzen für das Geschenk, das Sie
mir mit Ihrer Uebersetzung gemacht haben.   Ich habe
sie mit einem Vergnügen gelesen, das ich Ihnen nicht
beschreiben kann und ich habe gefunden, daß Sie die
Urschrift verschönert haben.   Ich gestehe Ihnen mit
der größtem Aufrichtigkeit, daß die Ordnung, welcher
Sie dabey gefolgt sind, mir selbst natürlicher und den
Vorzug vor der Meinigen zu verdienen scheint und es
thut mir leid, daß die neue italienische Ausgabe beinahe
vollendet ist, bei welcher ich mich sonst gänzlich oder doch
fast gänzlich nach Ihrem Plane würde gerichtet haben. —

Der Einwurf, den man Ihnen gemacht hat, daß
das Buch durch Veränderung der Ordnung an Stärke
und Nachdruck verliehre, hat keinen Grund.   Die
Stärke besteht in der Wahl der Ausbrücke und in der
Verbin-

---

rellet von d'Alembert zu spät erhielt. Beccaria's Brief
ist vom Mai 1766 und beantwortet die Fragen, welche
der Uebersetzer an ihn gethan hatte.

Der Uebers.

Verbindung der Ideen und diesen beiden Wirkungen
kann nur die Verwirrung schaden. Die Furcht, die
Eigenliebe des Verfassers zu beleidigen, durfte Sie
nicht zurückhalten. Erstlich, weil, wie Sie selbst mit
Recht in Ihrer vortreflichem Vorrede sagen, ein Buch,
worinne man die Sache der Menschheit vertheidigt und
wenn es einmal öffentlich bekannt gemacht worden ist,
der Welt und allen Nationen angehört und zweytens
was mich anbetrift, ich wenig Fortschritte in der Philosophie des Herzens, die ich über die Philosophie des
Verstandes setze, müßte gemacht haben, wenn ich nicht
den Muth erworben hätte, die Wahrheit zu sehen und
zu lieben.

Die Ungeduld, mit welcher meine Freunde Ihre
Uebersetzung lesen, raubte mir sie, so bald ich sie selbst
gelesen hatte und ich muß daher die Erläuterung der
Stellen, welche Sie dunkel gefunden haben, auf einen
andern Brief verschieben. — Allein ich muß Ihnen
sagen, daß mir während des Schreibens die Beispiele
eines Macchiavelli, eines Gallilei, und eines Giannone
vor den Augen schwebten. Ich hörte das Kettengeras-
sel, das der Aberglaube macht und das Geschrei des
Fanatismns, das das Seufzen der Wahrheit erstickt.
Der Anblick dieses schrecklichen Schauspiels bestimmte
mich, manchmal das Licht in Wolken einzuhüllen. Ich
wollte die Menschheit vertheidigen, ohne ihr Martyrer
zu werden. Der Gedanke, daß ich dunkel seyn müßte,
hat es mich manchmal ohne Noth gemacht. Verbinden Sie noch damit die Unerfahrenheit und den Mangel
an Fertigkeit im Schreiben, den man einem Schriftsteller verzeihen kann, der nur 28 Jahr alt und der

nur seit 5 Jahren in die Laufbahn der Wissenschaften eingetreten ist.

Es ist mir unmöglich, Ihnen, mein Herr, die Zufriedenheit zu schildern, mit welcher ich den Antheil, den Sie an mir nehmen, sehe und wie tief ich über die Merkmale der Hochachtung gerührt bin, die Sie mir beweisen und die ich nicht ohne Eitelkeit annehmen, und ohne Ihnen Unrecht zu thun, abweisen kann. Mit eben derselben Erkenntlichkeit und Verwirrung habe ich die verbindlichen Sachen angenommen, die Sie mir, von Seiten der berühmten Männer sagen, welche der Menschheit, Europa und Ihrer Nation so viel Ehre machen. D'Alembert, Diderot, Helvetius, Büffon, Hume, berühmte Namen und die man nie ohne die innigste Bewegung hören kann, eure unsterblichen Werke sind meine stete Lektüre, der Gegenstand meiner Beschäftigungen bei Tage und meines Nachdenkens in dem Schweigen der Nacht! Voll von den Wahrheiten, die ihr lehrt, wie könnte ich angebeteten Irrthümern räuchern und mich bis dahin erniedrigen, die Nachwelt zu belügen? Was ich Ihnen, mein Herr, schreibe, ist genau das, was ich fühle. Ich finde mich über alle meine Hoffnungen belohnt, indem ich Merkmale der Achtung von allen den berühmten Männern erhalte, die meine Lehrer sind. Melden Sie jedem insbesondere, ich bitte Sie darum, meinen gehorsamsten Dank, und versichern Sie dieselben aller der tiefen und wahren Hoch-achtung, welche ich gegen sie hege und welche eine ge-fühlvolle Seele für die Wahrheit und für die Tugend hat. Vor allem sagen Sie dem Baron Holbach, wie

sehr

sehr ich ihn verehre und wie begierig ich bin, mich sei-, ner Freundschaft würdig zu machen.

Ihre und Ihrer berühmten Freunde Neugierde nach dem, was mich betrift, ist zu schmeichelhaft für mich, als daß ich mich nicht bemühen sollte, sie auf- richtig zu befriedigen. Ich bin der älteste Sohn einer Familie, die einiges Vermögen hat, aber Umstände, theils nothwendige, theils von dem Willen Anderer ab- hängende, lassen mir nicht viel Reichthum. Ich habe einen Vater, dessen Alter und sogar Vorurtheile zu verehren meine Schuldigkeit ist. Ich bin an eine junge gefühlvolle Frau verheurathet, die eine Lust darin findet, ihren Verstand auszubilden und ich habe das seltene Glück genossen, daß auf die Liebe die zärtlichste Freund- schaft folgte. Meine einzige Beschäftigung ist, in Ruhe Philosophie zu studiren und auf diese Weise drei sehr lebhafte Wünsche in mir, die Liebe zu gelehrtem Ruhme, die Liebe zur Freiheit und das Mitleid mit den unglücklichen Sclaven so vieler Irrthümer zu befriedi- gen. Seit fünf Jahren her schreibt sich meine Bekeh- rung zur Philosophie und ich verdanke sie der Lektüre der persischen Briefe. Das zweite Werk, das die Revolution in meinem Geiste vollendete, ist das Buch des Helvetius, vom Geiste. Mit Gewalt stieß mich Helvetius auf dem Wege der Wahrheit fort und er hat zuerst meine Aufmerksamkeit auf die Verblendung und das Elend der Menschheit erweckt. Der Lektüre seines Werk vom Geiste verdanke ich einen großen Theil meiner Ideen. Das erhabene Werk von Büffon hat mir das Heiligthum der Natur aufgeschlossen. Ich habe letzthin den 12 und 13 Band der Quartausgabe ge-

lesen

lefen und vorzüglich die beiden Betrachtungen
über die Natur bewundert, die mich durch die
philofophifche Beredtfamkeit, womit fie gefchrieben find,
entzückten. Was ich bis jetzt von Diderot habe lefen
können, nämlich: feine dramatifchen Werke, feine Auslegung der Natur und die Artikel in der Encyclopädie,
hat mir voller Ideen und Wärme gefchienen. Was
für ein vortreflicher Mann muß er nicht feyn! Die tiefe
Metaphyfik des Herrn Hume, die Wahrheit und Neu-
heit feiner Anfichten haben mich in Erftaunen gefetzt und
meinen Verftand aufgeklärt. Seit kurzem habe ich alle
18 Bände feiner Gefchichte mit einem unbefchreiblichen
Vergnügen gelefen. Ich habe hier einen Politiker,
einen Philofophen und einen Gefchichtfchreiber vom erften Range kennen gelernt. Was foll ich Ihnen, mein
Herr, von den philofophifchen Werken des Herrn
d'Alembert fagen? Sie zeigen mir eine unendliche Kette
von großen und neuen Gedanken, und ich finde da die
Erhabenheit und den Styl eines Gefetzgebers. Seine
Vorrede zur Encyklopädie und feine Anfangsgründe der
Philofophie find klaffifche Werke und enthalten Saamen
zu einer unermeßlichen Menge von Unterfuchungen. Ich
verftehe Mathematik genug, um die großen Entdeckungen diefes berühmten Mannes würdigen und ihn für den
größten Geometer diefes Jahrhunderts erklären zu können. Ich habe viel Belehrung aus den Werken des
Abbe' von Condillac gefchöpft. Nach meiner Meinung
find fie Meifterftücke von Beftimmtheit, Deutlichkeit
und guter Metaphyfik. Ich habe vor kurzem die Ehre
gehabt, ihn zu Mailand kennen zn lernen und ein Freund-
fchaftsband mit ihm anzuknüpfen. Ich führe ein ruhiges

ges und einsames Leben, wenn man eine auserlesene Gesellschaft von Freunden, wo Verstand und Herz in einer stetem Thätigkeit sind, Einsamkeit nennen kann. Wir lieben alle einerlei Wissenschaften und Vergnügungen. Das ist meine Erholung und diese verhindert mich, mein Vaterland als einen Verbannungsort für mich anzusehen.

Dieses Land ist noch ganz unter den Vorurtheilen begraben, welche seine alten Herrn da zurückgelassen haben. Die Mailänder verzeihen denen nicht, die sie in das 18jehnte Jahrhundert versetzen wollten. In einer Hauptstadt, die hundert und zwanzigtausend Einwohner hat, giebt es kaum zwanzig Personen, die sich zu unterrichten wünschen und die der Wahrheit und der Tugend opfern. Da ich und meine Freunde überzeugt sind, daß periodische Werke Eines der besten Mittel sind, Geister, welche jeder starken Anstrengung unfähig sind, an irgend eine Lektüre zu fesseln, so lassen wir Blätter *) drucken, worinne wir dem Zuschauer nachahmen, einem Werke, das so viel beigetragen hat, die Kultur des Geistes und die Fortschritte des gesunden Menschenverstandes in England zu befördern. Ich werde die Ehre haben, Ihnen eine Samlung davon

zu

*) Das periodische Blatt, woran die besten Köpfe in Mailand arbeiteten und wovon jetzt mehrere die höchsten Aemter in der cisalpinischen Republik verwalten, hieß der Caffee und die Gesellschaft, die Caffeegesellschaft. Sie versammelte sich im Hause des Grafen Veri, der damals wirklicher Präsident des höchsten Finanz = und Comerzienrathes im Mailändischen war.

Der Uebers.

zu ſchicken. Sie werden da Schlechtes, Mittelmäßiges
und Gutes untereinander finden. Von mir ſteht ein Ver-
ſuch über die rednerischen Zierrathen, ein Bruch-
ſtück über den Styl, ein Geſpräch über perio-
diſche Werke, ein anderes über die Vergnügungen der Einbildungskraft, eine Ueberſez-
zung eines Stücks des Herrn von Montmaur über die
Zergliederung der Haſardſpiele, darinn; alles Sachen, die
ich mit der bei periodiſchen Schriften gewöhnlichem Eil-
fertigkeit geſchrieben habe. Die Aufſätze des Grafen
Veri ſind mit dem Buchſtaben P. unterzeichnet. Sie
kennen ihn ſchon durch ſeine kleine vortrefliche Abhandlung über das Glück. Er iſt ein Mann, der ſich
durch trefliche Eigenſchaften des Verſtandes und des
Herzens auszeichnet und der Theuerſte meiner Freunde.
Es ſcheint als fühlte ich für ihn eben den Enthuſiasmus
der Freundſchaft, den Montaigne für ſeinen Freund
Etienne de la Boetie fühlte. Er hat mich zum Schreiben aufgemundert und ihm verdanke ich, daß ich das
Manuſcript von Verbrechen und Strafen nicht
ins Feuer geworfen habe. Er hat es mit ſeiner eigenem Hand abgeſchrieben.

Die Wiſſenſchaften haben einen Denker verlohren,
aber die Nation hat einen vortreflichen Miniſter an dem
Grafen Carli bekommen. Er iſt durch ein Werk über
die Münzen bekannt.

Meine andern Freunde ſind, ein Bruder des
Grafen Veri, der wie dieſer viele Talente beſitzt, der
Marcheſe Longo, der Graf Visconti, Herr Lambertin-
ghi, der Graf Secchi u. A. Wir alle treiben in
der

der Einsamkeit und in der Stille die gute Philosophie,
die man hier fürchtet und verachtet. Glauben Sie mir,
mein Herr! daß die französischen Philosophen in diesem
Amerika ihre Colonie haben und daß wir ihre Schüler
sind, weil wir Schüler der Vernunft sind. Schließen
Sie daraus, mit welcher Erkenntlichkeit und mit welchem Vergnügen ich die Werke annehmen werde, die
Sie mir ankündigen und deren Gegenstand die Menschheit zu unterrichten und zu trösten ist. Wir schätzen
hier das vortrefliche Werk des Herrn Gatti, das Sie
übersetzt haben und wo wir einen in den Büchern von
der Arzeneikunde sehr selten philosophischen Geist finden,
außerordentlich. Ich würde es noch nicht gelesen haben, wenn es mir nicht der Abbe' von Condillac von
Parma geschickt hätte. — Ich würde nach Paris flie-
gen, um mich zu unterrichten, um Sie zu bewundern
und um Ihnen alles das, was ich für Sie, für Herrn
d'Alembert und für ihre berühmten Freunde empfinde,
auszubrücken, wenn es mir mein Vermögen erlaubte.
Doch hoffe ich, daß sich die Umstände ändern werden
und daß diese Verzögerung mich in Stand setzen wird,
mich Ihrer Gesellschaft desto würdiger zu machen. —
Ohne Verzug werde ich Ihnen einige Erläuteruugen
über die Stellen schicken, die Sie dunkel gefunden haben
und die ich gar nicht zu rechtfertigen begehre, weil ich nicht
geschrieben habe, um nicht von Philosophen, wie Sie,
verstanden zu werden. Ich bitte Sie sehr, mir Ihre und
Ihrer Freunde Bemerkungen zu zuschicken, damit ich sie
mir bei einer sechsten Ausgabe zu Nutze machen kann.
Theilen Sie vor allem andern das Resultat Ihrer
Unterredungen über mein Buch Diderot mit. Ich
wünsche

wünsche recht sehr zu wissen, welchen Eindruck ich auf
einen so erhaben Geist gemacht habe.

N. S. Der Pater Frisi trägt mir auf, Ihnen
seine Empfehlung zu machen. Er schätzt Sie unendlich. Er ist einer meiner theuersten Freunde. Er
wird vielleicht diesen Frühling nach Paris reisen und
ich beneide ihn sehr um sein Glück *).

Die eigentliche Veranlassung zu diesem Werke
soll die schreckliche Begebenheit, welche der Familie
Calas in Toulouse wiederfuhr, gegeben haben. Die
Encyklopädisten, welche die Mißbräuche der Staats-
verwaltung angriffen und über den ungeheuern Despotismus, welcher in Frankreich wüthete, mit aller Macht
herfielen, schrieben bey der Ermordung Calas an einen
ihrer Freunde nach Mailand, daß jetzt der Zeitpunkt
dasey, gegen die Härte der Strafen und gegen die Un-
dultsamkeit religiöser Meinungen zu Felde zu ziehen.
Der, an welchen der Brief gerichtet war, gieng mit
dem Schreiben des Sekretairs der Encyclopädisten zu
dem Grafen Veri, in dessen Wohnung sich die Caffee-
gesell-

*) In einem Briefe an Beccaria fordert Andre' Morellet
diesen auf, das große Werk, das er über Gesetzgebung
versprochen hat, zu vollenden. Seit der Zeit ist auch
ein Werk erschienen, wovon Beccaria Verfasser seyn
soll. Ich kenne nur die französische Uebersetzung, welche
in Frankreich und England sehr viel Beyfall erhalten
hat. Der Titel derselben heißt: Eßai sur la politique
et la legislation des Romains, in 12 Paris l'an III.
Der Uebers.

gesellschaft versammelte und machte seinen Auftrag bekannt. Man war allgemein damit zufrieden und
schickte den Brief herum. Alle Gelehrte dieser Gesellschaft beeiferten sich um die Wette, diesen Auftrag in
Ausführung bringen zu helfen. Vor allen aber, zeich-
nete sich Beccaria aus, der sich erbot, eine Abhandlung
zu schreiben, wo er sich die Grausamkeit der Strafen
zu rügen, ihre Strenge deutlich zu zeigen und zugleich
das Mißverhältniß zwischen Verbrechen und Strafen
ins Licht zu stellen vornahm. Er wollte Menschenleben
retten, und schrieb daher mit einem Feuer und mit einer
Stärke, die nur der Enthusiasmus für die Sache der
Menschheit und die Einsicht in das zahllose Unrecht,
welches sie zu erdulden hat, einflößt.

In der Schweiz hatte sich seit mehrern Jahren
eine gelehrte Gesellschaft gebildet, um Kenntniß der den
Menschen nützlichsten Wahrheiten zu verbreiten und auf
die Mildeeung der Strafen hinzuarbeiten. Zu dieser
Absicht gab sie Preißfragen auf. Unter den Schriften,
welche bei der Akademie einliefen, gab es mehrere, die
ein gewisses akademisches Verdienst hatten, aber keine,
welche die Richter in Absicht der Bestimmtheit der Form
und des Umfangs der Gesichtspunkte befriedigte. Unter
diesen Umständen nahm die Gesellschaft im Jahre 1763
den Entschluß, ihren Preiß dem Abbé Mably, wegen
seiner Entretiens de Phocion, zu zuerkennen. Aus
demselben Grunde entschloß sie sich, dem ungenannten
Verfasser einer italienischen Abhandlung über Verbrechen und Strafen eine Medaille von zwanzig
Dukaten zu geben, und ihn einzuladen, sich ihr zu erkennen

kennen zu geben, um einen so vortreflichen Bürger ein
Merkzeichen der Hochachtung zu überliefern, der seine
Stimme zu Gunsten der Menschen gegen eingewurzelte
Vorurtheile zu erheben wagte.

Kurzer Abriß einer Geschichte des Criminalrechts.

Von dem Uebers.

Verbrechen und Strafen sind Handlungen der menschlichen Willkühr, welche durch Vernunft bestimmt werden sollen. Es ist daher nöthig, daß man weiß, was
die Vernunf gebietet und verbietet und wie weit sich die
Grenzen des äußern Rechts als des Gebietes der Staats-
gewalt erstrecken, ehe man Etwas für ein Verbrechen
erklären und als ein solches bestrafen kann. Dieser
äußere Gerichtshof ist genau von dem Gebiete des innern
Rechts unterschieden; vor jenem ist der Staat Richter,
in diesem die Gottheit; jener bestimmt die Rechtlichkeit
oder Widerrechtlichkeit einer That, dieses die Sittlichkeit oder Unsittlichkeit der Gesinnung, und zugleich der
Handlungen, in sofern der Mensch dabei nicht als auf die
Willkühr Anderer einwirkend vorgestellt wird.

Die Begriffe des Rechts und des Unrechts, der
Zurechnung und der Strafe, des Verhältnisses zwischen
einem Verbrechen und der Ausgleichung desselben, durch
ein physisches Uebel müssen bestimmt und deutlich erör-
tert seyn, ehe irgend eine Strafe als gerecht gedacht
werden kann. Das Uebel muß mit der widerrechtlichen

chen That in ein rechtliches Verhältniß gebracht werden
und niemand darf mehr leiden als er verdient hat. Wie
ist aber dies möglich? Wie können endliche Wesen sich
zum Richter von ihres Gleichen aufwerfen und in ihren
Aussprüchen Anspruch auf Gerechtigkeit machen? Wie
wollen ohnmächtige und kurzsichtige Sterbliche den Grad
der Strafbarkeit und das Maaß von physischen Uebeln
bestimmen, die der Uebertretung auf dem Fuße nachfol-
gen sollen? So lange bloß ein veräußerliches Recht gekränkt worden ist, findet bei der Strafe der Grundsatz
der strengen Wiedervergeltung statt; so bald aber irgend
ein angebornes Recht *) verletzt worden ist, muß dem
Verbrecher nicht allein der Genuß seiner bürgerlichen
Rechte entzogen, sondern er muß auch noch mit einem
verhältnißmäßigen Uebel bestraft werden. Wer daher
gestohlen hat, muß Ersatz leisten, wer den Andern ge-
mißhandelt hat, ohne aber doch ein Glied seines Körpers unbrauchbar gemacht zu haben, muß mit den kör-
perlichen Leiden, welche er dem andern zugefügt hat,
belegt werden; wer dem Andern eines Gliedes als einer
der nothwendigsten Bedingungen zur Ausübung seiner
äußern Rechte beraubt hat, muß dafür zwar am Körper büßen, aber darf doch nie verstümmelt werden, weil
man sich sonst an seiner Menschheit vergreifen würde,
die doch keinem äußern Gerichtshofe unterworfen ist;
wer gemordet hat, muß den Gebrauch aller seiner Bürgerrechte verlieren. Wie lange dies aber geschehen
darf

---

*) Angeborne und zwar äußere Rechte sind die, welche
durch ein freies Zusammenleben des Menschen mit seines
Gleichen entspringen und sich von ihm als auf die Freiheit Anderer einwirkend, nicht trennen lassen.

darf *) und wie lange der Mörder nicht als Bürger anzusehen ist, muß jeder Staat gesetzlich bestimmen, weil
nichts der Willkühr der Richter, die nicht der Souverain sind und also keine Gesetze geben können und dürfen,
muß überlassen werden. Alle bürgerlichen Strafen
müssen sich auf das Gebiet des äußern Rechts, welches
dem Staate allein als Wirkungskreiß angewiesen und
welches seinem Schutze allein anvertraut ist, beschränken.

Da das Menschengeschlecht sich nur nach und nach
ausbildet, da die niedern Anlagen des Menschen in der
Kultur den höhern vorausgehen müssen, weil diese den
Stoff zu ihrer Wirksamkeit von jenen erhalten, und
weil daher die Menschen vorher als Thier vegetirt haben
müssen, ehe sie von ihren Anlagen für die Menschheit
als denkende Wesen und für die Persönlichkeit als Gesetzgebende und Gesetzbefolgende oder Gesetzübertretende
Gebrauch machen können, so wird man leicht einsehen, daß
die Strafen in den frühern und rohern Zeitaltern eben
so widerrechtlich als grausam seyn mußten, weil man
damals nichts an dem Menschen achtete, was ihn über
die Sinnenwelt erhebt und was Ehrfurcht vor seines
Gleichen einflößt. Seine moralische Natur lag noch
in tiefem Schlummer, was sollte den Gesetzgeber und
Richter zur Achtung gegen seine Gattung bewegen?
Man behandelte den Menschen gleich andern Sachen
der

---

*) Der Staat kann den Mord nicht bestrafen, weil die
Erhaltung des Lebens keine Rechts- sondern eine Gewissenspflicht ist, deren Bestrafung der Gottheit
anheim fällt. Der Staat kann nur das entziehen, was
er schützen soll.

der Willkühr, weil man noch keinen Vorzug an ihm
gewahr wurde, welcher ihm vor der Thierwelt eigen ist.
Man ehrte physische Stärke an ihm und suchte diese unter das Gesetz zu beugen. Alle Strafen waren daher
gegen eine physische Macht gerichtet, die man nach Willkühr zerstören konnte. An dem Menschen war bis jetzt
bloß die Thierheit wirksam, welche durch Strafen sollte
gebändigt und gezügelt werden. Sobald aber die Denkkraft erwachte und die Anlage für die Menschheit ausgebildet zu werden anfieng, räsonnirte man über Gesetze
und Verschulden, über Verbrechen und Strafen; man
hielt ein Verbrechen für strafwürdiger als das Andere
und man suchte die Leiden, welche man dem Verbrecher anthat, mit seiner Uebertretung in Verhältniß zu
bringen. Aber man hatte keinen rechtlichen Maaßstab,
man konnte daher nicht gerecht seyn, weil man eine
Handlung der Willkühr nicht nach Grundsätzen des
Rechts, sondern nach Regeln der Klugheit schätzte. —
Der Verstand schuf Götter welche schreckliche Rache an
dem Mörder foderten, und welche die Uebertretungen
und die Strafen vervielfältigten. Bis jetzt war die
Idee eines einzigen Gottes noch nicht in den Menschen
erwacht, so bald dies aber geschehen war, wurden zwar
der Strafen weniger, aber sie wurden nicht gerechter
und gelinder, weil man die Gottheit nicht von ihrer moralischen, sondern von ihrer metaphysischen Seite betrachtete. Nun kam aber Christus, welcher zuerst die
Gottheit als Vater aller Menschen aufstellte und welcher
zuerst die moralischen Eigenschaften, welche ihr als
Weltschöpfer, Weltregierer und Weltrichter zukommen,
am deutlichsten heraus hob, den menschlichen Gemüthern
einprägte

einprägte und sie allgemein verbreitete. Die Religion
Christi bildete die praktische Vernunft aus, obgleich dies
nur sehr langsam geschah, und ob man gleich noch Jahrhunderte lang nicht die Heiligkeit und Gerechtigkeit der
Gottheit verehrte, sondern ihren Zorn und ihre Rachsucht fürchtete, weil diese Leidenschaften selbst in der Brust
ihrer Verehrer die herrschensten waren, und man der
Gottheit stets die Begriffe und Affekten beilegt, welche
unsern Verstand und unser Herz beseelen. Die Gottheit ist durch alle Jahrhunderte hindurch stets ein Ab-
druck der Kultur der Menschen.

Die moralische Revolution, welche Jesus be-
wirkte, hatte einen großen Einfluß auf die Bestimmung
der Begriffe von Verbrechen und Strafen, denn wurden gleich in den Jahrhunderten des Aberglaubens und
des religiösen Fanatismus die Verbrechen gegen die
Gottheit zahlreicher und die Strafen, womit man die
Unglücklichen peinigte, barbarischer, weil die moralischen Begriffe von der Gottheit durch Unwissenheit ver-
drängt wurden, so hat sie doch vorzüglich in neuern Zeiten zur Aufklärung und Berichtigung der moralischen
Begriffe, zur Belebung des moralischen Gefühls und
endlich zu einem richtigern Maaßstab zwischen Verbrechen und Strafen beigetragen. Die praktische Vernunft wurde durch die Religion gepflegt, bis sie frei und
selbstständig Gesetze für den Willen gab und sowohl die
Moral heiliger als die Religion moralischer machte.

Verbrechen und Strafen halten daher stets gleichen Schritt mit der Ausbildung und Veredelung der
Menschen. Alle Verirrungen, welche die Menschheit
macht,

macht, haben auf ihre Bestimmung Einfluß und jede
Annäherung an die Wahrheit mildert die Strafen und
vermindert die Verbrechen: denn wie oft sind diese nicht
Ausgeburten verwirrter Köpfe und fanatischer Schwärmer gewesen? Wie oft hat man etwas mit dem Namen
eines Verbrechens belegt, was eine Verirrung des Verstandes war? Wie oft hat man nicht die schuldlosesten
Aeußerungen mit dem Tode bestraft? — So lange der
Mensch noch Thier ist, wird die Strafe abgekauft, weil
man in dieser Epoche der Kultur glaubt, der Mensch
habe, wie alle andere Sachen, einen Preiß. Menschenmord wird an die Anverwandten mit Geld getilgt.
Fängt aber der Mensch an zu denken und über alles was
um ist und geschieht, zu räsonniren und nach dem
Grunde aller Thaten und Sachen zu forschen, dann
giebt es keine andere Tilgung der Schuld mehr, als leiden oder Tödung des Verbrechers. Macht der Mensch
aber von seiner Anlage für die Persönlichkeit Gebrauch,
dann werden die Strafen weniger grausam und empörend, als in den beiden vorhergehenden Kulturperioden
des menschlichen Geistes. Wird aber endlich das Menschengeschlecht mündig und kann alle seine Anlage ihrem
Naturzwecke gemäß gebrauchen, dann erst kann ein mit
einer strengen Gerechtigkeit übereinstimmendes Verhältniß zwischen Verbrechen und Strafen statt finden. Das
Gebiet des innern Rechts wird genau von dem Gebiete
des äußern Rechts abgesondert gedacht, in jenem ist
der alleinige Richter die Gottheit, in diesem der Staat,
welcher rechtlich organisirt, desto heiliger die Rechte der
Menschheit achten wird, welche er zu beschützen die Absicht hat. Jeder ungerechte Richterspruch wird ohne

Wir-

Wirkung bleiben, weil alle Gewalten, welche den Staat konstituiren, das Recht wirklich machen und die Regierung der Aſträa einführen, von einander getrennt ſind und doch in ihren Wirkungen in einander geriſen. Das Unrecht, das die Eine thun wird, wird den Untergang aller Andern nach ſich ziehen: man wird daher durch den Eigennuß zu einer ſtrengen Gerechtigkeitspflege aufgefordert werden.

Finden denn auch Strafen im Naturſtande ſtatt? Da dieſer ein Zuſtand der Rechtloſigkeit iſt, weil jeder Richter und Vollzieher ſeines Urtheils in ſeinen eigenen Angelegenheiten iſt, und weil keine oberſte Gewalt exiſtirt, die Gerechtigkeit ausübt und das Uebel, das der Verbrecher durch ſeine That verdient, darnach vertheilt, ſo giebt es darin wohl Rache und Selbſtvertheidigung, aber keine Strafe. Dieſe ſind erſt im Staate möglich, weil da eine Gewalt eingeführt iſt, welche über alle Andere geſetzt iſt und daher Jeder unter ihrem Schuße ſeines Rechtes theilhaftig werden kann. Im Staate allein findet eine austheilende Gerechtigkeit ſtatt. Das Strafrecht iſt das Recht des Befehlshabers gegen den Unterwürfigen, ihn wegen ſeines Verbrechens mit einem Schmerze zu belegen. Wenn jemand ein Verbrechen begeht, das ein angebornes Recht des Andern verletzt oder das auch ein erworbenes Sachrecht beeinträchtigt und das ihn alſo unfähig macht Staatsbürger zu ſeyn, weil er durch ſeine Handlung einen Zuſtand der Rechtloſigkeit einführt und alles Recht unmöglich macht, ſo wird er vor die Criminalgerechtigkeit gezogen. Geſchichte des Criminalrechts iſt daher eine Aufzählung der

man-

mancherlei Begriffe von Verbrechen und Strafen, welche jemand des Staatsbürgerthums unfähig machen.
Zugleich muß sie aber auch die allmählige Entwickelung
dieser Gegenstände und den Grund derselben darstellen
und also den Gang der menschlichen Kultur beobachten,
damit nicht Ideen in die Geschichte hineingetragen werden, welche aus ihr allein geschöpft werden müssen, und
damit man nicht einem Zeitalter einen Grad der Aufklärung zuschreibe, welchen es, vermöge des stufenweisen
Fortschreitens des menschlichen Geistes, nicht haben
kann. Die Griechen und Römer, ob sie schon civili-
sirt waren, konnten doch nicht den Grad der Kultur besitzen, der ihre Strafen gerecht und ihre Verbrechen
weniger zahlreich machte. Sie mußten daher entweder
viele Verbrechen zu hart und grausam oder zu gelinde
bestrafen, weil sie noch nicht das äußere Recht von dem
innern absondern, und weil sie nicht die Rechte, welche
der Staat allein schützen kann, kennen konnten. Sie
waren sinnlich kultivirt und näherten sich der Kultur der
Anlage für die Menschheit, wo man alles, was gethan
wird und geschieht, nach dem Nutzen und Schaden, aber
nicht nach dem Rechte und Unrechte beurtheilt. Gab
es auch einzelne Menschen unter ihnen, welche gerecht
waren und welche das Recht und Unrecht einsahen und
moralisch gebildet waren, so war dies doch nicht Natio-
nalgeist, welcher allein das Bedürfniß nach einer Verbesserung der peinlichen Gerechtigkeit im Staate rege
macht und die Beherrscher zwingt, einen richtigern
Maaßstab zwischen Verbrechen und Strafen einzuführen.

Gesell-

Geſellſchaften, welche noch keinen Staat ausmachen und alſo noch unter keinem Oberhaupte *) ſtehen,
können nicht ſtrafen, weil niemand dem Andern untergeordnet, ſondern jeder dem Andern gleich iſt und es
daher keine austheilende Gerechtigkeit geben kann. Der
Grund der Strafe entſprang nicht aus Rachluſt d. i. aus
dem aus der vorſetzlichen Wiedervergeltung entſtehenden
Vergnügen, welches als Vergütung des durch die Beleidigung erlittenen Uebels und Mißvergnügens geſucht
und gebilligt wurde, ſondern aus der Abſicht, die man
durch die Errichtung eines Staats erreichen wollte.
Dieſe Abſicht aber würde verfehlt worden ſeyn, wenn
man nicht den Uebertreter beſtraft hätte; denn man beab-
ſichtigte durch Errichtung des Staates Sicherheit, wie
konnte man aber dieſe hoffen, wenn man nicht Gewalt
gegen den Verbrecher gebrauchte und ihn alſo beſtrafte?
Die Rachſucht, welche die wilden Völker charakteriſirt
und womit ſie die, welche ſich irgend eine Beleidigung
des Andern, oder einen Mord ihres Nebenmenſchen
oder irgend eine Uebertretung eines eingeführten Ge-
brauchs oder einer Sitte haben zu Schulden kommen
laſſen, iſt nicht Strafe, ſondern eine ungerechter Weiſe
ausgeübte Macht über den Ohnmächtigen. Es giebt
noch keine oberſte Gewalt, alſo kann man auch noch
keine Strafe ausüben, dieſe iſt ein Erfolg von dem
Staatsvertrage, welcher entweder wirklich abgeſchloſſen
oder als ſtillſchweigend eingegangen vorausgeſetzt wird.
Allent-

---

*) Unter dem Oberhaupte verſtehe ich keine phyſiſche, ſon-
dern eine moraliſche Perſon, welche die geſetzgebende,
vollziehende und richterliche Gewalt in ſich begreift.

Allenthalben fah man in der alten Welt den Verbrecher als eine phyfifche Gewalt an, welche fchädlich fey und welche man nach Willkühr behandeln oder gar tödten könne *). Die Criminalgefeße der Aegyptier fcheinen hart und graufam gewefen zu feyn, wenn fie gleich auch hier und da das Gepräge der Weisheit tragen. Meineid war bei ihnen ein Verbrechen, das mit dem Tode beftraft wurde. Wer nicht aufrichtig anzeigte, wovon er lebte, war der Todesftrafe unterworfen. Eben diefe Strafe traf auch den, der von unerlaubtem Gewinn lebte und dies gefchah nach einer Verordnung des Amafis. Ein Vater, der fein Kind ermordete, mußte drei Tage und drei Nächte unter öffentlicher Wache bei der Leiche ftehen, wahrfcheinlich um ihm das Bild feiner That recht lebhaft einzuprägen und ihn zeitlebens zu verwunden. Wer eine Freigeborne entehrte, wurde entmannet. Die Aegyptier verfolgten auch die, welche in religiöfen Meinungen von dem hergebrachten Religionsglauben abwichen. Man war graufam und unduldfam in gleichgültigen und nachfichtig und gelind in wichtigen Dingen. Wer jemanden, der auf der Straße unter die Räuber gefallen, oder fonft in Gefahr war, nicht zu Hülfe kam, verlor das Leben. Der Vatermörder wurde mit glühendem Eifen gefchlagen und lebendig verbrannt. Der im Ehebruch Ergriffene wurde mit Ruthen gepeitfcht und die Ehebrecherin verlor die Nafe. Den Diebftahl beftrafte man nicht. Wer den Feinden ein Staatsgeheimniß entdeckte, dem wurde die Zunge ausgefchnitten. Falfche Münzer verlohren beide Hände,

*) Nach Hommel, Klein und Montefquieu.

Hände, so wie auch diejenigen, welche falsches Gewicht und Maaß führten.

Unter den Aethiopiern war eine besondere Einrichtung in Ansehung der Todesstrafe. Diodor von Sizilien lernt sie uns kennen. Es war bei ihnen ein Gesetz, keinen ihrer Unterthanen mit Gewalt mit dem Tode zu bestrafen, wenn er auch einen noch so gewaltsamen Tod verdient hatte. Man schickte einen Liktor zu dem Schuldigen, der das Zeichen des Todes vor sich her trug; so bald der Schuldige dieses erblickte, gieng er nach Hause und tödtete sich selbst. Diodor führt ein Beispiel an, daß, als ein Verbrecher fortgehen wollte, ohne sich selbst zu tödten, ihm seine eigene Mutter mit ihrem Gürtel erwürgt habe.

Alle morgenländischen Völker sind leidschaftlich, und empfinden tief, weil sie eine immer regsame Einbildungskraft besitzen und daher zur Strenge geneigt, grausam und rachsichtig sind. Bei vielen dieser Völker aber hatte die Glaubensart Einfluß auf die Bildung des Charakters und der Denkungsart, wie es mit den Juden der Fall ist. Sie betrachteten ihren Jehova als einen Tyrannen, dem nur Härte gefalle und den Blut versöhne. Daher sind ihre peinlichen Gesetze streng und ungerecht. Der Gotteslästerer wurde aufgehangen und unbegraben hingeworfen. Die fleischlichen Vergehungen wurden meist mit dem Tode bestraft. Eine vorgebliche Jungfrau, die man nicht als eine solche fand, wurde gesteinigt oder lebendig verbrannt. Gewaltsame Schändung brachte den Tod. Die Verlobte, welche sich freiwillig mit einem Andern einließ, traf auch die

Todes-

Todesstrafe. So stand sie auch auf den Ehebruch, die Blutschande und Sodomie. Ein Kind das sich gegen seinen
Vater boßhaft vergieng, wurde außer der Stadt aufgehangen. Ueberhaupt war das Recht der Wiedervergeltung in vielen Fällen eingeführt. Der Giftmischer
mußte Gift trinken, wer dem Andern vorsetzlich um ein
Auge brachte, verlor auch das Seinige. Diese Wiedervergeltung wurde besonders bei Todtschlägen den Verwandten zur Pflicht gemacht; daher die Bluträcher. Man
nahm sogar an, daß das ganze Menschengeschlecht zum
Bluträcher bestellt sey. Daher war man auch der Meinung, daß Todtschlag mit dem Tode bestraft werden
müsse. Da der Staat noch nicht fest gegründet war
und man der Rachsucht der Einzelnen nicht Einhalt thun
konnte, so wurde die Blutrache durch die Freistätte eingeschränkt. In welchem Verhältnisse stand nun die
Strafe bei den Hebräern mit dem Verbrechen? Da
man das Leben über alles schätzte, und da man den
Menschen nicht nach seinem moralischen Werthe, sondern nach seiner Körperstärke und nach seiner Klugheit
und Verschlagenheit beurtheilte, so wurde vorzüglich
die Beraubung dieser Güter hart bestraft. Man ehrte
nicht den Menschen als ein moralisches und als ein der
Rechte fähiges Wesen, sondern man betrachtete ihn als
ein Werkzeug der tyrannischen Theokratie, welche die
Juden mit Scorpionen geißelte. Er hatte keine andere
Existenz als eine bürgerliche. Sein Leben war ein Geschenk
des Staates, das man ihm daher nach Willkühr rauben konnte. Man verkannte in ihm gänzlich den Menschen und mißhandelte ihn destomehr als Bürger. Die
Absicht wurde nicht genau von der That unterschieden
und

und die äußere Handlung galt für die Gesinnung. Es wurde oft der Schuldlose mit dem Schuldigen verdammt, weil man Thaten als Verbrechen stempelte, die nicht den Charakter einer freien und die Rechte des Andern beeinträchtigenden Handlung hatten.

Da die Griechen viele ihrer Gesetze anfänglich von den Aegyptiern entlehnten, so waren ihre Gesetze weder gerecht noch ihrem Charakter angemessen. Drako schrieb seine Gesetze mit Blut. Fast alle hatten den Tod zu ihrem Begleiter. Auch auf Unthätigkeit und Müßiggang stand der Tod. Wer Feld oder Gartenfrüchte von fremdem Boden nahm, wurde wie ein Vatermörder bestraft. Alles trug das Siegel der Härte und Grausamkeit. Ohngeachtet alle Gesetze, welche Drako gab, seinen finstern und mürrischen Charakter verrathen, so verdient er doch Lob, wenn auch nicht wegen seiner Klugheit, doch wegen seiner edeln und kindlichen Gesinnung, daß er seine Mitbürger nie des Vatermordes für fähig hielt, weil er absichtlich die Erwähnung dieses Verbrechens, in dem es zu schrecklich und barbarisch sey als daß es je von Menschen begangen werden könne, ausließ. Solon, der den Menschen mehr kannte und seine Natur mehr ehrte, schafte diese blutgierigen Gesetze ab, den Todtschlag und den Ehebruch ausgenommen. Er wählte vorzüglich Ehrenstrafen und auch einige Geldstrafen. Die über Ausschweifungen ergriffene Tochter oder Schwester wurde nach seinem Gesetze verkauft, vermuthlich als Sclavin. Er verbot den Eltern, ein unrechtmäßig erzeugtes Kind zu ernähren. Solon wollte das Ehrgefühl der

Athe-

Athenienſer ſchärfen. Vatermord und Beſtreben nach Alleinherrſchaft ſchloß von obrigkeitlichen Aemtern aus. Wenn Partheien im Staate entſtanden, ſo durfte niemand neutral bleiben, ſondern jeder Bürger mußte für die Eine oder die Andere Parthei ſich erklären, ſonſt war er nach dem Geſetze ein Bösartiger, der ſeinen eigenen Vortheil dem allgemeinen Beſten vorzöge und ſich um dieſes nicht bekümmere. Auf die gewaltſame Entehrung einer Freigebornen ſtanden zehn Drachmen. Einem Vornehmen von Athen brachte es den Tod, wenn man ihn trunken fand. Wer dem Andern um ein Auge brachte, verlor beide. Man ſieht hieraus, daß allenthalben der richtige Maaßſtab zwiſchen dem Verbrechen und der Strafe fehlt. Man war noch nicht moraliſch kultivirt, um eine That nach Verdienſt würdigen zu können. Die Athenienſer waren eben in der intellektuellen Kultur begriffen, wo man noch keine rechtliche Gleichheit kennt, ſondern Sclaven und Freie, Unedle und Edle zu unterſcheiden anfieng und dieſen entehrenden Unterſchied zur Schmach der Menſchheit einführte und ihn mit aller Gewalt behauptete.

Die peinlichen Geſetze, welche Lykurgus Sparta gab, ſcheinen ſehr hart geweſen zu ſeyn, weil es ſeine bürgerlichen und Polizeigeſetze waren. Er wollte die Menſchen zu bloßen Spartaner machen. Sie ſollten alle Gefahren und alle Mühſeligkeiten verachten lernen. Patriotismus, ſtrenge und rauhe Tugend, Unterdrükkung der edelſten Begierden und erhabenſten Leidenſchaften waren der Hauptzweck ſeiner bürgerlichen und Polizeigeſetze. Die Gefühle der Achtung gegen den Menſchen

ſchen wurden ausgetilgt und die ſanften und gefälligen
Tugend in die Acht erklärt. Die Geſetze befohlen
Grauſamkeiten und machten nur fürchterliche und alles
Recht mit Füßen tretende Geſchöpfe.

Zaleukus der Geſetzgeber der Lokrenſer iſt in ſeinen Geſetzen hart und oft unklug. Er blendet den Ehe-
brecher. Er ſetzte Lebensſtrafe darauf, wenn jemand
einem Kranken Wein, ohne Vorwiſſen des Arztes,
reichte. Er ſelbſt riß ſich ein Auge aus, um ſeinem
Sohne Eines zu erhalten, der, nach ſeinen eigenen Geſetzen, beide verlohren hatte.

Romulus zeigte allenthalben durch ſeine Geſetze,
daß er mit einem rohen Volke, das er bilden wollte, zu
thun habe. Er beſtellte deshalb den Hausvater zum
Richter ſeines Hauſes, auch gab er ihm in gewiſſen
Punkten das Recht über Leben und Tod. Dieſem Gerichte war mit Zuziehung der Verwandten auch die Frau,
mit welcher er ſich, unter gewiſſen Feierlichkeiten, verbunden hatte, unterworfen, wenn ſie die eheliche Treue
verletzte. Wein getrunken zu haben, wurde bei der
Ehefrau ſo nachdrücklich als Ehebruch beſtraft und um
dieſes leicht zu erfahren, brauchte man den Kuß auf den
Mund. Numa milderte Eines und das Andere. Nachher entlehnten die Römer ihre meiſten Geſetze von den
Griechen, wenigſtens nahmen ſie die Gründung ihres
Juſtizweſens von ihnen durch die zwölf Tafeln *). In
der

*) Das Geſetz der zwölf Tafeln erlaubte, den nächtlichen
Dieb, ſo wie den Dieb bei Tage, der ſich, wenn er verfolgt wurde, zur Wehre ſetzte, zu tödten. Ehe man
den

der Folge machte das Sittengericht und die damit verbundenen Ehrenstrafen einen großen Theil ihrer Verfaf-
sung aus, die von der Criminalgerichtsbarkeit große
Ausnahmen machte und ihr Gebiet um vieles verklei-
nerte. Die Strafen dieses Gerichts waren willführlich;
denn alles was die Sitten angeht, alles was die Regeln
der Bescheidenheit betrift, läßt sich nicht füglich in ein
Gesetzbuch zusammenfassen, weil die Sitten etwas kon-
ventionelles sind.

Die ältesten Strafen der Römer waren hart.
Ihre Kapitalstrafen trafen entweder das natürliche oder
das bürgerliche Leben. Unter die wahren Verbrechen
gehörten bei ihnen vornehmlich folgende: das Majestätsverbrechen, der Ehebruch, die Schändung, Verkupplung,
Blutschande, widernatürliche Wollust, Menschenmord,
Feueranlegen und Giftmischen, Parricidium, das Fal-
sum, öffentliche und privat Gewaltthätigkeiten, Beraubung der öffentlichen Gelder, Menschenraub, Amts-
erschleichung, das crimen repetundarum, Preiserhö-
hung des Getreides und das crimen residuorum, welches vornehmlich der begieng, welcher öffentliche Gelder
zu seinem Privatgebrauche verwandte. Unter diesen
Hauptverbrechen liegen noch andere von dieser Art. In
den Gesetzen gegen den Ehebruch war wegen aller Arten
der

den Dieb tödtete, mußte man schreien und Leute rufen. —
Es verurtheilte zur Wiedervergeltung, wenn man den,
welcher Klage führte, nicht hatte besänftigen können.
Einige behaupten, es habe dem Gläubiger erlaubt, den
unvermögenden Schuldner in Stücken zu hauen. Andere hingegen sagen, das Gesetz rede nur von der Theilung des für den verkauften Schuldner gelösten Preißes.

der natürlichen und widernatürlichen Wolluſt verordnet;
als über die Schändung, Lenocinium, Blutſchande und
widernatürliche Wolluſt, obgleich ſich auch einzelne beſondere Geſetze wegen Einzelner von dieſen Verbrechen
finden. Die Geſetze, welche gegen den Menſchenmord
ſprachen, beſtraften auch den Meuchelmord und das An-
legen des Feuers und den Giftmiſcher. Die Dezemviri
verordneten gegen die Urheber von Schmähſchriften und
gegen ſatyriſche Dichter Todesſtrafen. Nach der Ab-
ſchaffung der Dezemviri wurden faſt alle Geſetze, welche
die Todesſtrafe beſtimmten, aufgehoben. Man ſchafte
ſie nicht ausdrücklich ab; aber ſie konnten, da das por-
ziſche Geſetz verboten hatte, einen römiſchen Bürger
hinzurichten, nicht mehr angewandt werden. Dieſes
Geſetz kam aber nur den togatis zu Gute. Vergeblich
würde ſich der Soldat darauf berufen haben. Von dieſem Zeitpunkte ſagt Livius, daß nie ein Volk die Mäßigung der Strafen mehr geliebt habe als die Römer.
Rechnet man zu dieſer Gelindigkeit der Strafen noch
das Recht, welches dem Angeklagten zuſtand, vor dem
Urtheilsſpruche ſich weg zu begeben, ſo wird man ſehen,
daß der Römer den Geiſt befolgt haben, der einer Republik natürlich iſt. Zu den Zeiten des freien Staats
waren gewöhnlich Ehren- und Geldſtrafen, und ſolche
die das bürgerliche Leben entzogen, welche aber in einem
Freiſtaate von keiner geringem Wichtigkeit ſind. Sylla,
der die Tyrannei, die Anarchie und die Freiheit unter
einander mengte, gab die Korneliſchen Geſetze. Es
ſchien, er mache nur Vorſchriften, um Verbrechen einzuführen und zu vermehren. So fand er, weil er eine
große Menge von Handlungen mit dem Namen Mord
belegte,

belegte, überall Mörder; und durch sein Verfahren,
das nur zu sehr von Andern nachgeahmt wurde, legte er
Fallstricke, säete Dornen und öffnete Abgründe auf dem
Wege aller Bürger. Fast alle Gesetze Syllas enthiel-
ten nichts als das Untersagen des Wassers und Feuers.
Cäsar fügte noch die Einziehung der Güter hinzu, weil
die Reichen, wenn sie in der Verweisung ihr väterliches
Erbtheil behielten, noch kühner waren, Verbrechen
zu begehen.

Die Kaiser, als sie eine militairische Regierung
errichtet hatten, fühlten bald, daß solche ihnen eben so
schrecklich als den Unterthanen sey, sie suchten sie daher
zu mäßigen. Man theilte die Strafen in zwey Klassen;
in die, welche die Vornehmsten des Staats angiengen
und welche ziemlich gelinde und in die, welche Leute von
geringem Stande trafen, und welche hart und grausam
waren. Die Vornehmen wurden deportirt, die von
niedrigem Stande mit dem Tode bestraft. Ueberhaupt
nahmen zu den Zeiten der Kaiser die eigentlichen und
natürlichen Lebensstrafen zu. Das Criminalrecht ge-
wann durch die Despotie, Herrschsucht und durch den
Geiz der Kaiser einen ungeheuern und fürchterlichen Um-
fang, welcher in der Folge durch die Verfolgung der
Christen noch mehr vergrößert wurde und unter den
christlichen Kaisern durch Mißbrauch der Religion ein
neues Gebiet erhielt.

Allenthalben bemerkt man das Schwankende und
Ungewisse in der römischen Criminalgesetzgebung, welches
einem Zeitalter in der Epoche der Kultur der Denkkraft
eigen ist. Ohne Grundsätze hin und hergeworfen sind
di

die Gesetze und die Strafen, welche jene bestimmen, ein
Werk der Noth oder des Ungefährs, welches jederzeit
den Charakter des Augenblicks, der es gebahr, an sich
trägt. Allenthalben vermißt man einen richtigen Unterschied zwischen bürgerlichen und peinlichen Verbrechen,
beide werden gleich unverhältnißmäßig bestraft. Das
Gebiet des Gewissens und des äußern Recht sind allenthalben mit einander vermengt und es werden lasterhafte
Handlungen wie widerrechtliche Thaten vor das bürgerliche Gericht gezogen. Man sah bei der Bestrafung
nicht auf die Verschuldung, sondern auf die äußerlichen
Umstände, man war daher eben so ungerecht als unvernünftig.

Muhamed machte Religionszweifel zu einem der
größten Verbrechen und gründete den Thron des Aberglaubens auf Blut; Tod stehet auf Mord, Steinigung
auf den Ehebruch bei beiden Theilen; Ausschweifung
außer der Ehe wird mit achzig Streichen bezahlt; die
Strafe auf den Diebstahl steigt nach den öftern Wieder-
holungen, bei dem ersten und zweitenmale sind Streiche
die Strafe, bei dem drittenmal verliert der Dieb die
Hand, bei dem viertenmale den Fuß. Ihre Zeugen nöthigen die Türken nicht zum Eide. Ueberhaupt wendet man
auf das Vermögen, auf das Leben und auf die Ehre
der Unterthanen sehr wenig Aufmerksamkeit. Alle
Streitigkeiten werden schnell geendigt, und die Art zu
endigen ist gleichgültig.

Das Criminalrecht der Deutschen beschäftigt sich
hauptsächlich mit den Verbrechen gegen die vier Haupt-
tugenden, die in dem Nationalcharakter der Deutschen
Grund-

Grundzüge ausmachten, Tapferkeit, Ehrfurcht gegen die Götter, Treue und Keuschheit. Sie hatten Lebens = Ehren = und Geldstrafen. Die Geldstrafen aber waren die gewöhnlichsten. Oeffentliche Mißhandlungen wurden mit Korn oder etlichen Stücken Vieh gebüßt und bei Privatbeleidigungen konnte man die Strafe auf gleiche Art abkaufen. So büßte man selbst für Mordthaten, indem sich der Mörder mit der Familie des Getödteten um den Preiß verglich. Raub war bei den ältern Deutschen kein Verbrechen, sondern wurde gleichsam als eine Kriegsübung angesehen, die Tapferkeit der Nation auch immer in Frieden zu beschäftigen. Für den Ehebruch war bei den meisten alten Deutschen bloß eine empfindliche Leibes = oder Ehrenstrafe bestimmt, welche dem Manne in Gegenwart der Anverwandten überlassen wurde. Was ließ das Verbrechen dem rächen, der beleidigt war. Bei den Sachsen aber kostete der Ehebruch das Leben. Treulosigkeit im Kriege wurde mit dem Tode bestraft. Die Priester vollzogen die Strafen, eine Politik, welche die Befolgung der Strafen bei einem so rauhen Volke erleichterte, aber auch den Priestern großes Ansehen gab. Es findet sich indessen bei den ältesten Deutschen kein Religionshaß, welcher Einfluß in ihre Criminalgesetzgebung gehabt hätte, obgleich ihre Religion sich zuweilen grausame Begriffe von ihrer Gottheit zu machen scheint.

Uebermuth der Mächtigen und Reichen machte die Verwandlung der Geldstrafen in Leibesstrafen den Deutschen erwünscht und gern gaben die Häupter der Nation zur Demüthigung der ihnen nacheifernden Mächtigen

tigen und Reichen den Wünschen der Geringern nach.
Die Kapitularen der Könige der Franken verwandelten
die Geldstrafen in Kapitalstrafen.

Da die deutschen und fränkischen Gesetze schon an
sich nicht von der Beschaffenheit waren, daß sie ihr
Ansehen erhalten konnten, so verloren sie es mit dem
Ausgange des Karolingischen Stammes gänzlich. Zur
Zeit des Faustrechtes schwiegen die Gesetze; nur hinter
den Mauern konnte die Justizpflege Schutz finden. Bei
dem Mangel allgemeiner Gesetze bildeten sich nach und
nach rechtliche Gewohnheiten, welche in den Urtheils-
und Malefizbüchern aufbewahrt wurden. Aus
diesen Bruchstücken und unzusammenhängenden Gedanken konnte kein System der peinlichen Gesetzgebung erwachsen. Selbst da, wo auch eine peinliche Gesetzgebung statt fand, wurde sie doch meistentheils nur wie
ein nutzbares und dem Machtgefühl schmeichelndes Recht,
aber nicht als eine Pflicht gegen die Unterthanen betrachtet.

Alter und neuer Aberglaube vereinigten sich, Mißbräuche aller Art einzuführen. Unwissende Schöppen
und eine widersinnige Prozeßform, welche die Kompi-
latoren des Sachsen- und Schwabenspiegels
gegen die despotische Verfahrungsart der Geistlichen
aufrecht zu erhalten suchten und die schrecklichen heimlichen Gerichte kamen zusammen, um eine Re-
form der peinlichen Prozedur und Gesetze nothwendig
zu machen: und diese wurde durch die bessere Polizei,
und durch die bessern Gewohnheiten und Gesetze der
Städte begünstigt.

Die

Die Bekanntschaft mit dem römischen Rechte hatte anfangs auf das Criminalwesen nur einen geringen Einfluß, weil die Rechtsgelehrten sich mit peinlichen Fällen wenig abgaben. — Da die verschiedene Staats- und Gerichtsverfassung der Römer und Deutschen die Anwendung der peinlichen Gesetze der Erstern nicht begünstigte, und das k a n o n i s c h e R e c h t sich meistentheils nur mit Bußen und kirchlichen Vergehungen beschäftigte, so konnte das Studium der fremden Rechte vor der peinlichen Gerichtsordnung Kaiser Karls V. dem peinlichen Rechte wenig nutzen. Fanatismus und Unwissenheit verheereten Deutschland, wie konnte man in diesen barbarischen und abergläubischen Zeiten erwarten, daß jedes Verbrechen nach Verdienst werde bestraft werden? Der Aberglaube erdichtete zahllose Verbrechen, welche ein freier und selbstthätiger Vernunftgebrauch höchstens für Irrthümer erklärt, die als Ausgeburten des Verstandes nicht von unserer Willkühr abhängen und daher nicht strafbar sind. Die Herrschsucht der Geistlichkeit nahm das ganze Gebiet der menschlichen Wirksamkeit in Beschlag und erklärte alles für Verbrechen, was gegen ihre Habsucht und Tyrannei anstieß. Kein Jahrhundert der Vorwelt ist durch Blut und Ungerechtigkeit so befleckt worden, als die Zeiten, wo die Geistlichkeit die Blitze und Donner des Himmels und der Erde in seiner Gewalt hatte, und wo ihre Intoleranz und Unwissenheit die blutige Fackel schwank. So stand die Sache als Maximilian I. auf dem Reichstage zu Worms 1495 die Abschaffung der heimlichen westphällischen Gerichte unternahm und bei den Reichstagen 1498 und 1500 auf die Verfertigung einer peinlichen Gerichts-

C   ordnung

ordnung Bedacht genommen wurde. Nun kennte man
schon die Schriften der Alten und das fortgesetzte Studium der römischen Gesetze zur Auffindung guter Grundsätze, besonders zur Leitung des peinlichen Verfahrens
benutzen. Der Freiherr von Schwarzenberg machte
den Entwurf einer peinlichen Gerichtsordnung und be-
wirkte inzwischen deren Einführung zu Bamberg 1507
und nachher bei den Markgrafen von Brandenburg in
Franken. Dies ist wahrscheinlich die Grundlage der
1532 bekanntgemachten peinlichen Gerichtsordnung Kaiser Karls V. So unvollständig auch die peinliche Gerichtsordnung ist, weil sie nicht alle Arten von Verbrechen umfaßt, auch da, wo das römische Recht schweigt,
auf dieses verweiset, zuweilen in der Grausamkeit der
Strafen ausschweift, zu eingenommen für die römische
Jurisprudenz ist, zu viel der Willkühr der Richter überläßt, voll Aberglauben ist und kirchliche Vergehungen
mit Verbrechen im Staate vermischt, so hat sie doch
viele Mißbräuche abgeschaft, dem Gebrauche der Tortur Grenzen gesetzt, der deutschen peinlichen Rechtspflege durch Vorschriften, welche die Ausmittelung des
Thatbestandes und den Beweiß betreffen, einen sichern
Gang verschaft und für die Vertheidigung des Angeschuldigten gesorgt.

Einige andere deutsche Fürsten folgten diesen und den
ältern Beispielen nach und es erschien unter andern auch
1535 eine Hessische peinliche Gerichtsordnung von Philipp
dem Großmüthigen. Viele Andere ließen es bei der
peinlichen Gerichtsordnung Karls V. bewenden, allen-
falls erfolgten einzelne Gesetze zur Bestimmung einzelner

Fälle

Fälle und zur Bestrafung einzelner Verbrechen. In unserm Jahrhunderte, in welchem Christian Thomasius über die Gesetzgebung so viel Licht verbreitete, dachte man auch noch mehr an diesen Zweig derselben. Beyer und Thomasius hielten eigene Vorlesungen über das Criminalrecht. Mehrere Andere folgten ihnen hierin nach und dieser Umstand richtete nicht nur die allgemeine Aufmerksamkeit mehr auf diesen Gegenstand, sondern hatte auch die Folge, daß die dem peinlichen Rechte eigenen Begriffe und Grundsätze gesammelt und genauer entwickelt wurden.

In den preußischen Staaten ist man seit dem Anfange dieses Jahrhundert mit Verbesserung des Justizwesens beschäftigt gewesen. Im Jahr 1717 erschien eine Criminalordnung, welcher mehrere den peinlichen Prozeß betreffenden Verordnungen folgten; und das für das Königreich Preußen bestimmte Landrecht enthielt in seinem dritten Theile die peinlichen Gesetze, in welche die damals noch sehr harte Criminalpraxis war aufgenommen worden. Das neue preußische Landrecht enthält in dem Theile, welcher das peinliche Recht betrifft, einzelne vortrefliche Grundsätze. Es werden aber mehrere Handlungen noch für Verbrechen gehalten, welches Uebertretungen des Sittengesetzes sind. Die Strafen stimmen auch nicht allemal mit der Größe eines Verbrechens überein und sind nicht für alle, welche einerlei Verbrechen begehen, gleich. Es enthält auch Dunkelheiten und unbestimmte Begriffe, welche aus einem peinlichen Gesetzbuche gänzlich entfernt seyn sollten.

C 3   In

In dem Hessischen erhielt man 1726 eine Darm-
städtische und 1748 eine Casselsche Gerichtsordnung.
Auch die Kaiserlichen Staaten haben durch Maria The-
resia und Joseph II. einzelne gute peinliche Gesetze erhalten. Dieser letztere hob sogar die Todesstrafen auf,
aber welche grausame und tödtliche Strafe setzte er an
ihre Stelle? Er brauchte Menschen anstatt Vieh und
langsam schwanden die Opfer dahin, welche an der
Donau hinunter Schiffe ziehen mußten. Keine Strafe
darf das Leben des Verbrechers in Gefahr setzen, wenn
sie nicht selbst Mord seyn soll. Und wie viel haben
nicht einzelne Schriftsteller in Deutschland zur Aufklärung und Berichtigung einzelner Begriffe im Criminal-
rechte beigetragen? Sie haben sowohl die Anzahl der
Verbrechen zu mindern als die Strafen weniger ungerecht und grausam zu machen gesucht. Mehrere haben
Entwürfe zu Gesetzbüchern des peinlichen Rechts geliefert, z. B. Claproth, J. C. Quistorp, J. M. G.
Beseke; Entwurf eines Gesetzbuchs in Criminalsachen,
(von dem Coadj. v. Dalberg) 1792, und Entwurf eines
Sitten- und Strafgesetzbuches für einen deutschen Staat
von dem Fr. v. Eberstein 1793. Andere haben Lehrbücher
geschrieben oder sonst einzelne Abhandlungen über das
peinliche Recht bekannt gemacht; z. B. Kleinschrodt
systematische Entwickelung der Grundbegriffe und Grund-
wahrheiten des peinlichen Rechts nach der Natur der
Sache und der positiven Gesetzgebung, 3 Th. 1793—
1796. Soden Geist der peinlichen Gesetzgebung Deutsch-
lands, 2 Th. 2te A. 1792. Gmelin Grundsätze der
Gesetzgebung über Verbrechen und Strafen 1785. Abhandlung von der Criminalgesetzgebung. Eine Preiß-
schrift

schrift u. s. w. von H. E. von Globig und J. G. Huster
1783. Vier Zugaben zu der vorhergehenden Schrift
v. Globig und Huster, Klein Annalen der Gesetzgebung
und Grundsätze des gemeinen deutschen und preußischen
peinlichen Rechts, D. C. D. Erhard Uebersetzung des
Pastoret über Verbrechen und Strafen, und Handbuch
des chursächsischen peinlichen Rechts, Stelzer Grundsätze
des peinlichen Rechts für praktische Rechtsgelehrte, und
Kritik über Preußens neues Criminalgesetz. Noch haben sich um das peinliche Recht sehr verdient gemacht:
Hippel in seinem Werke über Verbrechen und Strafen *)
und in seinen Abhandlungen, welche von der preußischen Gesetzkommission den Preis erhalten haben, E.
U. D. v. Eggers, J. C. Koch, J. L. E. Püttmann,
E. K. Wieland, G. Z. E. Meister, J. Ch. Eschen-
bach, E. F. Hemmel, J. Fr. S. v. Böhmer, An-
dreas Zaupser, E. W. Jacobs u. A.

Durch die kantische Philosophie muß das peinliche
Recht eine ganz andere Gestalt gewinnen, als es bisher
gehabt hat. Kant hat zuerst den Grund des Unterschiedes zwischen der Tugend- und Rechtslehre deutlich und
genau angegeben und dadurch das Gebiet des Staates
bestimmt von dem Gebiete der Moral abgesondert.
Durch ihn sind die äußern Rechte, welche dem Menschen als einem auf die Willkühr Anderer einwirkenden
Wesen von Natur zu kommen, vollständig angegeben
worden. Der Zweck des Staates und der Zweck der
Strafen

---

*) Unter diesem Tittel gedruckt 1797, vorher hieß es:
Nachricht, die von K—sche Untersuchung betreffend.
Ein Beitrag über Verbrechen und Strafen 1793.

Strafen erscheinen in einem ganz andern Lichte als vorher; jener ist nicht mehr das unbestimmte allgemeine
Beste, und der Zweck der Strafen ist weder Abschrekkung, noch Besserung; die Strafen sind nicht Mittel
zu irgend einem Zwecke, sondern eine nothwendige Ver-
bindung mit der Störung der allgemeinen und gesetzlichen
Freiheit. Sie erfolgen deshalb, damit das Recht wirk-
lich werde und unter den Menschen herrsche. Aus der
kantischen Schule haben bisher in ihren Lehrbüchern das
Natur- oder Staatsrrechtes Beiträge zum peinlichen
Rechte geliefert: G. Hufeland, T. Schmalz, J. H.
Abicht, K. H. Heydenreich, B. E. Hofbauer, C. C.
E. Schmidt, L. H. Jakob, K. L. Poerschke, B. C. G.
Schaumann, J. H. Tieftrunk, J. G. Fichte, Mereau,
Stephani, der Verfasser des Buchs: Vom Staate und
den wesentlichen Rechten der höchsten Gewalt 1794 u. A.
— Auch in Rußland ist man bemüht gewesen, die Härte
der Strafen zu mildern. Die Kaiserin Elisabeth schafte
die Todesstrafe ab, welche Catharina aber wieder einführte. Einzelne vortrefliche Ideen und Vorschläge zur
peinlichen Gesetzgebung enthält die Instruktion Catha-
rinens für die Commission, welche auf ihrem Befehl
ein neues Gesetzbuch entwarf. Von den Gesetzen sagt
sie: die Mäßigung regiert die Menschen, und nicht die
Ueberschreitung des Maaßes. Die politische Freiheit
triumphirt alsdann, wenn die Gesetze wider die Verbrecher eine jede Strafe aus der besondern Eigenschaft
des Verbrechens herleiten: denn so ist die Strafe nichts
willkührliches, als welche nicht von dem Eigenwillen des
Gesetzgebers, sondern von der Natur der Sache selbst
abhängt; und es ist nicht der Mensch, welcher dem

Men-

Menschen Gewalt anthut, sondern seine eigenen Thaten. So vernünftig auch viele Maxime, welche diese
Instruktion enthält sind, so giebt es auch viele andere,
welche vor der Vernunft nicht bestehen können. Es
giebt weder Verbrechen gegen die Gottheit noch gegen
die Sitten. Jedes Verbrechen muß die allgemeine
Gesetzlichkeit, welche der Staat zu behaupten die Pflicht
hat, verletzen, wie wird aber jemandes Freiheit durch
das, was man ein Verbrechen gegen die Religion und
gegen die Sitten nennt, beeinträchtigt? Von den Strafen sagt sie: Die Liebe des Vaterlandes, die Schande
und die Furcht vor Beschimpfung sind Mittel, die Menschen zu zähmen, und von vielen Verbrechen zurück zu
halten. Man muß Menschen nicht auf den äußersten
Wegen führen, sondern sich der Mittel, welche die
Natur uns verleihet, um sie zu dem erwünschten Zwecke
zu führen, mit Behutsamkeit bedienen. Forschet mit
Aufmerksamkeit nach der Ursache der Zügellosigkeit; ihr
werdet finden, daß sie von der Freiheit, ungestraft zu
sündigen, nicht aber von der Gelindigkeit der Strafen
herrührt. Laßt uns der Natur folgen, welche dem
Menschen die Schande gleichsam zur Geißel gegeben
hat: der härteste Theil der Strafe sey die Schande,
welche die Strafe begleitet. Werden in einem Staate
die Menschen durch nichts anderes als durch grausame
Strafen von Verbrechen zurück zu halten, so glaube
sicherlich, daß dies von der Härte der Regierung her-
kommt. Alle Strafen, die den menschlichen Körper
verunstalten können, sind mit Recht abzuschaffen. ——
Die Gewalt des Richters bestehet allein in der Handhabung der Gesetze, damit man an der Freiheit

und

und Sicherheit der Bürger nicht zweifle. Die
Richter müssen mit dem Beklagten von einerlei Stande,
d. i. seines Gleichen seyn, damit er nicht etwann auf
den Verdacht gerathe, als wäre er solchen Leuten in die
Hände gefallen, die in seiner Sache die Gewalt zu seinem Nachtheile anwenden könnten. Eine jede Strafe
ist unbillig, so bald sie nicht nöthig ist. Nichts ist gefährlicher als wenn gesagt wird: Man muß auf den
Sinn des Gesetzes sehen und nicht auf die Worte. Je
mehr Menschen das Gesetzbuch lesen und verstehen werden, desto weniger werden der Verbrechen seyn. Die
Rechtssprüche der Richter müssen dem Volke bekannt seyn, so wie auch die Beweise der Verbrechen,
damit ein jeder Bürger sagen kann, daß er unter dem
Schutze der Gesetze lebt. In dem gewöhnlichen Zustande eines gemeinen Wesens ist der Tod eines Bürgers weder nützlich noch nöthig. Nur in einem Falle
kann er nöthig werden, d. i. in demjenigen, wo ein Gefangener noch Mittel und Kräfte findet, durch Empö-
rung des Volks Unruhe zu stiften. Es kann aber auch
dieser Fall nirgends Statt finden als da, wo das Volk
seine Freiheit zu verlieren oder die Verlorne wieder zu
erhalten, im Begriffe steht; desgleichen auch zur Zeit
einer Anarchie, wenn die größten Unordnungen anstatt
der Gesetze herrschen. ——

Eine große Anzahl solcher herrlicher und nützlicher
Ideen findet sich in dieser Instruktion. Es wäre nur
zu wünschen gewesen, daß man sie befolgt und ausge-
führt hätte; aber wie oft ist die Willkühr des Mächtigen an die Stelle des Gesetzes gesetzt worden? Wie
Viele

Viele sind ungerechter Weise auf eine grausame Art gemartert worden und wie wenige haben die Wohlthaten
dieser vortreflichen Gedanken genossen? Man erdichtete
Verbrechen, um strafen zu können, man ließ Meinungen abschwören, welche in der menschlichen Natur einheimisch und welche Kinder der Vernunft sind, und je
Mächtiger jemand war, desto weniger war er an die
Gesetze gebunden, und desto strafloser konnte er Verbrechen auf Verbrechen häufen. Die Advokaten und
die Ukasen sind auch viele Quellen des Unrechts.

In Italien schrieb Beccaria sein Werk über Verbrechen und Strafen, und trug nicht allein dort, sondern in fast ganz Europa und in Nordamerika, vorzüglich in Philadelphia zur Milderung der Strafen und zur
Achtung gegen die Menschheit bei. Welche vortrefliche
Ideen enthält nicht auch Filangieri la scienza della legis-
latione! Wie sehr wäre es zu wünschen, daß man eilte
dieses denkenden Mannes Gedanken zu realisiren. Der
Großherzog von Toscana, Leopold suchte in seinen Staaten den vielen Ungerechtigkeiten, welche durch das Ge-
wirr der Gesetze im Gange waren, abzuhelfen, und ob
er gleich in mehrern Dingen ungerecht verfuhr, weil er
Handlungen vor das Forum des Staats zog, welche nicht
wiederrechtlich sind, z. B. den Luxus und andere, weil
er daher mehr väterlich als vaterländisch und patriotisch
ist, so kann man doch mehrere seiner Einrichtungen
nicht genug rühmen. Der Regent darf seine Unterthanen nicht als unmündige Kinder ansehen, sondern soll
sie als freie und selbstständige Wesen behandeln. Alles,
was nicht die öffentliche Freiheit kränkt, muß ihrer Willkühr

kühr überlassen werden. Leopold sah das Strafrecht
nicht bloß als ein Recht, sondern vielmehr als eine Verbindlichkeit des Staats an. Sein Zweck war durchgängige Handhabung der Gerechtigkeit. „Es ist
Pflicht einer gerechten Regierung, gegen das Volk,“
sagt er in einer Cabinetsordre vom Jahr 1782, „allgemein bekannt zu machen, daß bei Bestrafung der Verbrechen eben so wenig Nachsicht und Gunst als Grausamkeit und Willkühr statt finde.“ „Der Staat hat
die wesentliche Pflicht,“ heißt es an einem andern Orte,
„Verbrechen zu verhüten, zu untersuchen und zu bestrafen, es liegt ihm also auch ob, dafür zu sorgen, daß
nicht nur diejenigen, die von Verbrechern in Schaden
gesetzt worden sind, sondern auch die, welche zusammen-
treffender Umstände halber ohne jemandes Schuld oder
Bosheit in Inquisition gekommen und zum Nachtheile
ihrer Ehre und ihres Hauswesens gefangen gehalten,
nachher aber unschuldig befunden und losgesprochen worden sind, durchaus völlig entschädigt werden.“ Er hob
die Freistätten für Verbrecher und die Inquisition auf.
„Er verbannte,“ sagt ein mit L. Gesetzgebung vertrau-
ter Schriftsteller *), „durch sein Criminalgesetzbuch ein
unmenschliches und langwieriges Verfahren, das den
Verbrecher oft zu einem Gefängnisse verdammte, das
zehnfach härter war als die Strafe selbst. Er schränkte
die Gewalt des peinlichen Richters bei leichten Vergehungen auf den Fall ein, wenn der Beleidigte sich
beschwerte. Er verbannte unverhältnißmäßige Strafen

*) Betrachtungen über Leopold des Weisen Gesetzgebung
in Toscana von D. E. Erhard, 1791.

fen und ſetzte den Grad der Strafbarkeit nach dem Grade
der geſtörten Sicherheit, nicht nach willführlichen Launen und Leidenſchaften feſt." Er hob die Todesſtrafe
auf, welche er aber hernach in einigen Fällen wieder
einführte. Leopold ſorgte nicht allein für gerechte und
milde Geſetze, ſondern auch für ihre ſtrenge und unpar-
theiiſche Vollziehung.

Die engliſchen Criminalgeſetze ſind äußerſt grau-
ſam, ungerecht und zahlreich. Gegen zwei hundert
Verbrechen ziehen die Todesſtrafe nach ſich. Ihr herr-
ſchender Grundſatz iſt: je leichter ein Verbrechen begangen werden kann, deſto härter muß es beſtraft werden.
Daher folgt auf einen Diebſtahl von einem ſehr geringen
Werthe der Tod. Die Vorzüge der engliſchen peinlichen Geſetzgebung beſtehen darin, daß jeder von ſeines
Gleichen gerichtet wird und daß man den Buchſtaben des
Geſetzes (wäre nur dieſer nicht mit Blut geſchrieben!)
befolgt, wodurch man der Chikane und den Sophiſtereien vorbeugt. Die Geſchwornen, welche jeder Angeklagte ſich ſelbſt unter einer vorgeſchlagenen Anzahl aus-
wählen kann, ſind die Krone der engliſchen peinlichen
Gerichtsbarkeit. Allein ein Laſter hat ſich jetzt in die engliſchen Gerichtshöfe eingeſchlichen, welches ſchon manchen Unſchuldigen verſchlungen hat, und dieſes iſt Käuf-
lich- und Beſtechlichkeit der Zeugen, welche zur Schande
der Menſchheit in England immer allgemeiner wird.
Ohne Bedenken ſchwört der falſche Zeuge Eide und weiht
den Unſchuldigen dem Tode. Die engliſchen peinlichen
Geſetze erklären viele Handlungen für Verbrechen, welche Vergehungen gegen das Sittengeſetz ſind und daher
nicht

nicht in das Gebiet des Staats einschlagen. Ueber Criminalgesetzgebung haben in England Fielding, Blakstone, Eden, Dawes u. a. geschrieben.

Vor der Revolution waren in Frankreich die peinlichen Strafen und Gesetze sehr hart und barbarisch. Man verdammte zum Feuer, zum Tode und zum Zerfleischen. Calas wurde unschuldig verbrannt, und wie viele Andere haben noch dies Schicksal gehabt! Seit den Stürmen der Revolution hat man viele Menschen unschuldigerweise verdammt. Man hat Verbrechen erdichtet, welche höchstens Irrthümer des Verstandes waren. Jede Parthei erklärte ihre Gegner des Todes schuldig, und übte nur zu oft, ihre Rachsucht zu befriedigen, die grausamsten Ungerechtigkeiten aus. Das peinliche Gesetzbuch ist durch die konstituirende Nationalversammlung verbessert worden, die Strafen sind weit milder und gerechter und der Absicht der Strafe und dem Grade des Verbrechens weit angemessener als vorher. Nach Schließung des allgemeinen Friedens hört die Todesstrafe gänzlich auf und wird mit der Deportation in die französischen Inseln vertauscht. Der Gewinn, den Frankreich in Rücksicht der peinlichen Gerechtigkeit durch die Revolution erhalten hat, ist die Einführung des Geschwornen-Gerichts, völlige Publizität der gerichtlichen Untersuchungen und des Urtheils mit Anführung des Gesetzes und die Verurtheilung der Verbrecher nach dem Buchstaben des Gesetzes, der aber nicht wie in England grausam und mancherlei Deutungen fähig, sondern der Geist, welchen man sonst hinein trägt, selbst ist. Niemand kann ergriffen werden, ohne

in

in der Absicht, ihn vor den Polizeibeamten zu bringen
und niemand kann in Verhaft genommen oder behalten
werden, ohne einen Verhaftsbefehl von den Polizeibeamten, oder von dem vollziehenden Direktorium im
Falle einer Verschwörung, oder einer Verordnung zum
Verhafte, es sey von einem Tribunale oder vom Direk-
tor der Anklage Jury oder vermöge eines Anklagedekrets
des gesetzgebenden Körpers in den Fällen, da es ihm zukömmt.   Bewegungsgrund des Verhaftes und das
Gesetz, vermögen dessen er anbefohlen wird, muß in
dem Verhaftsbefehle förmlich ausgedrückt werden. Jeder
Verhaftete muß sogleich oder spätestens noch an demselben Tage verhört werden.   Erhellet aus dem Verhöre,
daß kein Anlaß zur Beschuldigung gegen ihn da ist, so
wird er sogleich wieder in Freiheit gesetzt; ist aber Ursache da, ihn ins Verhaftshaus zu schicken, so muß er
in der kürzestem Zeit dahin gebracht werden. Alle Arten
der Strenge, welche man gegen den Verhafteten ausübt, sind ein Verbrechen.   Bei Verbrechen, welche
eine Leibes oder entehrende Strafe nach sich ziehen, kann
niemand ohne eine von der Jury zuerkannten oder von
der gesetzgebenden Versammlung dekretirten Anklage gerichtet werden.   Die erste Jury erklärt, ob die Anklage
zu zulassen oder zu verwerfen ist.   Durch eine zweite
Jury wird das Faktum anerkannt, und die vom Gesetze
bestimmte Strafe durch die Criminaltribunäle angewen-
det.   In jedem Departement ist ein peinliches Tribunal vorhanden.   Die Richter können den Geschwornen
keine doppelsinnige Frage vorlegen.   Ist etwas bei dem
Ausspruche des Urtheils oder bei der Untersuchung gegen
die eingeführte Form versehen, so kaßirt das Kaßations-
tribu-

tribunal dieses Urtheil. Die Jury, welche das Urtheil spricht, besteht wenigstens aus zwölf Geschwornen. Der Beklagte hat die Befugniß, eine von dem Gesetz bestimmte Anzahl derselben zu verwerfen, ohne seine Gründe davon anzugeben. Wer von einer gesetzmäßigen Jury losgesprochen ist, kann wegen derselben Sache nicht wieder festgesetzt noch angeklagt werden. Die Gerechtigkeit wird umsonst verwaltet und jeder Prozeß wird so geschwind als möglich geendigt.

Frankreich hat einige ausgezeichnete Schriftsteller, die über das peinliche Recht geschrieben haben, z. B. Servin, Voltaire, le Trosne, Brissot, Servan, Vermell, Valaze, Pastoret, Vaßelin, Thorillon u. A. Roußeau, Montesquieu und Condorcet haben auch einige vortrefliche Ideen über diesen Gegenstand in ihren Schriften niedergelegt. Auch Pethion hat über Verbrechen und Strafen geschrieben.

Die Rechtspflege der Nordamerikanischen Freistaaten gleicht in ihrer ganzen Einrichtung der engländischen Justizverfassung, aus welcher sie ihren Ursprung nahm. Sie hat aber in einzelnen Fällen, dem Lokale und den Grundsätzen der neuen Konstitutionen angemessen, einige Veränderungen erhalten. In der Verbesserung der peinlichen Gerechtigkeit haben die meisten Staaten seit der Revolution rühmliche Fortschritte gemacht. Der Grundpfeiler der Sicherheit der Personen ist das Verhör durch Geschworne. Der Angeklagte kann nicht eher dem Arme der ausübenden Gewalt überliefert werden, bis seine Schuld und seine Strafe von

zwölf

zwölf Männern seines eigenen Standes einstimmig anerkannt und ihm zugesprochen ist.

Ueberhaupt sind in allen nordamerikanischen Freistaaten die Strafen mild und ihrem Zwecke entsprechend;
doch übertrift hierin alle übrigen Staaten Pensylvanien,
dessen Stifter der Freund der Vernunst und Menschlichkeit Penn war. Er war von einer Sekte, die alle
Grausamkeiten verschmäht und jede Gleichgültigkeit gegen
Blutvergießen verabscheuet. Penn verfertigte so geschwind als möglich eine Sammlung milder Criminalgesetze, die nur dem vorsätzlichen Mörder das Todesur-
theil sprachen und überließ es selbst dann noch der ausübenden Gewalt, entweder durch Begnadigungen es
aufzuheben, oder auch die Strafe zu verändern. Dieses Gesetzbuch fand in England keinen Beifall und nach
einem langen Streit zwischen dem Könige und dem
Statthalter von Pensylvanien ward das englische Criminalrecht, nach seinem ganzen Umfange und in seiner
ganzen Strenge, eingeführt.

Diese Verfassung dauerte so lange als die Könige
von England Beherrscher von diesen Colonien blieben.
Kaum aber waren die Bewohner Pensylvaniens von den
englischen Bedrückungen befreit, als sogleich ihre ursprünglichen mildern Strafgesetze ein vorzüglicher Gegenstand ihrer Aufmerksamkeit wurde. Es bestätigte
sich auch hier Montesquieus Grundsatz: „Die Strenge
der peinlichen Gesetze vermindert sich mit den Fortschritten der Freiheit." Die mildern Grundsätze
Beccaria's und Voltair's fanden allenthalben großen
Eingang.

Die

Die neue Staatsordnung foderte eine Verbesserung der Strafgesetze und machte es zum angelegentlichsten Geschäfte, Strafen zu erfinden, die weniger grausam und den verschiedenen Graden des Verbrechens mehr angemessen wären. Der Krieg verhinderte die Ausführung dieses Vorhabens bis 1786. Die Todesstrafe, die sonst fast für jede Art des Diebstahls oder widernatürlicher Verbrechen zuerkannt wurde, ward nur für Mord, gewaltsamen Raub, vorsätzliches Mordbrennen und Hochverrath beibehalten, übrigens aber Staupenschlag, Einkerkerung und öffentliche Arbeiten an ihre Stelle gesetzt. So beträchtlich diese Milderung der Strafgesetze auch war, so war sie doch nur der Anfang der beabsichtigten Verbesserungen. Sie faßte allerdings einige von selbst einleuchtende rechtliche Grundsätze in sich, aber andere eben so einleuchtende waren übergangen worden. Das Entspringen aus dem Gefängnisse wurde mit Schlägen bestraft und in manchen Fällen mit Abschneiden der Ohren. Personen, welche die Gefängnisse durchbrachen, wurden, wenn sie neue Verbrechen begiengen, der Vortheile der neuen Gerichtsverfassung verlustig und nach der Schärfe der alten Gesetze verurtheilt; gleich als wenn das Gesetz, welches allezeit voraussetzen muß, daß der Gefangene ein Verlangen zu entfliehen haben wird, nicht seine ganze Aufmerksamkeit und Sorgfalt dahin zu richten hätte, daß das Gefängniß fest und sicher sey; oder, als wenn es nicht vielmehr den Gefangenenaufseher dafür verantwortlich zu machen hätte, wenn ein Gefangener sich seiner Wachsamkeit entzieht, als daß es einer Person ein neues Verbrechen aufbürden sollte, die durch das Entfliehen aus

dem

dem Orte ihrer Einsperrung nichts mehr gethan hat, als einem natürlichen Antriebe, dessen Stärke niemand in Zweifel ziehen kann, gefolgt ist, ohne in der That eine eingegangene Verbindlichkeit verletzt, oder ein in sie gesetztes Vertrauen gemißbraucht zu haben. Eine Erfahrung von wenigen Jahren war hinreichend, die zahllosen Gebrechen der öffentlichen Strafarbeiten zu zeigen. Verbrecher, die mit Eisen beschwert durch die Gassen und auf den Landstraßen umher liefen, gaben vielmehr ein öffentliches Schauspiel des Lasters als der Schande und des Elendes; und die Unmöglichkeit, sie hinlänglich zu bewachen, erleichterte ihnen die Mittel zu Ausschweifungen, zur Trunkenheit, zum Plündern und zur Flucht. Alle Gefangene, welches auch ihr Verbrechen war und was sie auch für einen Charakter hatten, wurden in eine Masse zusammengeworfen. Auf diese Weise wurden die Bösen nicht gebessert, die minder Bösen aber wurden noch schlimmer. Sie verbreiteten nach und nach Schrecken über Stadt und Land; und weit entfernt von dem Wege des Lasters abgeführt worden zu seyn, wurden sie vielmehr zu neuen Auftritten von Bosheit eingeweiht, bis endlich die Gefängnisse nicht mehr hinreichten, die immer zunehmende Menge überführter Bösewichter zu fassen.

In diesem Zeitpunkte traten einige der angesehensten Einwohner von Philadelphia in eine Gesellschaft zusammen, um den elenden Zustand der Gefängnisse zu verbessern, ihre Mängel genau zu erforschen und der Regierung die vornehmsten Gebrechen und Mißbräuche derselben bemerklich zu machen. Diese Gesellschaft gab

die Veranlassung zu einer weitern Milderung des Strafgesetzbuches. Im Jahre 1790 schafte die Gesetzkommission, die damals ein besonderes Collegium oder eine
besondere Cammer ausmachte, die Strafe der öffentlichen Arbeiten, der Verstümmelung und des Stäupens
ab und führte an deren Stelle Gefängniß, Geldstrafe
und Wiedererstattung für das begangene Verbrechen
ein. Eben dieses Gesetz verlangt einen höhern Grad
von Erweisen zur Ueberführung gewisser Verbrecher,
und besonders derer, die des Kindermordes angeschul-
digt werden, und nach dem dasselbe verschiedene wichtige
Artikel in Ansehung der Einrichtung der Gefängnisse festgesetzt hat, trägt es zugleich einem besondern Ausschuße
auf, die nöthigen Abänderungen in der innern Verfassung
der Gefängnißgebäude zu machen. Die wohlthätigen
Wirkungen dieser Einrichtung sind allenthalben sichtbar,
die Verbrecher gehen gebessert aus dem Gefängniß heraus und der Verbrechen werden weniger, weil immer
die meisten von denen begangen werden, die schon eine
öffentliche Strafe erlitten haben. Man behandelt den
Menschen mit Achtung und ehrt auch noch im Verbrecher die Menschheit: denn man sieht ein, daß der Zweck
der Bestrafung der Verbrechen nicht allein die Züchti-
gung des Verbrechers, sondern zugleich auch das Mittel seiner Besserung seyn soll. Rush und noch einige
Andere haben in Nordamerika über Verbrechen und
Strafen geschrieben.

In welchem Zustande befindet sich nun jetzt die peinliche Gesetzgebung? Sind die Strafen, welche man
ausübt, gerecht und zweckmäßig? Und sind die Handlungen,

lungen, welche man vor das Forum des Staats zieht, widerrechtlich und werden sie daher mit Recht unter die Verbrechen gezählt? Ehe man bestimmt, was im Staaten widerrechtlich ist und was man durch die Strafen beabsichtigt, muß man wissen, was der Zweck des Staates ist. Warum errichtet man nun Staaten? Um einen sichern und freien Gebrauch von allen seinen Kräften machen und um eine allgemeine und gesetzliche Gleichheit genießen zu können. Was nun diese letztere stört oder gar aufhebt, ist ein Verbrechen und der Handelnde soll mit Gewalt in die Grenzen des Rechts zurückgewiesen werden. Diese Gewalt, welche ihm der Staat zufügt, und die für ihn ein Uebel ist, heißt Strafe, deren Zweck weder Besserung des Verbrechers noch Abschreckung Anderer ist, weil jene ein Werk der Willkühr und eigenen Einsicht ist und dieser der Mensch nicht darf zum Opfer gebracht werden, weil er eine moralische Person ist, die niemals als bloßes Mittel zu irgend etwas darf gebraucht werden. Auch ist die Abschrekkung Anderer kein rechtlicher Zweck, sondern eine Klugheitsregel, deren Erfolg die Erfahrung rechtfertigen muß. Und was hat man für ein Recht, einem Menschen um Anderer willen einen Schmerz zu zufügen, da man nie gewiß weiß, ob sein Beispiel je etwas fruchten wird? Der Verbrecher stört die rechtliche Gleichheit und diese kann allein durch ein Uebel, das sich jemand durch seine widerrechtliche That zuzieht, wieder hergestellt werden. Der Zweck der bürgerlichen Strafe ist daher Wiederherstellung der rechtlichen Gleichheit.

Unterscheidet man nun jetzt schon genau Verbrechen von moralischen Uebertretungen, und bestraft man

nur

nur wiederrechtliche Handlungen? Keine Handlung darf
der Staat bestrafen, welche niemandes Freiheit verletzt.
Und wie verfährt man noch jetzt fast allenthalben? Man
erklärt Meinungen und Glaubensarten für Verbrechen,
man straft Gedanken, man verfolgt Handlungen, welche zwar unmoralisch, aber nicht wiederrechtlich sind und
man beobachtet noch keinen richtigen Maaßstab zwischen
den Verbrechen und ihrer größern oder geringern Strafbarkeit. Man hat noch nicht genau bestimmt, in welchem Verhältnisse ein Verbrechen mit dem Zwecke des
Staats steht? Ob es unveräußerliche oder veräußerliche
Rechte verletzt? Ob es dinglichen, oder persönlichen,
oder dinglich persönlichen Rechten Abbruch thut? Wie
ist es daher möglich, daß man gerecht im Richten und
Strafen seyn kann? Durch die Todesstrafe, die noch
allenthalben die Völker entehrt, verfährt man so wohl
wiederrechtlich als barbarisch, weil man dadurch in das
Gebiet des Gewissens und also in die Regalien der Gottheit eingreift. Man überschreitet die Grenzen der Wirksamkeit des Staates, indem man dem Menschen etwas
raubt, was er zu erhalten eine Gewissenspflicht
hat. Man vergißt, daß der Staat nicht zum Weltrichter, welcher die Moralität und Immoralität der
Handlung und Gesinnungen richtet, sondern bloß zur
Beurtheilung und Bestrafung der Thaten, welche auf
die Willkühr Anderer einwirken und diese beeinträchtigen, bestimmt ist. Er hat nicht die Absicht das Leben der Menschen zu erhalten, sondern bloß den Gebrauch der äußern Rechte zu schützen, welche dem Menschen angeboren sind, oder welche er sich durch seine
Willkühr erwirbt. Man straft den Mord aus
Wahn-

Wahnsinn *), den Mord ohne Absicht und den Mord, über welchen jemand lange nachsinnt, oft mit einerlei Strafe. Beraubung eines Gliedes oder Mißhandlungen werden nicht härter gezüchtigt als Diebstahl. Und wie viele Menschen seufzen noch in Ketten, die sie nicht verdient haben! Wie grausam büßen Andere für ein Vergehen, das ganz und gar nicht vor das Forum des Staats gehört! Und wie theuer müssen manche den Mangel an Respect bezahlen, der vielleicht nicht einmal der Obrigkeit, sondern bloß dem Menschen ist verweigert worden! Wie viele werden vor Gericht auf bloßen Verdacht gezogen, da doch Kränkung der Unschuld eine Uebertretung ist, welche nichts wieder gut macht, und welche nie kann ausgesöhnt werden.

Wir haben also im peinlichen Rechte noch nicht gethan, was wir zu thun schuldig sind. Wir bestrafen noch unmoralische Handlungen und stempeln noch Dinge zu Verbrechen, welche es nicht sind. Unsere Absicht ist nicht, den Verbrecher zu einem rechtlichen Manne

34

---

*) Und welcher Mörder mag wohl seines Verstandes im Augenblicke seiner That völlig mächtig seyn? Verblenden ihn nicht Leidenschaften, rauben sie ihm alle Besinnung und verwirren sein Bewußtseyn, daß er nicht weiß was er thut, daß er das Schändliche und Widerrechtliche seiner That nicht einsieht, bis es zu spät ist, wo alsdann der Schleier erst von seinen Augen fällt und ihm das Verbrechen in seiner ganzen Abscheulichkeit zeigt? Bei dem Mörder, der dem Andern nachstellt und mehrmals auflauert, ist die Idee des Mordes des Andern zur fixen Idee geworden. Gekränkte Leidenschaften, Noth und verwirrte Begriffe sind größtentheils die Ursachen von den Mordthaten.

zu machen, sondern ihn ohne Mitleid und ohne Zweck
büßen zu laſſen. Und wenn die Zeit ſeiner Strafe vorbei iſt, ſo kümmern wir uns nicht darum, ob er nicht
etwann gar als ein weit größerer Böſewicht aus dem
Gefängniſſe herausgeht als er hinein kam. Unſere meiſten
Strafen ſind daher weder gerecht noch zweckmäßig.
Und welche Formen will man in gewiſſen Staaten als
Geſeße angeſehen wiſſen? Jedes Geſeß muß allgemein
und gleich ſeyn und jeder muß ſich vor ihm beugen und
zum Gehorſam gegen daſſelbe gezwungen werden können. Verbrecher, die gleiche Abſichten und Geſinnungen
bei ihren Thaten verrathen haben, müſſen einerlei Strafe
leiden. Jede Ungleichheit vor dem Geſeße iſt nicht allein widerrechtlich, ſondern auch das Ende aller Staaten. Wir werden in den Naturſtand zurück geworfen,
wo niemand daſſelbe Geſeß anerkennt, dem der Andere
gehorcht, ſondern wo jeder ſein eigener Richter iſt.

In Deutſchland klügelt man an dem Geſeße herum, weil man es nicht buchſtäblich entweder wegen ſeiner Grauſamkeit oder wegen ſeiner Unzweckmäßigkeit
vollziehen kann. In England fließt Menſchenblut in
Strömen, einem Buchſtaben zugefallen, der eben ſo
unvernünftig als ungerecht iſt. In Nordamerika und
in Frankreich iſt der Buchſtabe des Geſeßes Geiſt, und
macht jede Deutung unnöthig, aber dennoch werden
auch in dieſen beiden Staaten noch Verbrechen beſtraft,
welche nicht vor das menſchliche, ſondern vor das göttliche Gericht gehören und Strafen ausgeübt, welche
unzweckmäßig ſind.

Die

Die meisten Strafen, welche man den Verbrechern zufügt, sind nicht darzu eingerichtet, daß sie den
Büßenden zu einem rechtlichen Manne machen, sondern
daß sie ihm bloß ein absichtloses Leiden anthun. Und
gleich wohl soll ein Nebenzweck bürgerlicher Strafen,
wenn auch nicht Besserung, doch Bewirkung legaler
Handlungen seyn, damit der Verbrecher, wenn er wieder in den Genuß seiner Bürgerrechte eintritt, nie wieder in sein voriges wiederrechtliches Leben zurück falle,
sondern jedes Andern Rechte heilig achte und unangeta-
stet lasse. Keine Strafe darf allzulange dauern. Jedem
Verbrecher muß noch die Hoffnung als ein Antrieb zur
Umänderung seiner Gesinnung übrig gelassen werden,
einmal seine Freiheit wieder zu erhalten. Die Gefäng-
nißaufseher sollten daher die größten Menschenkenner
seyn, damit sie bei jedem Verbrecher die zweckmäßigsten Mittel anwenden könnten, um ihn in seinen Handlungen an allgemeine Maxime zu gewöhnen und zu einem
rechtlichen Manne zu machen. Man sollte den Bösewicht durch das Beispiel des gebesserten Verbrechers zur
Besserung ermuntern. Beide sollten daher einander
Gesellschaft leisten: denn vor einem guten Manne muß
auch der größte Missethäter seinen Geist beugen und ihm
Achtung und Bewunderung zollen.

Von

Von Verbrechen und Strafen.

§. 1.

Einleitung und Absicht dieses Buches.

Die Menschen überlassen gewöhnlich die wichtigsten Anordnungen der alltäglichen Klugheit oder dem Gutbefinden derjenigen, die einen Vortheil haben, sich den besten Einrichtungen entgegen zu setzen *). Weise Gesetze

---

*) Welche Mittel aber hat man auch angewandt, die Aufmerksamkeit des Menschen von dem abzuziehen, was ihn am meisten interessiren sollte, weil es am meisten zur Erreichung seiner Zwecke beiträgt? War nicht bis jetzt fast allenthalben jede Untersuchung, welche sich auf den Zweck des Staates und die Mittel, die vollkommenste und rechtmäßigste Verfassung einzuführen, bezog, verpönt und war nicht alles dazugeeignet, jeden Denker von einer freimüthigen Erörterung der Pflichten und Rechte des Regenten und des Bürgers abzuschrecken? Politischer und religiöser Aberglaube vereinigten sich mit der Herrschsucht, dem Menschen jeden Gedanken an das, was ihm auf dieser Erde am meisten angeht, zu benehmen. Und gleichwohl hat nichts einen größern Einfluß auf die Kultur des Geistes als eine immer rege Beschäftigung mit dem, was die Handhabung des öffentlichen Rechts betrift und was zum Besten aller beiträgt. Eine rechtliche organisirte Verfassung gewährt dem Menschen erst ein ächtes Menschenschenleben, weil er dann von allen seinen Kräften einen freien und ungehinderten Gebrauch machen kann, der ihm Achtung gegen seine Natur

seße sorgen, ihrer Natur nach, für das Beste Aller und
widerstehen dem mächtigen Bestreben derjenigen, welche
alle Macht und alles Glück einigen Wenigen zu zuwen-
den, und alle Ohnmacht und alles Elend auf den größten Theil des Volks zu wälzen trachten.

Nur wenn wir durch tausend Irrthümer in Dingen die zu unserm Leben und zu unserer Freiheit wesentlich nothwendig sind, hindurch gegangen und wenn wir
der auf den höchsten Gipfel gestiegenen Leiden müde und
überdrüßig sind, entschließen wir uns, den Unordnungen abzuhelfen, die uns drücken und den deutlichsten
Wahrheiten die Augen zu öffnen, welche gerade wegen
ihrer Einfachheit gemeinen Geister entgehen, weil diese
nicht die Gegenstände zu zergliedern im Stande, sondern ein Spiel verworrener Eindrücke sind, und nichts
nach reifer Untersuchung, sondern bloß auf Hörensagen
annehmen *).

Man

---

tur und Bestimmung einflößt, und ihm eine richtige
Kenntniß von dem, was er thun soll und darf,
verschaft. Eine genaue Bekanntschaft mit der Moral,
Rechtslehre und Religion kann niemand erlassen werden,
der sich nicht des Namens des Menschen verlustig
machen will, weil diese Wissenschaften das heiligste Interesse der Menschheit umfassen.

Der Uebers.

*) Die Wahrheit, sagt man, liegt in der Mitte, aber
wo ist diese Mitte? Man wird sie immer erst gewahr
wenn man sie gefunden hat. Alle Erfindungen, alle
Entdeckungen in den Künsten und Wissenschaften sind
ein Werk der Noth. So lange der Mensch kein Bedürfniß nach etwas fühlt, wird er auch nicht darnach
streben und ringen. Wenn ein Volk nicht einsieht, daß
seine Gesetze drückend und ungerecht sind, so wird es auch

und

Man schlage die Geschichte auf und man wird sehen, daß die Gesetze, welche Verträge freier Menschen sind, oder doch seyn sollten, meistentheils nur Werkzeuge der Leidenschaften einiger Wenigen, oder Geschöpfe einer zufälligen und vorübergehenden Nothwendigkeit gewesen sind *). Sie waren niemals das Werk eines

nicht auf den Gedanken gerathen, daß es zweckmäßigere und gerechtere Gesetze geben kann. Ein Uebermaaß von Uebeln und Leiden, und eine ungeheuere Schaar von Ungerechtigkeiten sind allein die Mutter besserer Einrichtungen. Jedes Uebermaaß, das schädlich ist, führt das Heilmittel bei sich. Gute und gerechte Gesetze können daher erst nur dann entstehen, wenn die Menschen mit Scorpionen sind gegeißelt worden, wenn sie zahllose Mißhandlungen erlitten und die völlige Unsicherheit des Eigenthums eingesehen haben. Der Mensch muß sich durch peinliche Irrthümer, durch blutige Verirrungen und durch namenlose Leiden hindurch gearbeitet haben, ehe er zur Wahrheit und zur Erkenntniß von dem, was recht und gut ist, gelangt. Gerechte Verfassungen werden daher jederzeit erst das Werk intellektueller oder politischer Revolutionen seyn.

Der Uebers.

*) Es ist ausgemacht, daß Gesetze nur dadurch entstehen können, daß man das Resultat des allgemeinen Willens vernimmt, und daß man die Stimmen sammeln muß, um weder ungerechte noch unkluge Gesetze zu machen: denn selbst die weisesten Gesetze können von dem Volke für ungerecht gehalten werden, weil es noch nicht den zur Einsicht ihrer Gerechtigkeit nöthigen Grad von Aufklärung besitzt. Jedes Gesetz muß angesehen werden können, als hätten Alle darein gewilligt, weil Alle zum Gehorsam gegen dasselbe gezwungen werden. Daß die Gesetze nie das Werkzeug der Leidenschaften einiger Wenigen werden, kann nur dadurch verhindert werden, daß man den Nationalwillen bei der Gesetzgebung zu Rathe zieht und dadurch die Leidenschaften selbst zwingt, sich unter

eines kalten und reiflichen Nachdenkens über die menschliche Natur. Niemals rührten sie von einem Denker
her, der die Handlungen einer Menge von Menschen
unter einen einzigen Gesichtspunkt vereinigte, und dabei
die größte Glückseligkeit, woran die größte
Menge Antheil nähme, beabsichtigte *).

Glück-

unter das Gesetz zu beugen und auf das allgemeine Beste
hinzuarbeiten: denn Leidenschaften sind an sich weder etwas Böses noch etwas Gutes: sie leiten die Menschen
sowohl zum Recht, als zum Unrechtthun. Sie sind He-
bel der menschlichen Thätigkeit. Ohne Leidenschaften
würden die Menschen in einen Todtenschlaf sinken, der
alle Tugend mit sich ins Grab ziehen würde. Wo geschieht etwas Großes und Gutes unter den Menschen
als durch Leidenschaften? und nur derjenige, der etwas
leidenschaftliche wünscht und mit Enthusiasmus unter-
nimmt, kann ein großer Mann werden.

Der Uebers.

*) Wie ist aber dies anzufangen, da jeder Mensch etwas
anderes als unentbehrlich zu seiner Glückseligkeit rechnet? Nichts ist wandelbarer als die Gefühle, auf welche
sich alle Glückseligkeit gründet. Und wie soll eine äußere
Gewalt, als der Staat hat, auf das Innere wirken
und alles so einrichten, daß jedes Wünsche und Begierden befriedigt werden? Da jeder Mensch seinen eigenen Begriff von der Glückseligkeit hat, so würde der
Staat etwas unmögliches sich zum Zwecke setzen, wenn
er jeden glücklich machen wollte. Der Zweck des Staats
muß etwas seyn, das durch Gewalt erreicht werden
kann, weil diese das einzige rechtmäßige und auch pflicht-
mäßige Mittel ist, das ihm zu Gebote steht. Der
Zweck des Staats ist daher eine gleiche Sicherheit des
Genusses aller äußern Rechte, wo jedem alles zu thun
erlaubt ist, was niemandes Freiheit beeinträchtigt.
Mit dem Rechte ist Gewalt als ein identischer Begriff
verbunden: denn das Recht besteht in der Einschränkung
der Freiheit eines jeden auf die Bedingung, daß sie mit

der

Glücklich sind die wenigen Nationen, die nicht
warteten, bis die langsame Bewegung der Verbindungen und Veränderungen in den menschlichen Angelegenheiten durch das größte Elend einen Uebergang zum Guten bahnte, sondern die durch weise Gesetze einen öffentlichen Rechtszustand, der das Wohl Aller befördert,
beschleunigten. Welchen Dank der Menschen verdient
nicht jener Weise, der den Muth hatte, aus dem Winkel seiner einsamen und verachteten Zelle unter die Menge
den ersten, obgleich lange Zeit unfruchtbaren, Saamen
nützlicher Wahrheiten auszustreuen!

Den philosophischen Wahrheiten, die durch Er-
findung der Buchdruckerkunst allgemein verbreitet wor-
ben sind, verdankt man die Kenntniß der wahren Verhältnisse zwischen dem Souverain und seinen Unterthanen und zwischen den verschiedenen Nationen gegen einander: Die Wissenschaften belebten den Handel und unter

---

der Freiheit von jedermann zusammen bestehen kann.
Der beste Gesetzgeber ist also der, welcher das Recht
organisirt und eine solche Einrichtung trift, damit als
nothwendige Wirkung des Staates das Recht erfolge.
Die verschiedenen Staatsgewalten müssen in ihren Ursachen getrennt seyn, aber in ihren Wirkungen müssen
sie ein Resultat — durchgängige Gerechtigkeit — geben. Das Recht muß durch den Eigennutz selbst erzwungen werden. Der Mißbrauch der einen Gewalt, oder
das Unrecht derselben muß den Untergang Aller nach sich
ziehen. Man wird dadurch die Gewalthaber durch ihre
Interesse an ihre Pflicht ketten und ihre Aufmerksamkeit
stets rege erhalten. Wechselseitige Eifersucht wird eben
den Erfolg haben, als wenn die Menschen das Recht stets
als ihre Schuldigkeit beobachten.

.Der. Ueberf.

ter den Nationen entſtand ein ſtiller Krieg des Fleißes,
der menſchlich und vernünftiger Weſen würdig iſt. Dies
ſind die Früchte die wir der Aufklärung ſchuldig ſind. ——
Aber ſehr Wenige haben die grauſamen Strafen und
das unregelmäßige Verfahren in peinlichen Sachen unterſucht und bekämpft. Faſt in ganz Europa hat man
dieſen ſo wichtigen Theil der Geſetzgebung vernachläſſigt.
Sehr Wenige haben ſich bis zu allgemeinen Grundſä-
zen erhoben und die ſeit Jahrhunderten aufgehäuften
Irrthümer vernichtet. Nur wenig hat die Macht der
erkannten Wahrheit den allzufreien Lauf einer ungerechten und übelgeleiteten Gewalt gehemmt, den bisher ein
langes und verjährtes Beiſpiel einer kaltblütigen Grauſamkeit geheiligt hatte. Hätten nicht die Seufzer der
Elenden, die man der grauſamen Unwiſſenheit und der
gefühlloſen Gleichgültigkeit der Reichen opferte; hätten
nicht die barbariſchen Martern, die man mit einer ver-
ſchwenderiſchem und unnützem Strenge für Verbrechen
vervielfältigte, die entweder nicht bewieſen oder bloße
Einbildungen waren; hätte nicht das Schrecken und
Grauſen eines Gefängniſſes, das der grauſamſte Henker
der Unglücklichen — die Ungewißheit — vermehrte; hätten, ſage ich, nicht dieſe ſchrecklichen Gegenſtände die Aufmerkſamkeit der Philoſophen, — der
Art von Obrigkeit, welche die Meinungen der Menſchen
beherrſcht und lenkt — erwecken ſollen?

Der unſterbliche Montesquieu iſt ſchnell über dieſen Gegenſtand hinweg geeilt. Die Wahrheit, die
immer eine und dieſelbe iſt, hat mich gezwungen, den
hellen Spuren dieſes großen Mannes zu folgen, allein
die

die Denker, für welche ich schreibe, werden seine Schritte von den Meinigen zu unterscheiden wissen. Wie glücklich würde ich mich schätzen, wenn ich, wie er, den geheimen Dank der verborgenen und friedlichen Anhänger der Vernunft erhalten und wenn ich ihnen jenen süßen Schauer einflößen könnte, mit welchem gefühlvollen Herzen dem Denker, der die Würde und den Vortheil der Menschheit vertheidigt, lohnen.

Jetzt sollte uns die Ordnung zur Untersuchung und zur Unterscheidung der verschiedenen Gattungen von Verbrechen und zu der Art, sie zu bestrafen, führen, wenn uns nicht ihre veränderliche Beschaffenheit in Ansehung der verschiedenen Zeiten und Orten zu einer unermeßlichen und langweiligen Umständlichkeit zwänge. Ich will mich daher begnügen, die allgemeinsten Grundsätze anzugeben, und die schädlichsten und gemeinsten Irrthümer auszuzeichnen, um sowohl denjenigen, die aus einer übelverstandenen Liebe zur Freiheit, Gesetzlosigkeit einzuführen wünschen als denen, welche die Menschen an eine strenge Klosterzucht gewöhnen wollen, den Irrthum zu benehmen.

Welches ist der Ursprung der Strafen und welches ist ihr Rechtsgrund? Welches sind die in einer guten Gesetzgebung anwendbaren Mittel, sich des Verbrechers zu bemächtigen, das Verbrechen zu entdecken und außer Zweifel zu setzen? Ist die Folter gerecht und führt sie zu dem Zwecke, den die Gesetze zur Absicht haben? Müssen die Strafen dem Verbrechen angemessen seyn und wie setzt man dieses Verhältniß fest? Welches ist

der

der Maaßstab der Größe der Verbrechen? Ist die Todesstrafe zur Sicherheit und zur guten Ordnung in der
Gesellschaft nützlich und nothwendig? Wie muß man
die verschiedenen Verbrechen bestrafen? Sind einerlei
Strafen zu allen Zeiten gleich nützlich? Was für einen
Einfluß haben sie auf die Sitten? Welches sind die
zweckmäßigsten Mittel, Verbrechen zu verhindern?

Alle diese Aufgaben verdienen mit einer geometrischen Schärfe aufgelöset zu werden, welcher weder
der Nebel von Trugschlüssen, noch eine verführerische
Beredtsamkeit, noch ein schüchterner Zweifel widerstehen
kann. Hätte ich auch kein anderes Verdienst als das,
daß ich Italien zuerst mit einer größern Deutlichkeit und
Bestimmtheit gezeigt habe, was andere Nationen zu
schreiben gewagt haben und was sie in Ausführung zu
bringen anfangen, so würde ich mich schon glücklich
schätzen; hätte ich aber, indem ich die Rechte der Menschen und der unüberwindlichen Wahrheit vertheidige,
dazu beigetragen, ein unglückliches Opfer der Tyrannei und der Unwissenheit, welche beide gleich grausam
und gefährlich sind, den Martern und den Qualen des
Todes zu entreißen, so würden die Segenswünsche und
die Thränen eines einzigen Unschuldigen in seinem Freu-
dentaumel mich wegen der Verachtung der Menschen
trösten.

§. 2.

Von dem Ursprunge der Strafen und von dem Strafrechte.

Man darf keinen dauerhaften Nutzen von der Moralpolitik hoffen, so lange sie nicht auf die unauslöschlichen

chen Empfindungen der Menschen gegründet ist *). Jedes Gesetz, das von diesem Grundsatze abweicht, wird
stets

*) Die moralische Politik verlangt, daß das Recht das
oberste Prinzip aller Gesetzgebung sey und daß alle Politik sich unter seine Macht beuge. Die Regeln der Politik können nicht allgemein seyn, weil sie aus der Erfahrung entlehnt sind. Sie sind daher eben so verschieden als die Subjekte, die Verstand haben. Wollte man
nun solche Regeln zu ersten Grundsätzen aller Gesetze
erheben (was freilich an und für sich selbst schon ungereimt seyn würde) so wäre der Damm gegen alle Ungerechtigkeiten durchbrochen und aller Zügellosigkeit stände
Thor und Thür offen. Jeder Staat, welcher seine Gesetze nicht auf das Recht, sondern auf Klugheitsregeln
gründet, bereitet sich selbst den Untergang zu, denn jemehr
Einsicht und Erfahrung jemand erlangt hat, destomehr
Klugheit besitzt er und desto furchtbarer muß ein Mann
dem Staate seyn, den sein Verstand über alle erhebt
und den das Recht in seinen Machinationen nicht zurückschreckt — Das Recht hingegen ist keine empirischer,
sondern ein reiner vor aller Erfahrung vorausgehender
Begrif. Jeder muß dasselbe für Recht erkennen, was
der Andere dafür hält. Seine Gesetze sind allgemein
und jedes Willkühr soll ihnen gehorchen. Wird es also
das leitende Prinzip einer Gesetzgebung, so steht diese
fest und sicher und ist nie in Gefahr, jemandes Freiheit
zu beeinträchtigen. Die politische Moral und die Moralpolitik unterscheiden sich also dadurch von einander,
daß jene sich auf die Schlangenwendungen der Klugheit,
welche nur nach Vortheil strebt und weder Recht noch
Menschenleben achtet, diese aber auf das Recht gründet,
das aller Menschen Willkühr ehrt, so lange sie sich nur
nach allgemeinen Gesetzen bestimmt. Sie verachtet alle
Kunstgriffe und Schikanen. — Die unauslöschlichen
Empfindungen sind das Gefühl für Recht und Unrecht,
das auch in dem größten Bösewicht, wie in dem edelsten Manne, zu Zeiten lebendig ist und ihn durch seine
furchtbaren Erinnerungen und Aussprüche erschüttert
und durch sein Verdammungsurtheil zu Boden schlägt.

Jedes

ſtets einen mächtigen Widerſtand antreffen, der endlich
die Oberhand erhält, ſo wie eine Kraft, ſie mag auch
noch ſo gering ſeyn, wenn ſie ununterbrochen fortwirkt,
jede noch ſo ſtarke Bewegung in einem Körper vernichtet. — Laßt uns das menſchliche Herz zu Rathe ziehn!
In ihm werden wir die Grundſätze des wirklichen
Rechts des Souverains, die Verbrechen zu beſtrafen,
entdecken.

Kein Menſch hat einen Theil ſeiner Freiheit dem
allgemeinen Beſten freiwillig zum Opfer gebracht. Ein
ſolches

Jedes Menſchen praktiſche Vernunft hat Gelegenheit
ſich auszubilden, weil er mit Andern, die mit ihm in
einem rechtlichen Verhältniſſe ſtehen, und ihn zu beeinträchtigen geneigt ſind, zuſammen lebt, und über deren
Verfahren er zornig und unwillig wird. Dieſer Unwille
iſt ein Merkmal der Selbſtthätigkeit der praktiſchen Vernunft. — Unauslöſchlich iſt dies Gefühl, weil es das
Produkt einer Anlage iſt, welche den Charakter der
Menſchheit ausmacht und ſich daher nie von ihr trennen
läßt. Folgt man alſo dieſer, obgleich dunkeln und als
Gefühl wandelbaren Empfindung bei der Geſetzgebung,
ſo werden die Geſetze ſowohl gerecht als dauerhaft werden. In jedes Menſchenbruſt ſteht mit unvertilgbaren
Charaktern geſchrieben, was er thun und laſſen ſoll und
jeden Gedanken, jede Maxime belauſchet der furchtbare
Richter, der uns entweder verdammt oder losſpricht.
Es iſt zwar beſſer, der Geſetzgeber hat ſein Gefühl zu
Begriffen erhoben, um deſto gewiſſer von der Rechtmäßigkeit aller ſeiner Unternehmungen überzeugt zu ſeyn,
aber ſo lange der Menſch noch nicht den Grad von Kultur erreicht hat, wo er ſich in allen Angelegenheiten ſeines eignen Verſtandes bedient, wird man immer auf
das Gefühl fußen müſſen, um nicht ungerecht zu ſeyn
und nicht in Sand zu bauen.   Der Ueberſ.

E

solches Hirngespinst findet man nur in Romanen. Jeder von uns wünschte, wenn es nur möglich wäre, daß die Verträge, die Andere binden, uns nicht binden möchten. Jeder macht sich zum Mittelpunkte aller Vereinigungen auf der Erde *).

Die Vermehrung des menschlichen Geschlechtes, die zwar langsam an sich, aber doch zu reißend war, als daß die Mittel, welche der unfruchtbare und sich selbst überlassene Boden anbot, hinreichten, die Bedürfnisse zu befriedigen, die immer zahlreicher sich einander durchkreuzten, vereinigte die ersten Wilden**). —

Hatten

*) Der Mensch ist als sinnliches Wesen ein eigennütziges Geschöpf. Alles bezieht er auf seinen Vortheil. Sein Verstand ist Sklave der Sinnlichkeit. Er trachtet stets darnach, wie er ihren Genuß vermehren, und wie er immer mehr Mittel zur Befriedigung der Neigungen und Begierden ausfindig machen kann. — Als sinnliches Geschöpf sieht er sich als den Mittelpunkt der Erde an, um welchen sich Alles dreht und wozu Alles da ist. Aber da jeder dieselben Gesinnungen hegt und jeder den Andern zu unterjochen und zu beeinträchtigen sucht, so ist der Eigennutz selbst der Erhalter der Menschen, dem aber wieder die praktische Vernunft zu Hülfe kommt und alle Menschen einem und demselben Gesetze unterwirft und allen die unbedingte Pflicht auflegt, ihre herrsch- und habsüchtigen Begierden unter das Recht zu beugen und sie dem Dienste der Vernunft zinsbar zu machen. Als Vernunftwesen betrachtet gewöhnt sich daher endlich der Mensch an allgemeine Gesetze, welche Aller Freiheit auf eine und dieselbe Bedingung einschränken.

Der Uebers.

**) Die gänzliche Unsicherheit des Eigenthums und des Lebens verband die Menschen in Gesellschaft; aber da auch in diesem Zustande, wo jeder noch sein eigener

Richter

Hätten sich aber nur einmal Gesellschaften gebildet, so entstanden nothwendiger Weise Andere, um den Erstern

E 2   Wider-

Richter ist und jeder seiner Einsicht und Willkühr folgt, ein ewiger Krieg herrscht und Alles der Uebermacht weichen muß, so wurde man endlich gezwungen, in bürgerliche Gesellschaft zu treten, wo eine oberste Gewalt Aller Rechte zu schützen im Stande ist und wo jeder nicht etwann einen Theil seiner Freiheit aufopfert, sondern bloß der Selbsthülfe entsagt, welche der Staat an seiner Stelle übernimmt und den Angreifer bestraft. Eine durchgängige Herrschaft des Rechts findet also erst im Staate statt, weil eine Macht da ist, die Gewalt über Alle hat: und jeder genießt erst in diesem bürgerlichen Vereine seine volle gesetzmäßige Freiheit und ist nie der Gefahr ausgesetzt, sie ungerechter Weise zu verlieren. Die Freiheit des Menschen besteht darin, daß er in allen Dingen, die ihn allein angehen, sein eigener Herr ist. Kein Staat darf dieser Freiheit Abbruch thun. Die öffentliche Freiheit, wovon man erst Gebrauch machen kann, wenn man mit Andern im Staate lebt, besteht darin, daß jedes Gesetz im Staate muß angesehen werden können, als sey es aus unserm Willen entsprungen und mit unserer Einwilligung gegeben worden. Der Charakter jedes Gesetzes ist daher Allgemeinheit. So lange der Mensch im Naturstande lebte, der ein Stand der Rechtlosigkeit ist, wo niemand seines Rechtes theilhaftig wird, konnte niemand von diesem Rechte Gebrauch machen. Er gewinnt daher durch seinen Eintritt in die bürgerliche Gesellschaft mehr, als er verliert. Im Naturstande ist er allein seinem Gewissen unterthan, das alle seine Tritte belauscht und alles sein Thun und Lassen vor sein Forum zieht; im Staate aber ist er auch einem äußern Gerichtshofe verantwortlich, der gegen ihn im Uebertretungsfalle Zwang ausüben berechtigt und wo der Staat Richter ist. Kein Staat, weil er sich auf eine Handlung der Menschen gründet, läßt sich daher ohne Gesetze als Bedingungen seiner Rechtmäßigkeit denken. Diese Bedingungen müssen ausdrücklich festgesetzt werden, damit jeder weiß

was

Widerstand zu leisten; und so verwandelte sich der Zustand des Krieges zwischen Einzelnen in einen Kriegs-
zustand zwischen Nationen.

Die Gesetze sind die Bedingungen, unter welchen
sich freie und unabhängige Menschen mit einander in
Gesellschaft vereinigen: denn da sie eines Lebens in einem
steten Zustande des Krieges und einer Freiheit überdrüßig waren, die ihnen wegen der Ungewißheit, sie zu
erhalten, unnütz wurde, so opferten sie einen Theil davon auf, um den Uebrigen in Ruhe und Sicherheit zu
genießen. Die Summe aller dieser Theile der Freiheit,
die man zum Besten eines Jeden aufopfert, macht die
Souverainität einer Nation *) aus und der Souverain
ist

was er thun und lassen soll, weil das äußere Gericht
einen größern oder geringern Spielraum nach Verhältniß der Kultur der Menschen erhält und weil daher ein
Gesetz in einem Zeitalter für widerrechtlich gehalten
wird, welches man in einem Andern für recht hält.
Je größer die Einsichten einer Nation werden, desto
mehr wird das Gebiet des äußern Rechts verengt.

Der Uebers.

*) Die Souverainität besteht in dem Willen Aller derje-
nigen, die sich in einen Staat mit einander vereinigt
haben. Sie kann sich daher allein durch Gesetzgeben
äußern, weil dieses allein eine allgemeine Handlung
ist, welche für alle rechtliche Gültigkeit hat, und keine
besondere, welche nur Einzelne trifft. Derjenige,
der diesen Willen im Namen der Nation erklärt und
ihn als das Resultat des Gesammtwillens bekannt und
als Gesetz geltend macht, ist die gesetzgebende Gewalt,
welche nur dem vereinigten Willen des Volks zukommen
oder Stellvertretern auf einige Zeit zur Ausübung übertragen werden kann. Sie ist unveräußerlich, weil von
ihr

ist der gesetzmäßige Bewahrer und Verwalter derselben. Allein damit war es noch nicht genug, daß man seine Freiheit jemand in Verwahrung gab, man mußte sie auch gegen die Privatbeeinträchtigungen jedes Menschen insbesondere vertheidigen. Jeder sucht nicht nur immer seinen in Verwahrung gegebenen Theil von der gemeinschaftlichen Masse wieder zurück zu nehmen, sondern sich auch des Antheils der Uebrigen zu bemächtigen. Es waren daher empfindliche Bewegungsgründe nöthig, die jedem die Herrschsucht zu benehmen vermögend waren, damit er nicht die Gesetze der Gesellschaft vernichtete und diese in die alte Verwirrung zurückstürzte. Diese empfindlichen Bewegungsgründe sind die gegen die Uebertreter der Gesetze bestimmten Strafen. Sie mußten empfindlich seyn, weil die Erfahrung gelehrt hat, daß der große Haufen keine festen Maximen in seinem Betragen annimmt, und sich nicht von jenem allgemeinen Grundsatze der Auflösung entfernt, den man sowohl in der physischen als in der moralischen Welt bemerkt *),

wenn

ihr altes Recht ausgehen soll und sie daher schlechterdings niemand muß unrecht thun können. Nun ist es aber, sagt Kant, wenn jemand etwas gegen einen Andern verfügt, immer möglich, daß er ihm dadurch unrecht thue, nie aber in dem, was er über sich selbst beschließt. Also kann nur der übereinstimmende und vereinigte Wille Aller, so fern ein jeder über Alle und Alle über einen jeden eben daffelbe beschließen, mithin nur der allgemein vereinigte Volkswille gesetzgebend seyn.

Der Uebers.

*) Keiner der Grundsätze, welche in der physischen Welt gelten, hat Gültigkeit in der moralischen, weil diese nicht unter dem Gesetze der Nothwendigkeit, sondern der Freiheit steht. Der Uebers.

wenn man nicht Gründe damit verbindet, die unmittelbar die Sinne erschüttern und die sich stets dem Geiste
darstellen, um den mächtigen Eindrücken der Privatlei-
denschaften, welche sich dem allgemeinen Besten widersetzen, das Gegengewicht zu halten. Weder Beredtsamkeit, noch Ueberredung, noch weniger die erhabensten Wahrheiten sind im Stande, die durch heftige Eindrücke gegenwärtiger Gegenstände erregten Leidenschaften
lange Zeit hindurch zu bändigen.

Die Noth zwang also die Menschen, einen Theil
ihrer Freiheit abzutreten. Es ist aber daher auch einleuchtend, daß jeder nur den möglichst kleinsten Theil
von seiner Freiheit in öffentliche Verwahrung zu geben
geneigt ist, wenn er nur hinreicht, die Andern zu seiner
Vertheidigung zu vermögen. Von dem aus diesen
möglichst kleinsten Theilen zusammengesetzten Ganzen
rührt das Strafrecht her *). Jedes Recht, welches
über

*) Das Strafrecht ist eine nothwendige Folge von dem
Zwecke des Staates. Der Staat soll Jedes Rechte
schützen und Alle sollen einem gleichen Gesetze gehorchen.
Es nimmt sich aber jemand durch die Maxime, welche
seine That verräth, von diesem Gesetze aus, und die
rechtliche Gleichheit ist aufgehoben. Der Staat hat
daher die Pflicht, den Uebertreter mit Schmerz an dieses Gesetz zu erinnern und seine Willkühr wieder auf
die Bedingung einzuschränken, daß sie mit der Willkühr
von jedermann bestehen kann. Das Strafrecht ist daher
nicht durch einen besondern Vertrag entstanden, sondern
ist Folge des bürgerlichen Vereins und das einzige Mittel, das diesem zur Erhaltung der allgemeinen Herrschaft
des Rechts zu Gebote steht. Der Zweck des bürgerlichen Vereins würde verfehlt seyn, wenn nicht den Verletzer des allgemeinen Willens Strafe träfe.
            Der Uebers.

über diese, durch den allgemeinen Willen bestimmten
Grenzen, hinausgeht, ist Mißbrauch und nicht
Gerechtigkeit, ist eine Thatsache aber kein
Recht *) **). Alle Strafen sind, ihrer Natur nach,
unge-

*) Keine Strafe darf die im Gesetze festgesetzten Grenzen
überschreiten, weil der Richter, der das Gesetz anwendet, durch Pflicht an dasselbe gebunden ist und durch
jede willkührliche Anwendung desselben das größte Unrecht begehen würde, weil er sich eigenmächtig aus
einem Beamten in einem Gesetzgeber, der allein im Namen der Nation erklären kann und darf, was geschehen
soll, verwandelt. Jedes Gesetz ist so lange gerecht als
es die Nation gelten läßt und der Buchstabe desselben
ist Pflicht für den Richter, wenn er auch ungerecht und
grausam seyn sollte. Allein sobald ein Gesetz, dessen
Ungerechtigkeit eingesehen wird, im Staat existirt, so
ist es Pflicht der gesetzgebenden Gewalt, dieses Gesetz
augenblicklich abzuschaffen.

Der Uebers.

**) Man muß bemerken, daß das Wort Recht nicht mit
dem Worte Gewalt im Widerspruche steht, sondern daß
das Erstere vielmehr eine Einschränkung des zweiten ist,
d. h. eine für die größte Anzahl nützliche Einschränkung
der Stärke eines jeden. Unter der Gerechtigkeit verstehe ich nichts anders als das Band, das die besondern
Interessen zu vereinigen nothwendig ist und ohne welches man wieder in den alten Zustand der Ungesel-
ligkeit zurückfallen würde.

Man muß sich hüten, mit dem Worte Gerechtigkeit
die Vorstellung von Etwas als einer physischen Stärke
und von einem wirklich vorhandenem Dinge zu verbinden. Sie ist nur eine einfache Vorstellungsart der
Menschen, die einen unendlichen Einfluß auf Jedes
Glückseligkeit hat; noch weniger verstehe ich darunter
die Gerechtigkeit Gottes, die von einer ganz andern
Art

ungerecht, die nicht zur Erhaltung der in Verwahrung gegebenen öffentlichen Freiheit und zum allgemeinen Besten *) nothwendig sind. Hingegen sind die Strafen desto gerechter, je heiliger und unverletzlicher die Sicherheit

Art ist und die eine unmittelbare Beziehung auf die Strafen und Belohnungen in jenem Leben hat a).

Beccaria.

a) Stärke und Recht sind gänzlich von einander, ihrer Natur nach, verschieden. Die Stärke ist etwas Physisches, das Recht etwas Moralisches, jene ist in der Sinnenwelt, dieses in dem Gebiete der Freiheit einheimisch. Das äußere Recht (wovon hier allein die Rede seyn kann) besteht in der Einschränkung der Freiheit der Willkühr Aller auf die Bedingung des Zusammenbestehens mit der Freiheit eines Jeden. Das Recht ist allgemein und nothwendig, weil es ein apriorischer Begriff ist. Es kann aber nur in einem solchen Verhältnisse gedacht werden, in welchem die Menschen durch ihre Willkühr auf einander einwirken. — Die Gerechtigkeit vertheilt Strafe und Belohnung nach diesem allgemeinen Rechtsgesetze. Durch sie erhält jeder, was er verdient hat. Die bürgerliche Gerechtigkeit beurtheilt die Thaten der Menschen und den Einfluß derselben auf die äußere Freiheit, die göttliche, die Maximen und Absichten des Handelnden; die Erstere verdammt nach dem Rechtsgesetze und belegt das Widerrechtliche mit Strafe, die Zweite nach dem Moralgesetze und straft das Unmoralische; jene fodert Allgemeinheit der Maximen, die Triebfeder dazu mag hergenommen seyn, woher sie will, diese Reinheit der Gesinnungen und Achtung gegen das bloße Vernunftgebot. Der Ueberf.

*) Das allgemeine Beste besteht nicht in dem Wohlseyn Aller, das keine menschliche Macht bewirken kann, sondern in dem freien und sichern Genusse aller Bürgerrechte, der das Glück Aller schon zur Folge haben wird. Allgemeine Gesetzlichkeit ist das Charakterzeichen, daß ein Staat das allgemeine Beste beabsichtigt. Der Ueberf.

heit gehalten wird und je größer die Freiheit iſt, welche
der Souverain ſeinen Unterthanen einräumt.

§. 3.
Folgerungen.

Die erſte Folgerung, die ſich aus dieſen Grundſätzen ergiebt, iſt, daß die Geſetze allein Strafen auf
Verbrechen ſetzen können; und daß dieſes Recht nur dem
Geſetzgeber, der die ganze durch einen Geſellſchaftsver-
trag verbundene Nation vorſtellt, zukommen kann.
Keine Obrigkeit, die immer nur ein Theil der Geſellſchaft iſt, kann irgend einem Mitgliede derſelben eine
andere Strafe mit Recht auflegen, als die durch das
Geſetz beſtimmt iſt; denn da eine Strafe, welche durch
ihre Härte die Grenzen, die ihr das Geſetz geſetzt hat,
überſchreitet, eine ungerechte Strafe, alſo noch eine
andere Strafe iſt, ſo darf keine Obrigkeit, der Vor-
wandt ſey welcher er wolle, es mag ſie Amtseifer oder
das allgemeine Beſte dazu anfeuern, die gegen einen
Verbrecher beſtimmte Strafe ſchärfen *).

Die

---

*) Der Souverain allein kann Geſetze geben, weil ſein
Wille als Wille der ganzen Nation, die er vorſtellt,
angenommen werden muß. Er kann daher aber auch
nur allgemeine Grundſätze, wornach geurtheilt und gerichtet werden ſoll, aufſtellen, aber nie ſelbſt richten,
weil er ſonſt Ankläger (vermöge des durch ihn gegebenen Geſetzes) und Richter in e i n e r Perſon ſeyn würde,
welches ſowohl alle unpartheiiſchen Ausſprüche unmöglich,
als ihn auch zu einem bloßen Beamten, der an ein
b e ſ t i m m t e s Geſetz als ſeine Pf l i c h t gebunden
iſt, machen würde. Der Souverain kann nie Richter
ſeyn, weil er als ſolcher nicht eine a l l g e m e i n e Handlung,

Die zweite Folgerung ist, daß der Souverain, der die Gesellschaft selbst vorstellt, nur solche Gesetze geben

lung, sondern eine besondere ausübt, die seinen Charakter vernichtet. Er soll nicht bestimmen, wer das Gesetz verletzt hat, sondern bloß eine allgemeine Regel zur Beurtheilung der Handlungen Aller aufstellen. Als Souverain darf er nicht widerrechtlich handeln können. Dies ist aber nur so lange möglich, als die Maxime seiner Willkühr Alle bindet, und daher für Alle Gesetz ist und als solches für den Nationalwillen angesehen werden kann.

Die Obrigkeit, worunter man die vollziehende und die richterliche Gewalt verstehen muß, ist an das vom Souverain gegebene Gesetz gefesselt und darf nicht von dem Buchstaben desselben abweichen, wenn noch länger Recht im Staate existiren soll. Jeder ihrer Aussprüche, der den Buchstaben des Gesetzes verletzt, ist ungültig, und sie begehen dadurch ein Verbrechen, das bestraft werden muß. Durch die Obrigkeit können und dürfen die Strafen weder geschärft noch gemildert werden, wenn nicht aller Rechtspflege ein Ende gemacht und der Staat selbst aufgehoben werden soll. Der Richter, der am Buchstaben des Gesetzes deutet und ihn nach seinen vorgefaßten Meinungen auslegt, setzt sich eigenmächtig an die Stelle des Souverains. Eine Strafe, die nicht jemanden das Gesetz bestimmt, ist ein Verbrechen. Alle Gesetze müssen allgemein seyn können, alle Richtersprüche sind besondere Anwendung des Gesetzes auf einen bestimmten Fall. — Der Souverain ist allein der Nation verantwortlich, wenn er ein Gesetz giebt, das nicht mit dem Nationalwillen übereinstimmt oder das ganz und gar nicht den Charakter eines Gesetzes — Allgemeingültigkeit — hat, der Richter aber einem bestimmten Gesetze, das die ausübende Gewalt zu vollziehen die Pflicht hat. Will der Richter das Gesetz nach Willkühr auslegen, so ist er nicht allein Rebel, sondern auch Parthei. Sein Urtheil kann und darf nicht gelten, wenn man nicht alles Recht an der Wurzel abhauen will.

Der Uebers.

ben darf, welche alle Mitglieder der Gesellschaft zum
Gehorsam verpflichten, und daß ihm keineswegs die
Beurtheilung zukommt, ob jemand den gesellschaftlichen
Vertrag verletzt habe oder nicht, weil alsdann die Nation in zwei Partheien zerfallen würde; in die Parthei,
die der Souverain vorstellt und die behauptet, der Vertrag sey verletzt worden und in die Parthei des Angeklagten, welche die Verletzung des Vertrags leugnet *).
Es ist also nothwendig, daß ein Dritter über die Wahrheit der Thatsache entscheide: und hieraus folgt die
Nothwendigkeit einer Obrigkeit, deren Urtheile unum-
stößlich seyn und in bloßen Bejahungen und Verneinun-
gen der einzelnen Thatsachen bestehen müssen.

Die

*) Der Souverain versichert im allgemeinen, durch diese
oder jene Thatsache sey in diesem oder jenem Falle der
gesellschaftliche Vertrag verletzt worden; allein er klagt
denjenigen, der beurtheilt werden soll, der Uebertretung
nicht an: und auch alsdann, wenn sogar die öffentliche
Gewalt Klage führte, so verlangt sie doch nur, daß man
eine Untersuchung anstelle. Der Ankläger ist derjenige,
welcher versichert, dieser oder jener habe diese oder jene
Handlung begangen. Der Verfasser hat selbst eingestanden, daß die Regel des Rechts und des Unrechts für
den Richter eine bloße Untersuchungsweise der Wahrheit
der That sey. Er hat auch gesagt, daß die Verordnungen immer der öffentlichen Freiheit entgegen sind,
weil sie keine besondere Anwendung einer allgemeinen
Maxime sind. Man muß also hierbei dreierlei unterscheiden: die Maxime, die der Souverain aufstellt
die besondere Thatsache, die der Ankläger behauptet und die Anwendung, die der Richter von
dieser Maxime auf die Thatsache' macht, nachdem sie
gänzlich außer Zweifel gesetzt worden ist. Der Souverain ist also nicht die Parthei des Angeklagten, und
zwar deshalb nicht, weil er nicht sein Richter seyn darf.
Diderot.

Die dritte Folgerung ist, daß, wenn man auch bewiese, grausame Strafen seyn nicht unmittelbar dem allgemeinen Besten und dem Zwecke, Verbrechen zu verhindern zu wider, so sind sie doch unnüß; und in diesem Falle würden sie nicht allein den wohlthätigen Tugenden, welche die Wirkung eines aufgeklärten Verstandes sind, der lieber über glückliche Menschen, als über eine Heerde von Sklaven herrschen will, unter welchen stets eine schüchterne Grausamkeit im Schwange geht, nachtheilig seyn, sondern sie würden auch alle Gerechtigkeit und den gesellschaftlichen Vertrag selbst aufheben *).

§. 4.

*) Harte Strafen empören und reißen zum Unwillen gegen die Obrigkeit. Man bemitleidet den Bestraften und bedauert ihn als ein Opfer einer Macht, die über ihn Gewalt anstatt Recht ausübt. Jeder glaubt, dem Verbrecher geschehe Unrecht und vergißt die That, welche der Thäter begangen hat. — Der Verbrecher, der weiß, daß ihn bei jeder widerrechtlichen That einerlei barbarische Strafe trift, wird sich, wenn er nur seinen Zweck erreicht, die größten Grausamkeiten erlauben, weil diese nicht härter bestraft werden, als geringere Verbrechen. Der Sinn für Recht und Unrecht wird in einer Nation, die nichts als harte Strafe ausüben sieht, abgestumpft, sie verliert den richtigen Maaßstab zwischen Verbrechen und Strafe. — Gelinde Strafen hingegen erregen nicht Mitleid mit dem Verbrecher, sondern Achtung gegen das Recht. Jedermann glaubt, die Obrigkeit habe hier nichts mehr als ihre Schuldigkeit gethan. Jeder scheuet sich ein Gesetz anzutasten, von welchem er selbst eingestehen muß, daß ihm durch seinen Ausspruch Recht widerfahrt und das an ihm unausbleiblich vollzogen wird. Jeder huldigt einer Handlung, die das Recht ehrt. Gelinde Strafen fruchten daher weit mehr als harte. Die Verzweiflung, daß der Verbrecher einem graus

§. 4.

Von der Auslegung der Gesetze.

Ein vierte Folgerung ist: die peinlichen Richter können aus dem Grunde das Recht nicht haben, die Criminalgesetze auszulegen, weil sie nicht Gesetzgeber sind. Die Richter haben die Gesetze von unsern Vorfahren nicht als eine gemeine Tradizion, noch als ein Testament bekommen, das den Nachkommen nur die Pflicht des Gehorsams übrig läßt; sondern sie erhalten dieselben von der lebenden Gesellschaft oder von dem Souverain, der jene vorstellt, als von dem gesetzmäßigen Verwahrer des wirklichen Resultats aller Stimmen der Nation.

Das Ansehen der Gesetze gründet sich nicht auf die Verbindlichkeit *) eines alten Vertrages der nichtig seyn würde, weil er den Willen derjenigen, die noch nicht

grausamen Gesetze preiß gegeben wird, reizt den unwilligen Zuschauer selbst zu Verbrechen. England hat die blutigsten peinlichen Gesetze, und wo werden mehrere und schrecklichere Verbrechen begangen?

Der Uebers.

*) Wenn jedes einzelne Glied der Gesellschaft verpflichtet ist, so ist diese ebenfalls gegen jedes Mitglied durch einen Vertrag gebunden. Die Natur jedes Vertrages bringt die Verbindlichkeit beider Theile gegen einander mit sich. Diese Verbindlichkeit, die sich vom Throne herab bis in die niedrigste Hütte erstreckt, die auf gleiche Weisen den Reichen und den Armen fesselt, bedeutet nichts anders, als daß Alle bei der genauestem Beobachtung der Verträge, die der größern Anzahl Vortheil bringen, interessirt sind.

Das

nicht da waren, bánde;. und ungerecht, weil er die
Nachkommen zu einer Heerde von Vieh erniedrigte *),
sondern

Das Wort Verbindlichkeit a) ist eines von denen,
die man öfters in der Moral als in andern Wissenschaf=
ten braucht und die ein abgekürztes Zeichen eines Ver=
nunftschlusses und nicht eines Bildes sind. Man suche
etwas Sinnliches für das Wort Verbindlichkeit, man
wird nichts finden. Man mache aber einen Vernunft=
schluß, so wird man sich selbst verstehen und von andern
verstanden werden.

Beccaria.

a) Das Wort Verbindlichkeit ist ein Begriff, welcher aus
dem Verhältnisse zweier durch einen Vertrag oder ein Verspre=
chen gebundenen Menschen hervorgeht. Pflicht ist die Noth=
wendigkeit einer Handlung meines Willens um des Vernunft=
gebotes oder verbotes willen; sie bezieht sich bloß auf mich
und nur auf Andere im allgemeinen als Wesen, die meines
Gleichen sind. Habe ich aber dem Andern etwas zu leisten
versprochen oder mich mit ihm in einen Vertrag eingelassen,
so liegt mir eine Verbindlichkeit ob, welche sich daher nie auf
das Allgemeine, sondern auf einen besondern Fall bezieht, der
mich bindet. Beide Worte drücken eine moralische Nothwen=
digkeit aus, weil sie ein Product der Freiheit des Willens
sind. Beide kündigen sich unserm Bewußtseyn durch das ge=
bieterische und feierliche Sollen an. Beide sollen wir'nicht
deshalb erfüllen, weil wir Vortheile davon haben, sondern
weil es unsere Vernunft gebiethet.

Der Uebers.

*) Ist der Gesellschaftsvertrag stets gültig oder darf und
soll er aufgehoben und hernach wieder erneuert werden?.
Da jeder Vertrag außer der Form noch einen Inhalt
hat, welcher wegen der stets fortschreitenden Ausbil=
dung des menschlichen Geistes Veränderungen unterwor=
fen ist, so kann heute etwas für wahr und recht, und
ein Vertrag für gültig gehalten werden, welcher nach
einiger Zeit nicht mehr dafür gilt. Je aufgeklärter und
einsichtsvoller eine Nation wird, desto weniger werden
ihre Urtheile in politischen Errichtungen mit dem über=
einstim=

sondern auf einen stillschweigenden oder ausdrücklichen
Eid, welchen der vereinigte Wille aller lebenden Unterthanen

einstimmen, was ihre Vorfahren für rechtlich und zweckmäßig gehalten haben. — Die Form des gesellschaftlichen Vertrags besteht darin, daß er Alle, welche sich
mit einander vereinigen, bindet, nnd daß er eine völlige Gleichheit vor dem Gesetze mit Gewalt durchsetzt
und behauptet. So lange die Menschen noch nicht dem
bloßen Vernunftgesetze von freien Stücken gehorchen,
wird bürgerliche Gesellschaft nöthig und die Form des
Vertrages gültig seyn. Ganz anders aber ist es mit
dem Inhalte desselben beschaffen. Durch den bürgerlichen Verein beabsichtigt man Schutz der Rechte Aller!
Welches sind aber diese Rechte? Wodurch unterscheiden
sich die veräußerlichen von den unveräußerlichen? Wie
können wir uns der Vollständigkeit beider versichern?
Und welche Mittel sind zur Erhaltung des Staatszweckes
am tauglichsten? Welche Verfassung ist die rechtmäßigste
und nützlichste? Welche Regierungsform ist am geschick-
sten, die eingeführten Gesetze zu handhaben? Da diese
Fragen in Rücksicht des Rechtes so lange von jedem
Zeitalter anders beantwortet werden, als man nicht die
ersten Rechtsgrundsätze gefunden und das Gebiet des
äußern Rechts genau von dem Gebiete des innern unterscheiden gelernt hat, und da die Menschen von
der Nützlichkeit und Zweckmäßigkeit der Mittel zur
Organisirung und Erhaltung eines rechtlichen Regiments
immer von solchen Einsichten, welche aus der Erfahrung geschöpft werden, abhängen, so muß und soll der
gesellschaftliche Vertrag abgeändert werden. Es ist
w i d e r r e c h t l i c h, eine Generation, die nicht ihre
Einwilligung zu einem Vertrage gegeben hat, durch diesen binden zu wollen; und es ist u n k l u g und wider-
s i n n i g, ihr zu gebieten, daß sie auf dem Punkte der
Aufklärung, welchen die Vorwelt erreicht hatte, stehen
bleiben soll. Stillschweigende Verträge sind keine Verträge, weil zu jedem Vertrage die bestimmt erklärte
Einwilligung zweier Personen und ihre Annahme des
Gegenstandes, worüber ein Vertrag geschlossen, erfordert
wird.

thanen dem Souverain geleistet hat, und welcher ein nothwendiges Band ist, das innere Aufbrausen des Eigennußes der Einzelnen im Zaume zu halten und zu lenken. Dies ist die physische und wirkliche Macht der Gesetze.

Wer soll denn also der rechtmäßige Ausleger der Gesetze seyn? Der Souverain d. h. der Verwahrer der wirklichen Stimmen aller Bürger, und nicht der Richter, welchem bloß die Pflicht der Untersuchung, ob jemand eine Handlung, die das Gesetz verbietet, gethan habe oder nicht, obliegt.

Bei der Beurtheilung jedes Verbrechens muß der Richter einen vollkommnen Syllogismus machen, dessen Vordersaß aus dem allgemeinen Gesetze und dessen Untersaß aus der Handlung, die entweder mit dem Gesetze übereinstimmt, oder ihm entgegen ist, besteht, und dessen Schlußsaß entweder die Lossprechung oder die Strafe enthält. Macht der Richter aber von freien Stücken oder durch fehlerhafte Gesetze gezwungen, zwei Vernunftschlüsse, so öffnet er der Ungewißheit Thür und Thor.

Nichts ist gefährlicher als der Gemeinsaß: man müß den Geist des Gesetzen und nicht seinen Buchstaben befragen und zu Rathe ziehen *). Läßt man diesen

Saß

wird. Die Vernunft kann solche Verträge weder für recht noch zweckmäßig halten, weil niemand genau weiß was ihr Inhalt ist und wie weit sich ihre Gültigkeit erstreckt. Der Uebers.

*) Wenn die Worte eines Gesetzes nicht deutlich und bestimmt sind und wenn man also vorgiebt, seinen Geist aufsuchen zu müssen, so trägt man nur zu oft seine

Einsich-

Satz gelten, so reißt man den Damm nieder, der den Strom der Meinungen aufhält. Diese Wahrheit scheint mir außer allem Zweifel zu seyn, ob sie gleich gemeine Geister, die mehr von einem kleinen gegenwärtigen Uibel, als von den traurigen, aber entfernten Folgen eines falschen Grundsatzes, der unter einer Nation Wurzel gefaßt hat, erschüttert werden, für ein Paradoxon halten. Unsere Kenntnisse und alle unsere Ideen stehen in einer wechselseitigen Verbindung mit einander; je verwickelter sie sind, desto zahlreicher sind die Wege, die dahin und zurückführen. Jeder Mensch hat seine eigene Art zu sehen und jeder sieht zu verschiedenen Zeiten dieselben Gegenstände wiedrr auf eine andere Art an.

Der Geist eines Gesetzes würde dann das Resultat einer guten oder schlechten Logik eines Richters seyn. Er würde von der leichten oder schweren Verdauung desselben

Einsichten, Meinungen und Vorurtheile in die Stelle, welche man erklären will, hinein. Es scheint daher sehr mißlich, um den Verfasser eines Buches, besonders wenn dieses in der Muttersprache geschrieben ist zu stehen, wenn ihn die Ausleger nicht nach den Buchstaben, sondern nach dem Geiste erklären. Man mißversteht ihn dabei gemeiniglich und bürdet ihm Meinungen auf, woran er nicht gedacht hat, wie es z. B. mit Kants K. d. r. V. der Fall ist. Gesetze sind buchstablich gültig und dürfen nie nach ihrem Geiste ausgelegt werden, denn der Angeklagte hat entweder den Buchstaben des Gesetzes übertreten oder sich ganz und gar nicht gegen dasselbe vergangen. Bei Gesetzen mordet der Geist, aber nicht der Buchstabe, der nur recht thut.

Der Uebers.

selben und von der Heftigkeit seiner Leidenschaften, von
der Ohnmacht des Leidenden, von der Verbindung des
Richters mit dem Beleidigten und von allen den Kleinigkeiten, welche die Gestalt jeder Sache in dem unbe-
ständigen Gemüthe des Menschen verändern, abhängen.

Daher sehen wir, wie sich das Schicksal eines
Bürgers allemal ändert, so oft die Entscheidung über
dasselbe von einem Gerichtshofe an einen Andern gebracht wird und wie oft das Leben der Unglücklichen ein
Opfer falscher Vernunftschlüsse oder eine Beute der gegenwärtigen übeln Laune eines Richters ist, der das
schwankende Resultat aller der verworrenen Begriffe,
welche jetzt seinen Geist beschäftigen, für eine gesetzmäßige
Erklärung hält. Daher sehen wir, wie einerlei Verbrechen, von einem und demselben Gerichtshofe zu verschiedenen Zeiten verschieden bestraft werden, weil man
nicht der unveränderlichem und festgesetztem Stimme des
Gesetzes, sondern einer trüglichen Unbeständigkeit will-
kührlicher Auslegungen gefolgt ist.

Ein Uebel, das aus der strengem Befolgung des
Buchstabens eines Strafgesetzes entsteht, kann nicht
mit den Verwirrungen in Vergleichung gestellt werden,
welche eine Folge der Gesetzauslegung sind. Ein solch
augenblickliches Uibel zwingt zwar den Gesetzgeber an
den Worten des Gesetzes, welche die Ursache von der
Ungewißheit sind, eine leichte und nothwendige Verbesserung vorzunehmen, aber es verhindert auch die schäd-
liche Zügellosigkeit im Deuteln, welche die Quelle der
willkührlichen und feilen Prozesse ist. Wenn ein festge-
setztes Gesetzbuch, das man buchstäblich beobachten
muß,

muß, dem Richter keine andere Pflicht auflegt, als die
Handlungen der Bürger zu untersuchen und zu entscheiden, ob sie mit dem geschriebenen Gesetze übereinstimmen oder ihm zu wider sind; wenn die Regel des Rechts
oder Unrechts, nach welcher sich sowohl der unwissende
als der aufgeklärte Bürger in ihren Handlungen richten
sollen, nicht eine Streitsache ist, sondern bloß über die
Thatsache die Entscheidung leitet, dann sind die Unterthanen nicht den kleinen Bedrückungen Vieler preiß gegeben, die um so grausamer sind, je geringer der Abstand zwischen dem Leidenden und dem Unterdrücker ist;
und die um so viel unseligere Folgen haben, als die Mißhandlungen eines Einzigen, weil dem Despotismus Vieler nur durch den Despotismus eines Einzigen kann ab-
geholfen werden; und weil die Grausamkeiten eines
Despoten nicht mit seiner Stärke, sondern mit den Hindernissen, die man ihnen entgegen setzt, in Verhältniß stehen.

Auf solche Weise nun erlangen die Bürger diejenige Sicherheit ihrer Person und ihrer Güter, welche
das Recht fodert, weil sie der Zweck ist, um dessent willen die Menschen in Gesellschaft treten; und welche ihnen Vortheile genährt, weil jeder genau die Uibel berechnen kann, die eine widerrechtliche That nach sich zieht.

Es ist zwar auch nicht zu leugnen, daß die Bürger einen Geist der Unabhängigkeit und Freiheit *) er-

F 2   langen

*) Nationen, welche unter gerechten Gesetzen leben, sind
jederzeit freigesinnt, weil das Gesetz ein Werk ihrer
Vernunft ist und jeder sich veredelt fühlt, daß er nicht
verän-

langen werden, aber sie werden nichts destoweniger sich
den Gesetzen unterwerfen und den höchsten Obrigkeiten
gehorchen und sich nur denen widersetzen, welche die
Schwachheit, ihren eigennützigen und eigensinnigen
Meinungen nach zu geben, mit dem heiligen Namen
der Tugend zu benennen gewagt haben.

Diese Grundsätze werden denen nicht gefallen, die
es sich zum Gesetz gemacht haben, die blutigen Stöße
die sie von ihren Obern erhalten haben, denjenigen,
welche unter ihnen stehen, wieder fühlen zu lassen. Ich
würde alles zu fürchten haben, wenn sie mich läsen und
verständen, aber Tyrannen haben keine Lust zum Lesen.

§. 5.

Von der Dunkelheit der Gesetze.

Wenn die Auslegung der Gesetze ein Uebel ist,
so leuchtet ein, daß auch die Dunkelheit eines ist, die
nothwendiger Weise die Auslegung in ihrem Gefolge hat.
Das Uebel aber ist desto größer, wenn die Gesetze in
einer dem Volke unbekannten Sprache geschrieben sind,
die dasselbe der Gewalt einiger Wenigen preiß giebt,
weil

veränderlichen und partheiischen Menschen, sondern dem
unwandelbaren und kalten Gesetze unterworfen ist, welchem er um desto lieber Gehör giebt, da es nichts anders
enthält, als was ihm seine Vernunft gebietet und verbietet und weil er nie in Gefahr ist, daß ihm Unrecht
geschehe. Das Gesetz ist für ihn die personifizirte Men-
schenvernunft, wodurch alle Mißdeutung ihrer Gebote
und Verbote und alle Unbekanntschaft mit ihrem Inhalte
verhindert wird.

Der Uebers.

weil es dem Bürger unmöglich ist, die Folgen seiner Handlung auf seine Freiheit oder auf die Freiheit seiner Mitbürger in einer Sprache zu beurtheilen, die aus einem öffentlichen und für alle geschriebenen Buche gleichsam ein geheimes und verschlossenes macht *).

Je'

*) Gesetze, die in einer todten oder unverständlichen Sprache geschrieben sind, können deshalb keine rechtliche Gültigkeit haben, weil sie diejenigen, welche sie beobachten sollen, nicht verstehen. Wie kann man jemand nach einem Gesetze verdammen, das er nicht kennt? Weiß der Bürger auch vermöge seiner Vernunft, daß etwas verboten ist, so kennt er doch die Strafe nicht, welche auf die Uebertretung steht und deren Art und Maaß so willkührlich ist. Und welchen nachtheiligen Einfluß haben Gesetze, die in einer unbekannten Sprache geschrieben oder nicht deutlich bestimmt und kurz ausgedrückt sind, auf den Charakter der Menschen? Welche Triebfeder zur Willensbestimmung wird in ihnen herrschend gemacht? Kann man einen Feind, den man nicht kennt, der uns aber stets nachstellt und bedroht, anders als fürchten? Furcht wird also das Triebrad der menschlichen Handlungen; denn wie kann man Hochachtung gegen Gesetze haben, die uns hinterlistig meuchelmorden? — Daher bemitleiden wir den Menschen, der nach unbekannten Gesetz bestraft wird und wir fühlen Unwillen gegen seine Peiniger. Denn wir können uns nicht des Gedankes erwehren, daß ihm Unrecht geschehen sey, weil ihn etwas trifft, das er nicht kannte. Vor dem Rechte ist kein Staatsgesetz gültig, das nicht jedermann verstehen und das nicht jedem bekannt seyn kann, weil angenommen werden muß, daß jedermann seine Einwilligung könne darzu gegeben haben. Noch eine Schuldigkeit des Staates ist es, alle Gesetze in ein Gesetzbuch zu vereinigen, damit sich jedermann leicht mit ihrem Inhalte bekannt machen kann.

Der Uebers.

Je größer hingegen die Anzahl derjenigen seyn
wird, die das geheiligte Gesetzbuch lesen und verstehen
können, desto mehr werden sich die Verbrechen vermindern, weil es ausgemacht ist, daß Unwissenheit und
Ungewißheit in den auf ein Verbrechen gesetzten Strafen die verführerischen und einschmeichelnden Leidenschaften unterstützen *). Was sollen wir von den Menschen
denken, wenn wir sehen, daß die Gesetze der Nationen
beinahe

*) Die Quellen der meisten Verbrechen sind Unwissenheit
und Unbekanntschaft mit den Landesgesetzen. Der Unwissende bekümmert sich weder um die Regeln des Rechts
noch um die Vorschriften der Moral, seine Leidenschaften werden daher durch nichts gezügelt, er irrt ohne
einen Leiter und Gebieter herum und ist ein stetes Spiel
sinnlicher Eindrücke. Da sein Verstand nicht kultivirt,
sein moralisches Gefühl nicht lebendig ist und das Sittengesetz nur, nachdem er die böse That begangen hat, in
ihm seine Stimme hören läßt, so sind natürlicher Weise
Leidenschaften die einzige Kraft, die ihn in Bewegung
setzt und beherrscht. — Die Ungewißheit, ob ihn die
Strafe einholen und welche Strafe ihn treffen werde,
ist noch eine Hauptursache der Verbrechen unter den
Menschen. Er kennt Verbrecher die ungestraft bleiben.
Er schmeichelt sich mit eben diesem Loose. Er hält das
Strafen für ein Ungefähr, das dann und wann erscheint und nicht für die unvermeidliche Folge der Ueber-
tretung eines Gesetzes oder einer widerrechtlichen oder
bösen That. Gesetze, die nicht ohne Ansehen der
Person strafen und die nicht jeden bekannten Verbrecher
unausbleiblich treffen, sind das Unglück der Menschheit.
Sie befördern das Böse, weil sie nicht gerecht richten;
sie begünstigen die Verbrechen und machen lau gegen das
Gute, weil die Richter sich willkührlich von ihrer Vollziehung lossprechen, und sie verwirren die Begriffe des
Recht und Unrechts, weil der Verbrecher geehrt und der
Tugendhafte in Mangel und Verachtung seufzt.
                                        Der Uebers.

beinahe alle in einer ihnen unverständlichen Sprache geschrieben sind und daß diese eingewurzelte Gewohnheit
noch in einem großen Theile von Europa herrscht?

Aus den obigen Bemerkungen folgt auch, daß
keine Gesellschaft jemals ohne ein verständliches Gesetzbuch zu einer festen und bestimmten Regierungsform gelangen wird, wo die Ausübung der Gewalt eine Wirkung des Ganzen und nicht einzelner Theile desselben
ist, wo die Gesetze nur mit Einwilligung des allgemeinen Willens abgeändert und wo sie nicht durch das
Gedränge der Privatvortheile verwirrt und vernichtet
werden können.

Vernunft und Erfahrung haben uns gelehrt, daß
die Wahrscheinlichkeit und Gewißheit menschlicher Ueber-
lieferungen und Sagen immer mehr abnehmen, je mehr
diese sich von ihrer Quelle entfernen. Wie sollen also
die Gesetze der unvermeidlichen Allgewalt der Zeit und
der Leidenschaften widerstehen können, wenn nicht ein
dauerhaftes Denkmal von dem Gesellschaftsvertrage vorhanden ist?

Hieraus kann man sehen, wie nützlich die Buchdruckerkunst ist, welche das Publikum und nicht einige
Wenige zu Aufbewahrern und Hütern der geheiligten
Gesetze macht und wie sehr sie jenen finstern Geist der
Ränkesucht und Tücke verscheucht hat, der vor dem
Lichte flieht und der die Aufklärung, die von seinen Ver-
ehrern dem Anscheine nach verachtet, in der That aber
gefürchtet wird, nicht ertragen kann: Der Buchdruk-
kerkunst haben wir es zu verdanken, daß der grausamen
und

und empörenden Verbrechen in Europa, worüber unsere Vorfahren, die bald Tyrannen, bald Sklaven waren, seufzten, immer weniger geworden sind.

Wer mit der Geschichte von zwei oder drei Jahrhunderten her oder mit der Zeitgeschichte bekannt ist, wird wissen, wie aus dem Schooße des Luxus und der Weichlichkeit die sanftesten Tugenden, Menschenliebe, Wohlthätigkeit und Duldung menschlicher Irrthümer hervorgegangen sind. Er wird zugleich auch gewahr werden, was die mit Unrecht sogenannte alte Einfalt und Ehrlichkeit für Wirkungen gehabt hat: die Menschheit seufzte unter einem unversöhnlichen Aberglauben; die Habsucht und der Ehrgeiz einer kleinen Anzahl von Menschen färbten die goldenen Palläste und die Thronen der Könige mit Menschenblut; heimlicher Verrath und öffentliche Metzeleien; Adliche, die den Pöbel tyrannisirten, und Lehrer des Christenthums, die alle Tage im Namen des Gottes der Barmherzigkeit ihre Hände mit Blut besudelten, sind kein Werk unsers aufgeklärten, aber von Einigen verderbt genannten Jahrhunderts *).

§. 6.

*) Die Menschen sind nur zu gern geneigt, die Vergangenheit zu loben und die Jetztwelt zu tadeln und jener Tugenden und Vorzüge zugestehen, die sie nicht hatte und diese für verderbt und ausgeartet zu halten. Der Grund dieser Erscheinung liegt in einer höhern moralischen Ausbildung des menschlichen Geistes. Wir sind weit strenger gegen unsere Zeitgenossen als gegen unsere Vorfahren. Die gegenwärtigen Ausschweifungen und Laster machen einen weit tiefern Eindruck auf uns als die vergangenen. Die Schriftsteller der Vorwelt stellen auch die damals im Schwange gehenden Schandthaten gemeiniglich ohne ein mißbilligendes Urtheil auf, sie waren

§. 6.

Von der Verhaftnehmung.

Ein nicht weniger gemeiner als dem Zwecke des bürgerlichen Vereins zu widerlaufenden Irrthum ist die Meinung von der persönlichen Sicherheit und daß man es dem Gutbefinden der Obrigkeit, welche doch bloß die Gesetze vollziehen soll, überläßt, einen Bürger einzu-kerkern, einem Feinde unter einem nichtigen Vorwandte die Freiheit zu rauben und einen Freund, troz der stärk-sten Anzeigen seiner Schuld, ungestraft zu lassen. Die Gefangenschaft ist eine Strafe, welche darin von jeder Andern

ren nicht so streng in ihren Urtheilen über das Thun und Treiben der einzelnen Menschen, weil die praktische Vernunft noch wenig kultivirt und weil der Geist des Zeitalters mehr auf das Angenehme, Schöne, Erha-bene und Nützliche als auf das Gute und Rechte gerich-tet war. Sie belebte daher nicht der moralische Un-wille bei dem Anblicke der zahllosen Laster und Barba-reien, der sich ihre Zeitgenossen schuldig machten, wie uns, die wir unsere Zeitgenossen einer strengern Cen-sur unterwerfen und unsern Unwillen über die Ungerech-tigkeiten, Grausamkeiten und Laster, die wir gewahr werden, nicht zurück halten. Die Einfalt und die sogenannte alte Ehrlichkeit der Vorwelt hatten Verbre-chen in ihrem Gefolge, die uns irre zu machen drehen, ob wir Menschen oder reißende Thiere erblicken. — Und wenn es ausgemacht ist, daß das Menschengeschlecht in der Ausbildung immer fortschreitet und daß die An-lage in uns, welche dem Willen Gesetze giebt und diese ihm als Gebote aufdringt, die höchste ist, so werden die Menschen in ihren moralischen Urtheilen immer strenger werden und die Mitwelt immer verderbter erscheinen, weil man jede Handlung der Menschen vor das morali-sche Gericht ziehen und sie entweder verdammen oder billigen wird. — — Der Uebers.

Andern unterschieden ist, daß sie nothwendigerweiße vor
der gerichtlichen Entscheidung über das Verbrechen vorher gehen muß; aber dieser unterscheidende Charakter
derselben hebt darum den Andern wesentlichen nicht auf,
der darin besteht, daß das Gesetz allein die
Fälle bestimmt, unter welchen jemand eine Strafe
verdient hat *).   Das Gesetz muß also die Anzeigen
eines

*) Der Arrest kann so lange keine Strafe seyn als nicht
   jemand rechtlich verurtheilt ist, denn es würde eine Verdammung vor der Untersuchung und vor dem Ausspruche
   des Richter als Organ's des Gesetzes seyn.   Niemand
   darf seiner Freiheit, außer durch das Gesetz, beraubt
   werden.   Und das Gesetz spricht entweder los oder verdammt, wie kann man es nun verantworten, wenn Angeschuldigte ein oder mehrere Jahre in einem ungesunden
   und schmählichen Kerker schmachten, ehe das Gesetz sie
   für schuldig und also alsdann erst ihrer Freiheit für verlustig erklärt? Vor der Fällung der Sentenz ist das
   Gefängniß bloß ein Verwahrungsort, wo der Angeklagte so lange für unschuldig angesehen werden muß als
   seine That nicht gerichtlich ausgemacht und er also durch
   das Gesetz verdammt ist.   Es ist ein empörendes Unrecht, wenn die Prozesse lange dauern, wenn die Gefangenen als Verurtheilte behandelt und so wohl ihre
   Gesundheit als ihre Ehre auf das Spiel gesetzt werden.
   So lange das Gesetz noch nicht gesprochen hat, ist es
   Pflicht der Menschheit, dem Gefangenen jede Bequemlichkeit zu gestatten, welche sich mit der Versicherung
   seiner Person verträgt.   Es ist schon ein unersetzliches
   Unglück, wenn jemand ins Gefängniß geworfen wird,
   wenn er auch unschuldig wieder daraus weggehen sollte;
   wer kann den Unschuldigen die Leiden vergüten, die er
   ausgestanden hat und die kein Sterblicher messen kann?
   Wer ersetzt ihm die Ehre, die durch seine Gefangenschaft
   gelitten hat und wer kann das Unrecht wieder gut machen, das einem Staatsbürger ohne Urtheil und Recht
   ist zugefügt worden?   Der Uebers.

eines Verbrechens angeben, welche die Einziehung des Angeschuldigten nothwendig machen und die ihn dieser Art
von Strafe und einer Untersuchung unterwerfen.   Das
öffentliche Gerücht, das ihn anklagt, seine Flucht, sein außergerichtliches Bekenntniß, die Aussage eines Mitschuldigen, Drohungen, eine stete Feindschaft mit dem Beleidigten, der Thatbestand (Corpus delicti) und andere
ähnliche Anzeigen sind hinlängliche Beweise, einen
Bürger einzukerkern *).   Aber diese Beweise müssen
durch.

*) Das öffentliche Gerücht klagt nur zu oft ohne einen
haltbaren Grund an; und woraus ist es denn zusammengesetzt? Ist es nicht ein Gemisch von Meinungen
und Urtheilen und ein Wirwarr von Sagen, die kein
verständiger Mann gerichtlich zu behaupten wagt? —
Die Aussage eines Mitschuldigen verdient um so weniger Glauben, weil, wenn er wirklich schuldig ist, er
auch kein Bedenken tragen wird, einen Unschuldigen
aus Schadenfreude oder aus dem Wunsche Mitgefähr-
den im Leiden zu haben, oder weil er sich vielleicht von
ihm beleidigt hält, um seine Freiheit zu bringen.
Ueberhaupt hat hier der Verfasser zu wenig Rücksicht
auf den hohen Werth der Unschuld eines Menschen und
auf das Recht der Freiheit, das jeder Bürger im Staate
so lange genießen muß, als er nicht entweder auf einer
That, die ein unveräußerliches Bürger- oder Menschen-
recht kränkt, oder den Umsturz des Staates beabsichtigt, ergriffen oder durch Zeugen, die wahrhaftig seyn
wollen und können, eines solchen Verbrechens an-
geschuldigt wird, genommen. Die meisten Anzeigen,
welche der Verfasser anführt, berechtigen nicht zum Verhafte, weil sie keine rechtliche Gewißheit der That bei
sich führen. Auf geradewohl jemand einzukerkern und
es dem Zufalle zu überlassen, ob sich Zeugen finden, ist
das größte Unrecht, und der Umsturz jeder bürgerlichen
Gesellschaft. Jede Handlung, die man gegen einen
Ange-

durch das Gesetz und nicht von den Richtern festgesetzt
und bestimmt werden, deren Beschlüsse immer der politischen Freiheit zu wider sind, wenn sie nicht die Anwendung einer allgemeinen Maxime des öffentlichen Gesetzbuches auf einen besondern Fall enthalten. Wenn die
Strafen gelinde seyn werden, wenn man die Unreinlich-
keit und den Hunger der Gefängnisse steuern wird, wenn
Mitleid und menschliche Gefühle durch die eisernen Thü-
ren der Kerker dringen und die unerbittlichen und ver-
härteten Diener der Gerechtigkeit beherrschen werden,
dann können immer die Gesetze auch noch bei schwächern
Anzeigen den Verhaft verordnen. Ein Mensch, der
wegen eines Verbrechens angeklagt, eingekerkert und
losgesprochen worden ist, sollte nie von einer Schande
gebrandmarkt werden. Wie viele Römer, die man der
schweresten Verbrechen angeklagt, hernach aber unschuldig befunden hatte, wurden von dem Volke verehrt und
zu den höchsten obrigkeitlichen Aemtern erhoben! Woher kommt es nun, daß in unsern Zeiten einen unschuldigerweise Angeklagten ein so verschiedenes Schicksal
trift? liegt der Grund etwan darin, weil es scheint,
daß in unserer gegenwärtigen peinlichen Verfassung die
Vorstellung von der Stärke und der Uebermacht über
die Idee der Gerechtigkeit nach der Meinung der Menschen die Oberhand hat? Weil man den Angeklagten
und den Ueberwiesenen in ein und dasselbe schaudernerre-
gende

Angeschuldigten vornimmt, muß nicht allein allgemeines Gesetz seyn können, sondern auch den Beyfall des
allgemeinen Willens, der durch das Rechts- und Mo-
ralgesetz ausgemittelt wird, haben.

Der Uebers.

genbe Gefängniß unter einander wirst *)? Weil das
Gefängniß vielmehr eine Strafe als ein Verwahrungsort des Angeklagten ist? Weil die innere Macht, welche
die Vollziehung der Gesetze sichern soll, von der äußern
welche den Thron und die Nation beschützt, getrennt ist,
unterdessen sie doch mit einander vereinigt seyn sollten?
Wenn auf solche Weise die Erstere vermittelst des ge-
meinsamen Beistandes der Gesetze mit der gerichtlichen
Gewalt verbunden wäre, ohne doch unmittelbar von der
Obrigkeit abzuhängen, so würde der Glanz, welcher
den prächtigen und feierlichen Aufzug eines Haufens
Soldaten umgiebt, die Schande vernichten, die mehr
an den äußern Umständen als an der Sache selbst klebt,
wie es mit allen Volksmeinungen der Fall ist. Es ist
ausgemacht, daß in der öffentlichen Meinung militäri-
sche Gefängnisse nicht so sehr entehren als bürgerliche **).

Es

---

*) Dies sollte man nie thun, denn schadet nicht immer, in
der öffentlichen Meinung, die Gesellschaft mit einem öffentlich Gebrandmarkten? Kann sich wohl jemand immer
des Urtheils erwehren, daß Gesellschafter, die oft bei-
sammen sind, gleiche Gesinnungen und einen gleichen
Charakter haben?

Der Uebers.

**) Die Zubereitung und die Form thun ohne Zweifel viel
dabei, allein im Grunde giebt es doch eine wesentliche
Verschiedenheit zwischen beiden. Der militairische Verhaft setzt in der öffentlichen Meinung nur einen Fehler
gegen die Disciplin, der bürgerliche aber ein Verbrechen gegen die Staatsgesetze voraus und diese haben einen weit unmittelbarern Einfluß auf die Ordnung und
öffentliche Ruhe. Deshalb ist auch mehr Schande damit verknüpft. Der Verfasser sagt bei Gelegenheit des
Schleichhandels: Verbrechen, welche die Menschen ihren

Es dauern unter den Völkern in ihren Gebräuchen und Gesetzen, die immer mehr als ein Jahrhundert hinter der gegenwärtigen Aufklärung einer Nation zurück sind, es dauern, sage ich, jene barbarischen Vorstellungen und rohen Begriffe der mitternächtlichen Jäger, unserer Vorfahren, noch fort.

§. 7.

Von den Anzeigen und von der Form der Urtheilssprüche.

Es giebt einen allgemein angenommenen und sehr nützlichen Satz, die Gewißheit einer That zu berechnen, z. B. die Stärke von den Anzeigen einer Schuld. Wenn die Beweise einer That von einander abhängig sind d. h. wenn eine Anzeige die andere unterstützt, so ist, jemehr Beweise angeführt werden, die Wahrscheinlichkeit desto geringer, weil die Fälle, welche die vorausgehenden Beweise entkräften würden, auch die nachfolgenden entkräften. — Wenn die Beweise einer Thatsache insgesammt auf gleiche Weise von einem Einzigen abhängen, so wird die Wahrscheinlichkeit der That durch die Anzahl der Beweise weder vermehrt noch vermindert, weil ihr ganzer Werth auf dem Ansehen jenes einzigen Beweises beruht, von welchem sie abhängen. Wird nun der Erste vernichtet, so fallen auch die Uebrigen. Wenn aber die Beweise von einander unabhängig sind, d. h. wenn die Anzeigen anders woher als durch einander

ren Vortheilen nicht nachtheilig halten, interessiren sie auch nicht so sehr, daß sie den öffentlichen Unwillen erregen sollten.

.Diderot.

der selbst bewiesen werden, so nimmt die Wahrscheinlichkeit der That auch um so viel mehr zu, jemehr Beweise beigebracht werden, weil die Nichtigkeit eines Beweises keinen Einfluß auf den Andern hat *).

Ich rede von der Wahrscheinlichkeit in Ansehung
der Verbrechen, die, wenn sie eine Strafe verdienen
sollen, gewiß seyn müssen; aber dieses Paradoxon wird
für denjenigen verschwinden, der einsieht, daß streng
genommen, die moralische Gewißheit **) nur eine
Wahr-

*) Gegründete Beweise und nicht die Menge derselben
setzen eine That außer Zweifel. Was ist aber ein Beweiß? Entweder Vorzeigung der That selbst oder eine Zusammenstellung von Umständen, welche die That gewiß
machen, und welche jedermann Glauben abnöthigen.

Der Ueberf.

**) Die moralische Gewißheit kann vor Gericht keine Gül-
tigkeit haben; denn daß jemand vor seinem Gewissen
überzeugt sey, daß der Andere dieses oder jenes Verbrechen begangen habe, reicht nicht hin, ihn desselben anzuklagen, oder deshalb gar zu verdammen. Die moralische Gewißheit hängt von jedes Einsicht und von
der Kenntniß der Umstände und der Personen ab, welche
der Beurtheiler mit einer That zusammenstellt. Sie
entsteht durch Reflexion und ist in jedem Menschen verschieden. Je mehr oder weniger jemand von einer That
weiß, desto größer oder geringer ist seine Ueberzeugung
von derselben. Oft mischen sich aber in die Beurtheilung von etwas Geschehenen dunkle Gefühle ein. Man
kann sich nicht erwehren, den Andern für schuldig zu
erklären, weil man entweder einen Abscheu vor der
That oder eine Abneigung gegen den Thäter oder auch
eine Zuneigung zu dem Beleidigten fühlt. Diese Ueberzeugung ist ein subjektives Fürwahrhalten, das mich
zwar geneigt macht, den Andern einer That zu beschul-
digen, das aber niemand außer mir überzeugt, weil
ihm

Wahrscheinlichkeit ist, allein eine solche Wahrscheinlich=
keit, die Gewißheit genannt wird, weil sie jeden Men=
schen von gesundem Verstande, ihr seinen Beifall zu
geben, durch eine Gewohnheit zwingt, die eine Folge
der Nothwendigkeit zu handeln ist und die vor jeder
Spekulation vorausgeht. Die Gewißheit, welche er=
fodert wird, einen Menschen mit Recht für schuldig zu
erklären, ist also diejenige, welche jeden Menschen bei
den wichtigsten Handlungen seines Lebens bestimmt *).

Man

ihm meine Kenntniß der Umstände und meine Lage ab=
geht. Sie verändert sich stets; je nachdem man die
Sache schärfer untersucht oder einen größern oder gerin=
gern Zeitraum zwischen der That und der neuen Unter=
suchung verstreichen läßt, desto veränderter wird uns
ihre Gestalt vorkommen. — Die Wahrscheinlichkeit ist
noch ein geringerer Grad von Ueberzeugung. Sie ist
ein Werk meiner Einsicht, meines Gefühl, meines Cha=
rakters und meiner Lage und hat nur für mich Gül=
tigkeit.

Der Uebers.

*) Was ist zu juridischen Beweisen nöthig? Da sie zur
Verurtheilung eines Menschen durch den Staat erfodert
werden, so müssen sie allgemein seyn können. Jeder=
mann, der urtheilen und schließen kann, muß den Aus=
spruch zu thun gezwungen seyn, der Angeschuldigte habe
das Verbrechen begangen. Sie müssen sich daher nicht
auf die besondere Ueberzeugung eines Menschen gründen,
die nicht allgemein kann mitgetheilt werden, sondern sie
müssen von der That und von den mit ihr durchaus zu=
sammenhängenden Umständen hergenommen seyn; denn
nicht allein der Ankläger und Richter sollen von ihrer
Wahrheit überzeugt seyn, sondern das ganze urtheils=
fähige Publikum muß über die Schuldigkeit des Ange=
klagten übereinstimmen können. Alle Beweise müssen
daher objektive Gültigkeit haben. Jeder mit gesundem
Verstande begabte, muß dem Ausspruche des Richters
seinen

Man kann die Beweise einer Schuld in zwei Ar=
ten, in vollkommene und in unvollkommene, eintheilen.
Woll=

feinen Beifall geben: diese Erforderniß ist nicht etwan
nützlich, sondern sie ist Pflicht, weil der Richter im Na=
men der Nation durch das Gesetz richtet und entscheidet
und also sein Urtheil nicht als gegen den Nationalwil=
len anstoßend, sondern mit ihm übereinstimmend muß
angenommen werden können. Wie vielerlei Arten von
Beweisen kann es nun geben? Da alle menschliche Er=
kenntniß entweder intuitiv (wo der Gegenstand in
der Anschauung gegeben ist) oder discursiv (durch
Begriffe ausgemittelt) ist, so kann es auch nicht mehr
als zwei Arten von Beweisen geben. Die intuitiven
erfordern das Daseyn und die Gegenwart der Thatsache:
die discursiven entstehen aus Räsonnement und sind
Gründe aus Urtheilen oder Schlüßen. Die Thatsache
ist entweder der Thatbestand selbst, oder Instrumente,
Schriften, Briefe oder andere Dinge, wodurch das
Verbrechen begangen worden seyn kann. Das Zeugniß
des Angeklagten ist ein subjektiver Beweis, der nur Gül=
tigkeit für eine einzelne Person, aber keine juridische
hat, denn Ueberdruß des Lebens oder andere Umstände
können den Angeschuldigten zu einem solchen Geständ=
nisse verleiten; und wie kann man vor Gericht jemand
nach seiner eignen Aussage verdammen? Wird dieser
nicht dadurch Ankläger und Beklagter in einer Person
und muß nicht sein Urtheil partheiisch scheinen? Vor
Gericht ist jeder Bürger so lange unschuldig, als nicht
Thaten oder bewährte Zeugen gegen ihn sprechen, weil
das Recht, vermöge dessen er verdammt wird, lautet:
allgemeingültige Beweise und Urtheile verlangt. —
Die discursiven Beweise sind Anzeigen; sie können nie
den Werth von den intuitiven haben, weil sie auf Ur=
theilen und Schlüßen, die man aus einer Menge von
Umständen gezogen hat, beruhen und daher als Ver=
standes= und Vernunftoperationen leicht trüglich seyn
können. Ueberhaupt müssen Thatsachen und Gründe
einander unterstützen, wenn der Verurtheilung eines
Menschen allgemeiner Beifall soll gewonnen werden. —

G   De

Vollkommene nenne ich diejenigen, die alle Möglichkeit ausschließen, daß ein Angeschuldigter kein Verbrecher sey; unvollkommene, wo es möglich ist,
daß jemand schuldlos sey. Ein einziger-vollkommener
Beweiß ist zur Verurtheilung hinreichend. Von den
unvollkommenen sind so viele nöthig, als, um einen vollkommenen zu liefern, erfodert werden; das will so viel
sagen: ob schon jeder von ihnen einzeln genommen die
Möglichkeit der Unschuld eines Angeklagten nicht aus-
schließt, so muß doch ihre Vereinigung jeden Gedanken
unmöglich machen, daß der Angeklagte unschuldig sey.
Man muß noch bemerken, daß die unvollkommenen Beweise, wenn sich der Angeschuldigte nicht befriedigend
gegen sie rechtfertiget, ob ihm schon seine Unschuld
Mittel dazu an die Hand geben muß, vollkommene
werden *).

Allein

Die Eintheilung in vollkommene und unvollkommene
Beweise hat wegen Mangel an allgemeiner Mittheil-
barkeit keinen Grund; denn es muß etwas zur Bestä-
tigung einer Sache hinreichend seyn oder nicht; es muß
daher entweder völlige Gewißheit herrschen oder es ist
gar keine Gewißheit da, weil sich die Ueberzeugung und
der Glaube nicht theilen lassen.

Der Uebers.

*) Sollte auch jemand seine Unschuld nicht völlig befrie-
digend rechtfertigen können, so muß er dennoch losgesprochen werden, denn der Richter hat entweder hinreichende Beweise seiner angeschuldigten That und ist völlig von seiner Schuld überzeugt oder nicht; im ersten
Falle ist die Verurtheilung geboten, und im Andern die
Lossprechung. Warum will man dem Richter mehr einräumen als dem Angeschuldigten? Jener hat keinen
Grund ihn zu verdammen, und dennoch raubt er diesem
seine Freiheit widerrechtlich. Das Gesetz kennt keinen

Mittel

Allein man kann diese moralische Gewißheit viel leichter fühlen als genau bestimmen und erklären. Daher halte ich es für eine sehr weise Einrichtung, daß man bei einigen Nationen dem vorsitzenden Richter Beisitzer, die durch das loos gewählt und nicht durch Wahl ausgesucht werden, beigesellt, weil in diesem Falle der Unwissende, der nach seinem Gefühle urtheilt, weniger dem Irrthume unterworfen ist als der Gelehrte, der nach Begriffen entscheidet *). Wenn die Gesetze deut-

lich

Mittelweg, weil es vor ihm keine Verdächtigen geben kann, da der Begriff von einem Verdachte nie vollkommen und deutlich kann bestimmt werden, weil jedermann in die Definition desselben seine eigene Ueberzeugung und seine Meinung und Furcht hineinträgt. Was daher durch das Gesetz nicht schuldig ist, das ist vor ihm unschuldig. Es sey also auch, daß sich jemand nicht völlig rechtfertigen könne, wer beurtheilt denn dies? das Gesetz oder der Richter? Jenes kann kein solches Urtheil fällen, weil seine Urtheile Allgemeingültigkeit haben müssen und bloß auf etwas Ausgemachtes angewandt werden; dieser folgt seiner eignen Einsicht und erhebt seine besondere Ueberzeugung zu einer Allgemeingültigen. Was berechtigt ihn dazu? Der Uebers.

*) Wenn der Gelehrte nicht von grundlosen Meinungen eingenommen ist, sondern sich blos Geübtheit im Denken und Empfänglichkeit für alle Gegenstände erworben hat, wenn er den Aeußerungen und den Spuren der Natur folgt und nichts annimmt und behauptet als was als Ausspruch des gesunden Menschenverstandes gelten kann, so muß er desto mehr die ganze Sache zu übersehen, und ein Urtheil darüber zu fällen im Stande seyn, weil sein Verstand mehr Stärke hat und die Gegenstände fester halten und in allen Rücksichten betrachten kann. Unsere Gelehrsamkeit ist aber jetzt oft Verirrung vom Pfade der Natur und ein elendes und grundloses Spiel mit leeren Begriffen. Der Uebers.

lich und bestimmt sind, so hat der Richter keine andere
Pflicht als die Gewißheit der That auszumitteln. Wenn
zur Aufsuchung der Beweise eines Verbrechens Verstand und Geschicklichkeit nöthig sind und wenn die Dar-
stellung des Resultats, welches man durch Nachforschen
gefunden hat, Bestimmtheit und Deutlichkeit erfodert,
so braucht man, um nach diesem Resultate zu entscheiden, nur gesunden Menschenverstand zu besitzen, der
weniger eine Beute des Irrthums ist, als alle Kenntnisse eines Richters, der allenthalben Schuldige finden
zu wollen gewohnt ist, und der alles auf ein aus seinem
Nachdenken gezogenes System zurückführt. Glücklich
sind die Nationen, wo die Gesetze keine Wissenschaft
sind *)!

Es ist ein sehr nützliches Gesetz welches verordnet,
daß jedermann von seines Gleichen gerichtet werden soll;
weil, wenn es auf die Freiheit und auf das Wohl eines
Bürgers ankommt, alle die Empfindungen schweigen
müssen, welche die Ungleichheit einflößt. Die Verachtung,

*) Ohne Zweifel ist es ein großes Unglück, wenn aus
   fremden Sitten und Einrichtungen, Begriffen und
   Sprachen muß ausgemacht werden, was das Gesetz gebietet und in dieser Rücksicht ist es zu wünschen, daß
   jede Nation einer solchen Kenntniß zum Behufe ihrer
   Gesetze möge überhoben werden. Aber wenn alle Gesetze sich auf die menschlichen Natur und auf das Recht
   gründen müssen, so kann es auch kein höheres Glück für
   eine Nation geben, als wenn in dieser Rücksicht das
   Gesetzgebungssystem eine Wissenschaft ist. Jeder trägt
   in seinem Busen, was das Gesetz gebietet und verbietet und jedes Vernunft ist Schöpfer und Ausleger
   des Gesetzes.

                                     Der Uebers.

tung, mit welcher der Mächtige und Reiche auf den Ohnmächtigen und Armen herabsieht und der Unwille, mit welchem der Niedrige den Höhern betrachtet, können bei dieser Art zu entscheiden nicht ins Spiel kommen.

Wenn aber das Verbrechen eine Beleidigung eines Dritten ist, dann muß die Eine Hälfte der Richter von gleichem Stande mit dem Angeklagten und die andere Hälfte von gleichem Stande mit dem Beleidigten seyn. Auf solche Art hält man jedes Privatinteresse im Gleichgewicht, das sonst auch unwillführlich den Gegenständen eine andere Gestalt leiht und man läßt nur die Gesetze und die Wahrheit sprechen.

Es stimmt auch noch mit der Gerechtigkeit überein, daß der Angeklagte eine bestimmte Anzahl von seinen Richtern, die ihm verdächtig sind, verwerfen kann; und wenn man ihm dieses Recht eine Zeitlang ohne Schwierigkeit gestattet, so gewinnt es das Ansehen, als ob sich der Schuldige selbst das Urtheil spreche *).

Die

*) Das Geschwornengericht ist der Hüter der Gerechtigkeit und der Schutz der Freiheit jeder Nation. Kein Land, wo dieses Gericht noch nicht eingeführt ist, kann auf eine vollkommene und unpartheiische Gerechtigkeitspflege und auf eine durchgängige Handhabung des Rechtes Anspruch machen. Wenn mehrere Menschen, die mit dem Angeklagten von gleichem Stande sind, die ihn kennen, die von seinem vorigen Leben und von seinem Thun und Lassen unterrichtet sind, die Wirklichkeit der That untersuchen und außer Zweifel zu setzen bemüht sind und über ihn den Ausspruch schuldig oder unschuldig thun, so kann man annehmen, daß ihm nicht geschieht und daß sie die Meinung des Publikums treffen,

Die Urtheilssprüche müssen öffentlich bekannt gemacht werden, so wie die Beweise der Schuld, damit die
öffentliche Meinung, welche vielleicht der einzige Pro-
bierstein von der Festigkeit der Gesellschaft ist, der Gewalt und den Leidenschaften einen Zügel anlege und damit das Volk sagen könne: wir sind keine Sklaven, wir
werden durch das Gesetz geschützt und vertheidigt; ein
Gefühl, das Muth einflößt und für den Regenten, der
seinen wahren Vortheil versteht, so gut als ein Tribut ist *).

Ich

treffen, weil die Publizität sie genau nach Kenntniß der
Sachen und nach ihrem Gewissen zu sprechen zwingt.
Sie werden sich in Rücksicht auf Partheilichkeit nichts
zu schulden kommen lassen, weil dabei ihre Ehre und
ihr guter Name auf dem Spiele steht. Es wäre daher
sehr zu wünschen, daß jeder von seines Gleichen, wo
die Leidenschaften schweigen und wahrscheinlich weniger
Partheilichkeit statt finden kann, weil der Angeklagte
seine Richter selbst wählt, aber doch eine zu große Anzahl aussuchen muß, als daß man auf den Verdacht gerathen könne, daß sie ihn gegen das Recht begünstigen
sollten, gerichtet würde. Vor dem Recht kann diese
Richtart allein bestehn, weil die Möglichkeit der Unpartheilichkeit schon in die Form des Gerichts muß eingeführt und der Gerichtshof so organisirt seyn, daß Recht
und Wahrheit triumphiren.

Der Uebers.

*) Da jeder Urtheilsspruch muß allgemeinen Beifall er-
halten können, weil er keine privat- sondern eine öffentliche Sache betrifft, und weil er keine Meinung des
Richters sondern ein Ausspruch des Gesetzes seyn muß,
so ist die Publizität der Urtheile mit Anführung der
Gründe und des Gesetzes eine unumgängliche Pflicht des
Staats. Wie wäre es auch sonst möglich zu erfahren,
ob recht gerichtet und ob der Zweck des Staats erreicht
sey,

Ich will mich nicht auf andere genauere Zerglie-
derungen einlaffen und nicht alle Vorſichtsmaaßregeln angeben, die ähnliche Einrichtungen erfobern; für die,
welche wähnen, man müſſe alles ſagen, würde ich
nichts geſagt haben.

§. 8.

Von den Zeugen.

Es iſt eine wichtige Sache in jeder guten Geſetzgebung, die Gründe beſtimmt anzugeben, wovon die
Glaubwürdigkeit der Zeugen und die Stärke der Be-
weiſe, daß jemand ſchuldig ſey, abhängen. Jeder
vernünftige Menſch, d. h. jeder, deſſen Gedanken einen
gewiſſen Zuſammenhang unter einander haben und deſſen Empfindungen und Vorſtellungen mit dem Empfindungen und Vorſtellungen anderer Menſchen überein-
ſtimmen, kann Zeuge ſeyn. Der wahre Maaßſtab
aber der Glaubwürdigkeit, die er verdient, iſt allein
der Vortheil, den er hat, wenn er die Wahrheit ſagt,
oder wenn er ſie verſchweigt *).

Aus

ſey, wenn nicht jedermann in Stand geſetzt würde, die
Wahrheit und Gerechtigkeit des richterlichen Urtheils zu
unterſuchen? Wie will man das Zutrauen erhalten, das
öffentliche Beamte und Diener der Gerechtigkeit nöthig
haben? Und wie will man den Bürgern den Gedanken,
daß der Gerichtshof keine Opferbank ſey, benehmen und
wie kann man Gehorſam gegen die Geſetze erwarten;
da niemand weiß, wenn er ein Geſetz übertreten hat,
weil ihm der Ausſpruch des Richters über Andere unbekannt bleibt ?   Der Ueberſ.

*) Wer kann und darf Zeuge ſeyn? Das Erſte was
man von einem Zeugen verlangt, iſt, daß er nicht allein
Wahr-

Aus diesem Grundsatze sieht man, wie nichtig der Grund, den man in Rücksicht eines Zeugnisses von der Schwäche

Wahrheit sagen will, sondern auch sagen kann. Sein Wille muß Achtung gegen das Gut und gegen das Recht haben und er muß seine Pflichten als Mensch und Bürger thun. Der Zeuge muß daher nicht in dem Rufe eines lügenhaften Mannes stehen und sein bürgerliches Leben muß unbefleckt und ohne Brandmark seyn, wenn man annehmen soll, daß er wahrhaftig seyn will. Er muß aber auch die Wahrheit sagen können. Seine Sinne müssen gesund und sein Verstand geübt seyn. Er muß Beweise gegeben haben, daß er über Erfahrungen zu urtheilen und einen vernunftmäßigen Ausspruch über Thatsachen zu thun im Stande sey. — Es kann nun jemand eine Sache gesehen oder gehört haben, er kann also Augen- oder Ohrenzeuge seyn. Das Zeugniß, das aus Hörensagem geschöpft ist, kann vor Gericht keine Gültigkeit haben, weil die Sache und die Umstände, die dabei statt gehabt haben, durch jedes Erzählung und Ausbreitung eine andere Gestalt erhalten. Man muß daher entweder die erste Quelle einer Sage ausfindig machen, also auf den Augenzeugen zurückgehen oder den Ungrund des ganzen Gerüchts erfahren, oder das ganze Zeugniß ist ohne gerichtlichen Werth, weil man mit Recht annehmen muß, daß die Menschen zum Bösen geneigt und einen starken Hang Andere zu verläumden und ihre Ehre zu kränken haben. Jeder Mensch findet ein geheimes Vergnügen, wenn er dem stets leichtgläubigen Publikum etwas zum Nachtheile des Andern aufbürden kann. Vorzüglich ist dieser Hang unter dem großen Haufen sehr geschäftig, der immer leichter Böses als Gutes von dem Andern glaubt und den Menschen alle Schandthaten und Nichtswürdigkeit zutraut. Augenzeugen müssen das Verbrechen mit allen Umständen, welche dabei vorgefallen sind, mit Zeit und Ort, wenn und wo es begangen worden ist, entdecken können, wenn ihr Zeugniß gelten soll; denn sie geben sich vor Augenzeugen aus, also müssen sie auch, umständliche Nachricht von einer That geben können. Da es aber leichter möglich

Schwäche der Frauen hernimmt; und wie kindisch die
Anwendung von den Wirkungen des leiblichen Todes
auf

möglich ist, daß Ein Augenzeuge irren kann als zwei,
weil zwei Menschen nie in gleicher Lage, Gemüthsstim-
mung, mit gleichen Geisteskräften und mit gleich geübten
Sinnen eine Sache sehen und beobachten, so ist es
Schuldigkeit des Richters, nicht leichtsinnig sein Urtheil
nach der Aussage eines Zeugen zu bilden und den Ausspruch über die Angeschuldigten zu thun.

Wer darf nun als gerichtlicher Zeuge nicht ange-
nommen werden? Blutsfreunde, Verwandte, vertraute
Freunde, oder die, welche mit dem Angeklagten im
Verhältnisse der Dankbarkeit und Wohlthätigkeit stehen;
Feinde, oder die, welche einen geheimen Groll gegen
den Beleidiger hegen oder die, welche seinen vorigen
Zustand offenbar beneideten; alle diese dürfen nicht zum
Zeugnisse zugelassen werden: denn die Freunde werden
die Wahrheit nicht sagen wollen, wenn sie gegen den
Beschuldigten zeugen sollen und die Feinde werden sie
nicht zu sagen geneigt seyn, wenn sie zu ihres Gegners
Vortheile ausfällt. Und wenn das Zeugniß der Erstern
zum Vortheile des Angeklagten ist, so muß man doch
immer Bedenken tragen, ihre Aussage für wahr zu halten, weil sie ein Interesse an der Unwahrheit haben.
Blödsinnige, Verstandesberaubte, Kinder und junge
Leute, die noch nicht die durch die Staatsgesetze bestimmten Jahre der Mündigkeit erreicht haben, können
nicht als Zeugen auftreten, weil alle diese Personen
nicht als ihres Verstandes mächtig vor dem Gesetze angesehen werden und also ihre Aussagen und ihre Urtheile
keinen gesetzlichen Werth haben können. Dürfen die,
welche sich entweder durch ihren Lebenswandel schänden
oder durch eine öffentliche Strafe gebrandmarkt worden
sind, als Zeugen zugelassen werden? Da sie ihre moralische und bürgerliche Ehre verloren haben, und da sie
kein Zutrauen verdienen, weil sie Thaten gethan haben,
die entweder die Moral oder das bürgerliche Gesetz verdammt, so darf kein in der öffentlichen Meinung Ge-
brandt

auf die Verurtheilten, die man für bürgerlich tod erklärt
und wie ungereimt es sey, ein Zeugniß derjenigen zu
verwerfen, die für ehrlos erklärt worden sind, wenn sie
auch keinen Vortheil zu lügen haben *).

Unter andern Mißbräuchen der Sprachlehre, welche nicht wenig Einfluß auf die menschlichen Angelegenheiten haben, ist vorzüglich derjenige merkwürdig, der
die Aussage eines schon verurtheilten Verbrechers für
nichtig und ungültig erklärt. Er ist bürgerlich tod, sagen

brandmarkter ein Zeugniß ablegen, weil ihm niemand
glaubt und weil es leicht möglich ist, daß ihn die öffentliche Schande, welche ihn stets verfolgt und welche kein
nachheriger guter Lebenswandel wieder austilgen kann,
gleichgültig gegen die Menschen — seine Feinde —
und gegen Wahrheit und Recht macht.

Der Ueberf.

*) Der Verf. sagt im §. 18. Ehrlose Strafen rauben
einem Bürger die Achtung und das Zutrauen, das die
Gesellschaft zu ihm hatte. Der Verdammte ist wenigstens in eben demselben Falle mit dem mit Ehrlosigkeit
Gebrandmarkten. Beide haben das öffentliche Zutrauen
verloren, ihr Zeugniß darf also nur als Anzeige und
nicht als Beweiß gelten. Zeugen gebürt nur
Glauben, wenn sie keinen Vortheil an
der Lüge haben. Wer aber kann sich jemals überzeugen, daß Bösewichter und Ehrlose keine Feindschaft,
keinen persönlichen Haß nnd keinen verborgenen Beweggrund haben sollten, die Richter zu täuschen? Wenn
man ähnlichen Zeugen glauben soll, wer wird sich
noch auf seine Unschuld zu verlassen wagen? Sie haben
das öffentliche Zutrauen verloren und das Gesetz sollte
ihnen noch Glauben beimessen? Das Leben und die Ehre
der Bürger sollte von ihrem Zeugnisse abhängen?

Diderot.

gen ernsthaft die sophistischen Gesetzgelehrten und ein
Todter ist keiner Handlung mehr fähig. Der Behauptung dieser leeren Metapher hat man viele Schlachtopfer gebracht und sehr oft hat man sich ernsthaft darüber gestritten, ob die Wahrheit gerichtlichen Formeln
nachstehen müsse.

Wenn die Aussagen eines schon verurtheilten Verbrechers nur so beschaffen sind, daß sie den Lauf der Gerechtigkeit nicht aufhalten, warum sollte man nicht auch
nach der Verurtheilung, sowohl dem äußersten Elende
des Schuldigen als dem Interesse der Wahrheit einen
angemessenen Zeitraum gestatten, der hinreicht, neue
Beweise, welche die Beschaffenheit der That verändern, herbei zu schaffen, damit er sich oder Andere bei
einer neuen Untersuchung rechtfertigen könne?

Formalitäten und Ceremonien sind bei der Verwaltung der Gerechtigkeit nothwendig, um sowohl der
Willkühr der Richter keinen Spielraum einzuräumen,
als auch dem Volke den Gedanken einzuprägen, daß
vor Gerichte nicht tumultuarisch und aus Eigennutz,
sondern nach festbestimmten Regeln und Formen verfahren werde; wie auch nicht weniger, weil das, was
in die Sinne fällt, auf das Volk, das sclavisch an Gewohnheiten und äußern Formen hängt, einen weit leb-
haftern Eindruck macht als Vernunftschlüsse; aber diese
Formen können nie ohne eine große Gefahr für die
Wahrheit von den Gesetzen bestimmt werden. — Die
Wahrheit aber, die entweder zu einfach oder allzu sehr
zusammengesetzt ist, hat einigen äußern Prunk nöthig,
um

————

an einem unwissenden Haufen Ehrfurcht gegen sich einzuflößen *).

Die Glaubwürdigkeit eines Zeugen muß sich also nach dem Verhältnisse des Hasses, oder der Freundschaft oder anderer genauer Verbindungen, worin er mit dem Angeschuldigten steht, verringern. Es ist mehr als ein Zeuge nöthig, weil, so lange der Eine das leugnet, was der Andere bejahet, es keine Gewißheit giebt, weil das Recht, das jeder hat, für unschuldig gehalten zu werden, gilt.

Die Glaubwürdigkeit eines Zeugen wird um so viel merklich geringer, jemehr die Unmenschlichkeit eines Verbrechens **) oder die Unwahrscheinlichkeit der Umstände

*) Es sind nicht gerade Ceremonien bei der Untersuchung einer Sache und bei dem Ausspruche eines richterlichen Urtheils nöthig, sondern es müssen nur gewisse Formen eingeführt seyn, die den Richter bei seinem Verfahren leiten und binden, ihm Mittel und Zeit zur Ausmittelung der Wahrheit und des Rechts an die Hand geben und dem Publikum die Ueberzeugung gewähren, daß in allen Stücken nach Recht und Gerechtigkeit verfahren worden sey. Diese eingeführten Formen müssen aber weder lästig noch zwecklos, sondern unumgänglich nothwendig zur Herrschaft des Rechts seyn, denn sonst würde ihre Beobachtung unnütze Zeit und Mühe kosten, die Prozesse verlängern, die Strafe von der That zu weit trennen und das Recht der Gefahr der Verkennung aussetzen.

Der Uebers.

**) Bei den Criminalrechtslehrern wird die Glaubwürdigkeit eines Zeugen desto größer, je unmenschlicher das Verbrechen ist. Folgenden eisernen Grundsatz hat der grausamste Blödsinn ersonnen: in atrocissimis, levio-

res

ſtände zunimmt. Dergleichen ſind z. B. Zauberei und grauſame Handlungen ohne Urſache. Es iſt bei der erſten Anklage wahrſcheinlicher, daß eine große Anzahl von Menſchen lüge, weil es leichter iſt, daß ſich bei Vielen eine von Unwiſſenheit herrührende Verblendung oder ein Verfolgungshaß vereinige, als daß ein Menſch eine

res coniecturae ſufficiunt et licet iudici iura transgredi. Wir wollen ihn in die gemeine Sprache überſetzen, damit die Europäer nur einen von den ſehr vielen und gleich unvernünftigen Ausſprüchen derſelben kennen lernen, welchen ſie, ohne es zu wiſſen, unterworfen ſind. Bei den unmenſchlichſten Verbrechen, d. h. bei ſolchen, die die wenigſte Wahrſcheinlichkeit haben, ſind die geringſten Muhmaßungen hinreichend und dem Richter iſt es erlaubt, die Grenzen des Rechts zu überſchreiten.

Die unſinnigen praktiſchen Sätze in den Geſetzgebung rühren oft von der Furcht, der Hauptquelle menſchlicher Widerſprüche her. Die Geſetzgeber (dergleichen ſind die Geſetzgelehrten, deren Anſehen nach ihrem Tode entſcheidend wird und die aus feilen und eigennützigen Schriftſtellern, uneinnſchränkte Schiedsrichter über das Schickſal der Menſchen werden) erſchraken über die Verdammung eines Unſchuldigen, und überhäuften daher die Geſetzgebung mit überflüßigen Formalitäten und Ausnahmen deren genaue Beobachtung die Anarchie ungeſtraft auf den Thron der Gerechtigkeit erheben würde. Ein andermal, als ſie einige unmenſchliche und ſchwer zu erweiſende Verbrechen in Schrecken ſetzten, hielten ſie es für nothwendig, die von ihnen ſelbſt eingeführten Formen bei Seite zu ſetzen und verwandelten ſo, entweder aus einem ungeduldigen Despotismus oder aus kindiſcher Furcht, die ehrwürdigen Gerichte in eine Art von Spiel, worin Zufall und Ränke die vornehmſte Rolle ſpielten.   Beccaria.

eine Macht ausübe, die Gott entweder keinem endlichen
Wesen gegeben, oder die er jedem entzogen hat. So
verhält es sich auch mit der zweiten Anklage, weil der
Mensch nur in dem Maaße grausam ist, als er Vortheil davon hat oder ihn Haß oder Furcht dazu antreibt.
In dem Menschen giebt es keine überflüßige Empfindung; alle die, welche ihn in Bewegung setzen, sind
immer den Wirkungen der Eindrücke angemessen, welche
äußere Gegenstände auf seine Sinne machen. So kann
auf gleiche Weise die Glaubwürdigkeit eines Zeugen
manchmal vermindert werden, wenn er Mitglied einer
geheimen Gesellschaft ist, deren Gebräuche und Maximen entweder nicht recht bekannt oder von den öffentlichen Gebräuchen und Maximen verschieden sind. Ein
solcher Mensch ist nicht allein ein Spiel seiner eignen,
sondern auch fremder Leidenschaften *).

Endlich

*) Wer ein Mitglied einer geheimen Gesellschaft ist, muß
   zum Zeugen zugelassen werden und sein Zeugniß muß
   eben so viel gelten, als das Zeugniß jedes andern Menschen, wenn es nur Glaubwürdigkeit an sich verdient,
   weil man durch eine solche Ausschließung oder Verwei-
   gerung des Zutrauens ihm unrecht thun würde, indem
   keine solche Gemeinschaft in der öffentlichen Meinung
   brandmarkt und vor dem Gesetze verdammt. Weichen
   auch die Gesinnungen, Denkungsart und Gefühle der
   Mitglieder von dem Unsrigen ab, so ist dies doch kein
   Rechtsgrund, ihrem Zeugnisse den Glauben zu versagen
   oder es gänzlich zu verwerfen. Stimmen denn die
   übrigen Menschen in ihren Gesinnungen und Meinungen mit einander überein? Gilt nicht durchgängig das
   Sprichwort: so viel Köpfe, so viel Sinne; so viel Personen, so viel Gemüths- und Empfindungsarten?

                                          Der Uebers.

Endlich verdient ein Zeuge faſt gar keinen Glauben, wenn man Worte zu Verbrechen macht *), weil der Ton, die Geberde, und alles das, was vorhergeht und was auf die verſchiedne Begriffe folgt, welche die Menſchen mit den Worten verbinden, die Reden eines Menſchen ſo veråndern und einſchránken, daß es faſt unmöglich iſt, ſie gerade ſo zu wiederholen, wie ſie ſind ausgeſprochen worden. Ueberdies laſſen gewaltthåtige und ungewöhnliche Handlungen, dergleichen wirkliche Verbrechen ſind, an der Menge der Umſtånde und an den Folgen, welche daraus entſtehen, Spuren von ſich zurück.

*) Reden und Worte ſind ſo lange keine Verbrechen, als ſie nicht jemand unverdienter Weiße e i n e r b e ſ t i m m ten widerrechtlichen That beſchuldigen. Allein mit welchen Schwierigkeiten hat man zu kåmpfen, ein ſolch Verbrechen zu beweiſen, da die Worte, woburch es begangen worden ſeyn ſoll, oft in verſchiedenerlei Sinne gebraucht werden und da ſie in einer Verbindung geſagt worden ſeyn können, woburch ſie ganz unſchuldig werden! Und wie ſchwer iſt es für den Andern, ſie im Gedåchtniſſe zu behalten und treu wieder zu erzåhlen! Iſt er nicht ſtets in Gefahr, ſeine vorgefaßten Meinungen und ſeine Vourtheile in die Worte des Andern hinein zu tragen? Der Menſch muß alles ſagen können, was er verantworten kann und wovon er überzeugt iſt, weil die Mittheilung der Gedanken ein vortreflicher Mittel, den Verſtand auszubilden, iſt, indem man durch Einwürfe und Beſtreiten der Meinungen des Andern, die Aufmerkſamkeit anſpannt und den Geiſt zum Nachdenken zwingt. Und kein rechtliches Mittel zur Ausbildung des menſchlichen Geiſtes darf verboten werden, weil Kultur eine vollkommene Gewiſſenspflicht iſt, die kein Menſch, der ſeines Deſeyns werth ſeyn will, vernachlåſſigen oder gar aufgeben darf.

Der Ueberſ.

zurück. Je größer daher die Anzahl der Umstände ist,
die man zum Beweise anführt, desto mehr Mittel erhält
der Angeschuldigte sich zu rechtfertigen. Worte aber
werden in den meist ungetreuem und oft getäuschtem
Gedächtnisse aufbehalten. Es ist daher unendlich leichter, eine Beschuldigung auf die Worte eines Menschen
als auf seine Handlungen zu gründen.

§. 9.

Von geheimen Anklagen.

Offenbare, aber geheiligte und bei vielen Nationen wegen ihrer schlechten Verfassung nothwendig ge-
wordene Uebel sind die geheimen Anklagen. Eine solche
Sitte macht die Menschen zu Lügnern und heimtücki-
schen Schurken. Wer an dem Andern einen Angeber
zu vermuthen Ursache hat, erblickt in ihm einen Feind;
die Menschen gewöhnen sich dann daran, ihre eigentlichen Gesinnungen zu verbergen; anfänglich verheimlichen sie dieselben Andern, bald aber geht dies in die
Gewohnheit über, sie sich selbst zu verbergen.

Unglücklich sind die Menschen, wenn es mit ihnen
so weit gekommen ist! Ohne deutliche und unwandel-
bare Grundsätze, die sie leiten könnten, verirrten sie sich
und wurden auf dem ungeheuern Ozeane der Meinungen
herumgeworfen. Immer beschäftigt, sich vor den Ungeheuern zu retten, die sie bedrohen, verbittert ihnen
die ungewisse Zukunft, den gegenwärtigen Augenblick;
und der dauerhaften Vergnügungen, welche die Ruhe
und die Sicherheit gewähren, beraubt, trösten sie kaum
einige hier und da auf den Pfad ihres elenden Lebens
gestreute

gestreute und in Eile und Unruhe verschlungene Freuden
dafür, daß sie gelebt haben. Und aus solchen Menschen sollen wir unerschrockne Krieger, die das Vaterland und den Thron vertheidigen, bilden? Unter diesen
sollen wir unbestechliche Obrigkeiten finden, die mit
Freimüthigkeit und Vaterlandsliebe die wahren Vortheile
des Souverains zu behaupten und aus einander zu setzen
wissen, die dem Throne nebst den Abgaben noch die
Liebe und die Segenswünsche aller Stände des Volks
gewinnen, und von dorther den Pallasten und den Hüt-
ten Frieden und Sicherheit, und dem Fleiße die Hoffnung sein Schicksal zu verbessen — den mächtigen He-
bel und die Lebenskraft der Staaten — bringen?

Wer vermag sich gegen Verläumbungen zu
schützen, wenn sie mit dem undurchbringlichen Schilde —
dem Geheimnisse — bewafnet sind? Was ist dies für
eine schändliche Regierungsform, wo der Regent in jedem seiner Unterthanen einen Feind vermuthet und sich,
um die öffentliche Ruhe zu erhalten, gezwungen glaubt,
die Ruhe jedes einzelnen Bürgers zu stören?

Mit welchen Gründen will man nun die geheimen
Anklagen *) und Strafen rechtfertigen? Das allgemeine
Beste,

---

*) Jede Anklage muß rechtlich seyn, was gehört nun dar-
zu? Sie muß 1) öffentlich vorgebracht und auch so vertheidigt werden, wie alle Rechtssachen. Der Ankläger
muß also dem Angeklagten vorgestellt werden, damit dieser seinen Gegner kennen lerne und damit er sich über
seine Wahrhaftigkeit und über sein Verhältniß mit ihm
erklären könne; und 2) niemand darf festgesetzt werden,
wenn, kein Ankläger da ist. Macht die Obrigkeit den
Ankläger, so ist sie Parthei und ihr ganzes Verfahren
wider-

H

Beſte, die Sicherheit und die Aufrechthaltung der Regierungsform? Was iſt aber dies für eine ſonderbare
Ver-

widerrechtlich, weil zu jeder verſchiedenen Rechtshand-
lung wegen des Verdachtes der Partheilichkeit verſchiedene Perſonen nothwendig ſind, indem der Eigennuz
der Menſchen mächtiger iſt als die Liebe zum Rechte
und ſie jenen auf Koſten dieſes zu befriedigen leicht geneigt
ſind. Wer will ſein Recht Menſchen anvertrauen, die
alle Gerechtigkeit mit Füßen treten und die das Leben
und die Freiheit Anderer verkaufen, wenn ſich nur ein
Käufer dazu findet, der ihnen einen Preis giebt, von
welchem ſie glauben, er halte ſie für die Schande und
die etwannigen Gewiſſensbiſſen, welche ſie oft durch
Sophiſtereien zu erſticken ſuchen, ſchadlos? Die Obrigkeit kann und darf niemandes Ankläger ſeyn, weil ſie
dann nicht mehr als Richter auftreten darf; es iſt alſo
eine Rechtspflicht, daß der Ankläger eine von der Obrigkeit verſchiedene Perſon ſeyn muß.

Wodurch will man nun die geheimen Anklagen vertheidigen? Anklagen ohne Ankläger? Geheimniß und
Recht? Jede rechtliche Handlung muß öffentlich ſeyn
können, wenn ſie nicht ihren Charakter verlieren und
zum größten Unrechte werden ſoll. Und welchen Einfluß haben ſolche Anklagen auf den Charakter und auf
die Geſinnungen der Menſchen? Alles was den Menſchen adelt, wird mit Füßen getreten, wenn man dieſe
ſchreckliche Sitte einführt. Selbſt der Keim zur Tugend
wird ausgerottet, wenn es unſichtbare und heimliche,
hinterliſtige und gewaltige Feinde giebt. Furcht iſt
dann das einzige Prinzip, das die Menſchen beherrſcht.
Heuchelei, Groll, Zwietracht, Unmuth über die menſchlichen Schickſale und Verzweiflung ſind die Folgen ge-
heimer Anklagen, wovon unſer Zeitalter ſchreckliche und
empörende Beiſpiele aufzuweiſen hat. Der Menſch
wird an Körper und Geiſt verdorben, ſo bald dies Ungeheuer wüthet, weil niemand ſeines Lebens ſicher iſt.
Jeder Staat, der zu dieſem Mittel ſeine Zuflucht nimmt,
iſt ohne Rettung verloren, weil an die Stelle des Zutrauens

Verfassung, wo derjenige, der die Gewalt und die Meinung für sich hat, die noch weit mächtiger ist, sich vor jedem Bürger fürchtet? — Sicherstellung des An-klägers? Die Gesetze können ihn also nicht hinlänglich schützen? Es giebt also Unterthanen, die mächtiger als der Regent sind? — Die Nothwendigkeit, den An-kläger gegen Ehrlosigkeit zu retten? So erklärt man also die geheimen Anklagen für gültig und die öffentlichen be-straft man! — Die Beschaffenheit des Verbrechens? Wenn gleichgültige, ja so gar dem allgemeinen Besten zuträgliche Handlungen Verbrechen genannt werden, so können die Anklagen und die richterlichen Aussprüche nie-mals heimlich genug seyn: Kann es aber Verbrechen d. h. Verletzungen der Rechte der Gesellschaft geben, woran nicht jedem einzelnen zugleich gelegen sey, daß sie vor Gericht gezogen und öffentlich bestraft werden?

Ich ehre jede Regierung und ich spreche von kei-ner insbesondere: die Umstände sind manchmal so be-schaffen, daß man den gänzlichen Umsturz des Staates besorgen muß, wenn man einen Mißbrauch vernichtet, der tief in die Staatsverfassung einer Nation einge-wurzelt ist. Sollte ich aber in einem abgesonderten Winkel der Erde Gesetz geben, so würden mir, ehe ich eine solche Gewohnheit einführte, die Hände zittern und der Fluch der Nachwelt würde meinem Geiste stets vorschweben.

H 2

Schon

trauens der Bürger zu dem Regenten Mißtrauen und Argwohn getreten ist und weil der Regent die öffentli-che Meinung, ohne welche kein öffentliches Institut bestehen kann, gegen sich hat.

Der Uebers.

Schon Montesquieu sagte, daß geheime Anklagen Republiken *), wo das allgemeine Beste, die
Haupt-

*) Keine Regierungsform verträgt sich weniger mit gehei-
men Anklagen, als die republikanische, weil das Volk
alle Aemter besetzt, und weil sie sich gänzlich auf die
öffentliche Meinung stützt, welche alle Gewalten regiert
und welche alle öffentlichen Verhandlungen leitet. Es
ist zwar ausgemacht, daß sich aristokratische Republiken — die ungerechteste und unzweckmäßigste Regierungsform, weil alle Gewalten nur in wenigen Familien erblich sind, also die Menschen als Sachen behandelt werden, welche man so vortheilhaft als möglich benutzen darf und wo also der allgemeine Volkswille gänzlich unterdrückt und bei keiner Angelegenheit zu Rathe
gezogen wird — lange Zeit erhalten haben, aber was
haben sie für Früchte getragen? Was haben sie für Einfluß auf den Volkscharakter gehabt? Und was hatten sie
überhaupt für ein Recht zu existiren? In demokratischen
Republiken, welche eine rechtliche organisirte Verfassung haben (wovon die Erde nur noch wenige Beispiele
gesehen hat) und wo alle Gewalten von einander getrennt sind und alle Wirkungen doch nur ein Resultat —
allgemeine Gerechtigkeit — geben, können heimliche Anklagen gar nicht statt finden, weil alles öffentlich ver-
handelt werden, und jeder Bürger seinen Ankläger kennen muß. Nicht Menschen herrschen in solchen Staaten, sondern das allgewaltige Gesetz, vor welchem jeder
sein Knie beugen muß. — Das allgemeine Beste kann
nie zur Leidenschaft werden, weil diese nur ein Ob-
jekt auf einmal begehren, jenes aber, aus vielen und
mancherleiartigen Gegenständen zusammengesetzt ist.
Das Sinnliche reizt die Menschen am meisten und entflammt ihre Leidenschaften, der vornehmste Bestandtheil
des allgemeinen Besten aber ist das Recht. In vernünftigen Staaten ist der Mensch nicht Maschine des Staats
sondern freier und unabhängiger Bürger, dem der Staat
nichts vorschreibt und der in allen Dingen sein eigener
Herr ist. Die Herrschaft einer durchgängigen Gerechtigkeit, welches der Zweck einer rechtlichen Staatsver-
faffung

Hauptleidenschaft seyn müsse, angemessener wären, als
Monarchien, wo diese Gesinnung vermöge der Natur
der Regierung nur sehr schwach und wo es die weiseste
Einrichtung sey, gewisse Bevollmächtigte zu bestellen,
die im Namen des Volks die Ubertreter der Gesetze anklagen. Jede Regierung aber, sie mag republikanisch
oder monarchisch seyn, muß den Verläumder mit der
Strafe züchtigen, welche den Angeschuldigten treffen
würde, wenn er schuldig wäre.

§. 11.
Von verfänglichen Fragen und von Aussagen.

Unsere Gesetze verbieten bei einem Prozesse die
verfänglichen Fragen, d. h. diejenigen Fragen, die,
wie die Rechtslehrer sagen, nach der Gattung (species)
fragen, anstatt daß sie unter den Umständen eines Verbrechens nach der Art (Genus) fragen sollten. Dergleichen Fragen d. h. solche, die mit dem Verbrechen in
einem unmittelbaren Zusammenhange stehen, legen dem
Angeklagten eine unmittelbare Antwort in den Mund.
Die Fragen müssen, wie die Lehrer des peinlichen Rechts
behaupten, nur schneckenartig die That einhüllen, niemals

fassung ist, verwirft daher jedes Mittel, das Menschen
bloß zu einem Wesen für den Staat machen wollte, wie
ist es also möglich, das allgemeine Beste zur Leidenschaft aller Staatsbürger zu machen, da der Mensch
weit höhere Interessen hat, welche seine Aufmerksamkeit
weit mehr auf sich ziehen und vor allen Andern seine
Thätigkeit erfodern? Der Staat ist ein widernatürli-
ches Geschöpf, der den Menschen bloß für eine Maschine ansieht.   Der Uebers.

mals aber gerade darauf gerichtet seyn. Die Gründe, warum man diese Regel eingeführt hat, sind, entweder man will dem Angeschuldigten keine Antwort eingeben, die ihm die Anklage vor Augen lege oder vielleicht, weil es wider die Natur ist, daß sich ein Verbrecher unmittelbar selbst für schuldig erkläre. Welches auch der Grund von diesen beiden seyn mag, so ist doch der Widerspruch der Gesetze auffallend, daß sie zugleich neben dieser Gewohnheit die Tortur zu gebrauchen berechtigen. Kann es aber eine verfänglichere Frage geben als den Schmerz? Die Tortur bewährt die Richtigkeit des erstern Grundes, denn der Schmerz wird denjenigen, der eine starke Körperkonstitution hat, zu einem hartnäckigen Stillschweigen verleiten, wodurch er eine größere Strafe mit einer geringern vertauscht; und sie wird den Schwachen zum Geständniß zwingen, das ihn von der gegenwärtigen Marter befreien wird, die ihm jetzt weit empfindlicher als jeder zukünftige Schmerz ist.

Der zweite Grund ist offenbar mit dem erstern von einerlei Beschaffenheit, denn wenn eine Specialfrage gegen das Recht und die Gesetze der Natur einem Angeklagten, sich selbst für schuldig zu erklären, verleitet, so werden dies die Folterquaalen noch weit leichter bewirken. Die Menschen aber lassen sich mehr durch die Verschiedenheit der Namen als der Sachen regieren *)!

Endlich

*) Werden wir uns wohl gegen Menschen, die wir achten, solcher Fragen bedienen, die uns in ihren Augen verächtlich machen und die sie entweder beschämen oder in Unglück stürzen? Und warum wollen wir nun vor Gericht
die

Endlich verdient derjenige, der bei der Untersuchung hartnäckig dabei bleibt, auf keine ihm vorgelegte Frage zu antworten, eine durch die Gesetze bestimmte Strafe und zwar eine von den härtesten, welche sie damit verhängen, damit die Verbrecher nicht entwischen, ohne dem Publikum ein Beispiel gegeben zu haben, das sie ihm schuldig sind *).

Diese

die Achtung verleugnen, die wir der menschlichen Natur schuldig sind und die wir nie vergessen dürfen, ohne uns als Nichtswürdige zu zeigen? Der Verbrecher, habe er auch Schandthaten auf Schandthaten, Frevel auf Frevel gehäuft, ist und bleibt Mensch und kein Sterblicher darf ihm die Achtung, welche allem, was menschliches Antliz trägt, gebürt, versagen, wenn er nicht selbst vor seinem Gewissen strafbar erscheinen und vor dem äußern Gerichte für einen bösen Bürger gehalten werden will. — Verfängliche Fragen sind Fußangeln, worein der Unvorsichtige stürzt und welchen der Listige entgeht. Vor Gericht ist Achtung gegen den Menschen und Ehrlichkeit die erste Pflicht, weil es auf sein Unglück abgesehen ist. Keine Frage darf daher geschehen, welche den Angeschuldigten entweder schon als einen überführten Verbrecher behandelt, oder in die Alternative setzt, sich entweder selbst als schuldig zu bekennen oder zu lügen. Jede Frage, welche der Richter thut, muß sowohl rechtlich seyn, d. h. den Beifall aller Denkenden verdienen, als Achtung gegen die Menschheit des Angeklagten verrathen.

Der Uebers.

*) Wenn es ausgemacht ist, daß jemand das angeschuldigte Verbrechen begangen habe, ob er es gleich hartnäckig leugnet und nie seine Schuld eingesteht, darf er demohngeachtet eine Strafe leiden? Da er des angeschuldigten Verbrechens noch nicht überführt ist, wozu das Selbstgeständniß der That gehört, so darf er nicht zu der im Gesetze auf das ihm angeschuldigte Verbrechen gesetzten

Diese Strafe hingegen ist nicht nöthig, wenn es außer Zweifel ist, daß der Angeklagte das ihm angeschuldigte Verbrechen begangen hat, weil das Verhör alsdann eben so unnüt seyn würde, als das Geständnisses ist, indem andere Beweise die Beschuldigung rechtfertigen. Dieser letztere Fall ist der gewöhnliche, weil die Erfahrung lehrt, daß in den meisten peinlichen Prozessen die Verbrecher sich auf das Leugnen legen.

§. 11.

gesetzten Strafe verurtheilt werden, weil er ohne Anerkennung seiner That vor Gericht immer als unschuldig angesehen werden muß. Wollte man die Maxime des Gegentheils einführen, so würde kein Mensch so rein seyn, der nicht der größten Verbrechen beschuldigt und wegen ihnen verdammt werden könnte. — Soll denn aber ein offenbarer Verbrecher gar nicht gestraft werden? Seine Freiheit kann er nicht wieder erhalten, weil die gegen ihn aufgetretenen Zeugen allen Glauben verdienen und weil alle Umstände die Wahrheit der Anklage bezeugen. Was darf also mit ihm angefangen werden? Jedes Eingeständniß muß freiwillig seyn, wenn nicht ein Verdacht der Falschheit desselben unter dem Publikum erregen werden soll, also darf keine Gewalt gegen ihn gebraucht werden. Wie kann man ihn aber zum Geständniß bringen? Da entweder Baßheit oder Unwissenheit schuld an seinem Leugnen sind, so muß er Männern übergeben werden, die ihn zur Einsicht seines widerrechtlichen und schändlichen Leugnens bringen und zur Reue über seine That bewegen. Zeit und Unterricht sind also die einzigen Mittel, zu welchen rechtlicherweise der Richter gegen einen hartnäckigen Leugner seine Zuflucht nehmen kann; denn wäre seine Schuld auch sonnenklar, so ist doch die Maxime, ohne selbst eigene Anerkennung seiner That verurtheilt zu werden, eben so widerrechtlich als gefährlich.

Der Uebers.

§. 11.

Von den Eiden.

Ein Widerspruch zwischen den Gesetzen und natürlichen Gefühlen des Menschen entspringt aus dem Gebrauche der Eide, die man von einem Angeschuldigten
fodert, damit er die Wahrheit sage, wenn er den größten Vortheil hat, ein Lügner zu seyn. Gleich als wenn
es der Mensch für seine Schuldigkeit halten könne, seinen eigenen Untergang zu befördern, und gleich als
wenn die Religion nicht in dem größten Theile der Menschen schwiege, wenn der Eigennuz seine Stimme gegen
sie erhebt! Die Erfahrung aller Zeiten hat gelehrt, daß
die Menschen mit nichts einen größern Mißbrauch ge-
trieben haben als mit diesem köstlichen Geschenke des
Himmels.

Aus welchem Grunde sollen nun Bösewichter Ehrfurcht gegen sie haben, wenn dieselbe oft Menschen,
die man für die Weisesten hielt, schänden? Allzuohn-
mächtig sind für den größten Theil der Menschen die
Bewegungsgründe, welche die Religion dem Getüm-
mel der Furcht und der Liebe zum Leben entgegensezt,
weil sie allzuweit außer dem Kreiße der Sinne liegen *).

Die

---

*) Die Religion hat deshalb noch so wenig Gewalt über
die Menschen, weil ihre Lehren sich nicht auf die menschliche Natur gründen und weil ihre Vorschriften keine
Aussprüche der Vernunft sind, sondern weil sie unbegreifliche Geheimnisse und unverständliche Lehren enthält. Die Triebfeder, wodurch sie auf den Menschen
wirkt, sind daher bloß Furcht und Hoffnung und wie
will man den Menschen dadurch Liebe zum Guten und
Wahren einflößen, da sie dieselben doch zu bloß eigennützigen

Die Angelegenheiten des Himmels werden nach ganz
andern Gesetzen gelenkt als die Angelegenheiten dieser
Erde. Warum will man die Einen durch die Andern
in Gefahr setzen? Und warum will man den Menschen
zu der schrecklichen Nothwendigkeit zwingen, entweder
sich an Gott zu versündigen, oder seinen eigenen Untergang zu befördern? Das Gesetz, das in einem solchen
Falle einen Eid gebietet, läßt dem Angeklagten nur die
Wahl zwischen einem schlechten Christen und zwischen
einem Märtyrer. Der Eid wird nach und nach eine
bloße Förmlichkeit, weil man auf diese Art die Stärke
der religiösen Gefühle, welche noch der einzige Beweggrund zu einem rechtlichen Leben unter dem großen Haufen der Menschen sind, vernichtet. Wie unnütz also
die Eide sind, das hat die Erfahrung gelehrt: denn es
kann mir jeder Richter bezeugen, daß niemals ein Eid
einen Schuldigen bewogen hat, aufrichtig und wahrhaftig zu seyn; und auch die Vernunft, welche alle
Gesetze, die den natürlichen Gefühlen des Menschen
entgegen.

nützigen Geschöpfen bildet, anstatt daß sie ihnen die
Pflichten und Gebote um ihrer selbstwillen liebenswür-
dig machen und die Menschen aus bloßer Achtung gegen
die Vernunft zum Handeln antreiben sollte. Alle Glaubensarten haben und können nichts als sinnliche Beweggründe enthalten, weil ihre Auffoderung zum Guten
anders woher als aus der Vernunft genommen sind und
weil also äußere Antriebe allein den Menschen in Bewegung setzen. — Gott kann, nach menschlichen Begriffen gedacht, nicht beleidigt werden, weil er als ein
unendliches und heiliges Wesen gänzlich von allen den
Bedingungen frei vorgestellt wird, wodurch jemand
gereizt und erzürnt werden kann.

, Der Uebers.

entgegen sind, für unnüß und schädlich erklärt, zeigt, daß es so kommen mußte. Es geht dergleichen Gesetzen gerade so, wie den Dämmen, die man dem Strome eines Flußes entgegenstemmt; sie werden entweder unmittelbar niedergerissen und überschwemmt oder ein aus ihnen selbst entstandener Wirbel untergräbt und hölt sie allmälig aus *).

§. 12.

*) Ein Eid ist die Aufrufung der Gottheit zum Zeugen, daß man wahrhaftig sey und entweder seine That bekennen oder sein Versprechen halten will. Ist nun ein solcher Eid moralisch? Ein Mensch, der schwört, scheint sich selbst keine Wahrhaftigkeit zu zutrauen, und er erklärt sich also für einen Nichtswürdigen, weil er durch seine Handlung zeigt, daß sein Gewissen entweder schläft oder gänzlich betäubt und verwirret ist. Wie kann er aber noch Glauben von Andern fodern, da er sich selbst nicht zu trauen scheint? — Alle Eide sollen ein Faktum oder eine Lehre bekräftigen; wer ist aber ihrer Wirklichkeit und ihrer Wahrheit so gewiß, daß er den Heiligen und Allwissenden, unter Auffoderungen zum Strafen, zum Zeugen anzurufen wagt? Und was haben die Menschen für Beweggründe, daß sie schwören? Furcht und Hoffnung sind die Triebfeder der Eide, denn man will entweder der Strafe, womit die Gottheit jede unmoralische Handlung bedroht, entgehen, oder man will sich in ihre Gunst einschmeicheln; beides ist sträflich, und jede Handlung die aus einer solchen Absicht gethan wird, ist von der Vernunft verboten. Man will wohl manchmal die Wahrheit sagen, aber nicht aus Pflicht, sondern aus einem eigennüßigen Beweggrunde. Da also die Triebfeder, warum man schwört, der Eigennnß ist, so sind alle Eide unmoralisch und daher verboten. Sie sind das Grab der Sittlichkeit und das Verderben der ganzen menschlichen Natur. Ueberhaupt sollte der Gedanke an Gott und die Beschäftigung mit ihm nur ein Arzneimittel seyn, das uns in Leiden kräftig stärkte und das uns auf den Flügeln der Anbetung zum Throne des Allerheiligen empor trüge.

Ein

§. 12.

Von der Tortur.

Eine durch den Gebrauch unter dem größten Theile der Nationen geheiligte Grausamkeit ist die Tortur, womit

Ein Gedanke an Gott und das Bewußtseyn unserer Pflichterfüllung, können Wunder an dem Geiste und Körper des Menschen thun.

Eide sind nicht allein unmoralisch sondern auch nachtheilig: es ist äußerst gefährlich für den Menschen, sich auf ein anderes Gericht als auf sein Gewissen zu berufen, weil man sich gewöhnt, daß Letztere nicht mehr als höchsten Schiedsrichter alles unsers Thun und Lassens anzuerkennen, wodurch man dem Aberglaube und der Gleichgültigkeit in moralischen und religiösen Dingen Thor und Thüre öffnet. Niemand soll daher schwören, weil es ihm seine Freiheit und Selbstständigkeit kostet.

Sind Eide rechtlich? Eide beziehen sich auf die Gottheit und nicht auf Menschen und können also ganz und gar nicht in das Rechtsgebiet gezogen werden, sondern sie sind dem Gerichtshofe des Gewissens allein unterworfen. Darf nun der Staat einen Eid von jemand fodern? Da das Schwören gänzlich außer dem Rechtsgebiete liegt, weil durch die Unterlassung desselben niemandes Recht beeinträchtigt wird, so darf der Staat niemand zum Eid zwingen. Es ist daher widerrechtlich wenn der Staat jemand, ehe er sein Zeugniß hören will, einen Eid abfodert. Der Staat handelt aber auch zugleich unmoralisch, weil er in die Regalien der Gottheit eingreift. Niemand darf vom Staate zu etwas genöthigt werden, was im Unterlassungsfalle niemandes Rechten Abbruch thut. Niemand hat daher die Verbindlichkeit einen Eid abzulegen.

Der Eid ist auch fruchtlos, weil die meisten Menschen die Gottheit als ein Wesen ansehen, daß sich durch Bitten und Opfer bewegen lasse, alle Sünden zu vergeben und das mit menschlicher Schwäche Mitleid habe.

Man

mit man den Angeſchuldigten während des laufes der Unterſuchung in der Abſicht peinigt, ihn entweder zum Geſtänd-

Man trägt daher kein Bedenken zu ſchwören, wenn ein Schwur nur Gewinn bringt oder vom Verluſte rettet. — Und warum ſoll ich mein Recht auf den Schwur eines Menſchen ankommen laſſen? Warum ſoll ich ſeinem Eide glauben, da ſeine Worte mich nicht überzeugen? Und weshalb iſt alſo der Eid vor Gerichte eingeführt, da ſelbſt der Richter Gefahr läuft, das gröſte Unrecht zu begehen, wenn er ſein Urtheil nach dem Eidſchwure eines gewiſſenloſen Menſchen, (welches zum Unglück nur allzu viele ſind, wenn es auf Vortheil oder Ehre ankommt) fällt? Die Eide ſind alſo auch unzweckmäßig, weil ſie den abſichtigten Zweck nicht erfüllen· Und wenn nun der Schwörende ganz und gar von dem Daſeyn der Gottheit (als einem Gegenſtande des moraliſchen Glaubens, aber nicht des Wiſſens, welcher jedermann in der Anſchauung dargeſtellt werden könnte) überzeugt iſt, warum verweiſt man ihn an ein Tribunal, das für ihn nicht exiſtirt? Und warum will man ihn in dieſem Falle entweder zum Heuchler machen oder der Verfolgungs- wuth des Pöbels Preiß geben? Zeitalter, wo man mit Eiden ſpielte, ſind gewöhnlich die ſittenloſeſten und ver- dorbenſten geweſen. Treu und Glauben geht durch den öftern Gebrauch der Eide verloren; keiner glaubt dem Andern und keiner hält ſein Wort, weil ihm ein bloßes Verſprechen ein Spielwerk worden iſt, das man nach Belieben zerbrechen kann. Wo ſchwört man mehr ge- richtliche Eide als in England und in Frankreich? Und wo giebt es mehrere falſche Zeugen als in dem Erſtern und mehrere treuloſe Beamte als in dem Letztern? Was fruchten alſo Eide? Wenn man das Heiligſte mit Füßen tritt, ſich ſelbſt belügt und die Gottheit dabei zum Zeu- gen aufruft, ſo iſt man aller Schandthaten fähig. Menſchen, welche Eide ſchwören, ſind Frevler, und Staaten, welche dergleichen zur Beſtätigung der Aus- ſagen fodern, handeln vermeſſen, weil ſie Eingriffe in das Gebiet des Alleinheiligen thun.

Der Ueberſ.

Man

Geständniſſe des Verbrechens zu zwingen, oder die
Widerſprüche, worein er gefallen iſt, aufzuklären oder
ſeine

Man kann keinen andern Grund angeben, ſagt Kant,
der rechtlich Menſchen verbinden könnte, zu g l a u b e n
und zu bekennen, daß es Götter gebe, als den, damit
ſie einen Eid ſchwören, und durch die Furcht von einer
allſehenden oberſten Macht, deren Rache ſie feierlich ge=
gen ſich aufrufen mußten, im Falle, daß ihre Ausſage
falſch wäre, genöthigt werden könnten, wahrhaft im
Ausſagen und treu im Verſprechen zu ſeyn: denn daß
man hierbei nicht auf die Moralität dieſer beiden Stücke,
ſondern bloß auf einen blinden Aberglauben derſelben
rechnete, iſt daraus zu erſehen, daß von einem Men=
ſchen, dem man nicht zutrauet, er werde in einer feier=
lichen Ausſage, auf deren Wahrheit die Entſcheidung
des Rechts der Menſchen (des Heiligen, was in der
Welt iſt) beruht, die Wahrheit ſagen, doch geglaubt
wird, er werde durch eine Formel dazu bewogen werden,
die über jene Ausſage nichts weiter enthält, als daß er
die göttlichen Strafen, (deren er ohnedem wegen einer
ſolchen Lüge nicht entgehen kann) über ſich aufruft,
gleich als ob es auf ihn ankomme, vor die=
ſem h ö ch ſt e n G e r i ch t R e ch e n ſch a f t z u g e b e n
o d e r n i ch t. — In der Schrift (Matth. 5, 34—37)
wird dieſe Art der Betheuerung als eine u n g e r e i m t e
Vermeſſenheit vorgeſtellt, Dinge gleichſam durch Zau=
berworte wirklich zu machen, die doch nicht in unſerer
Gewalt ſind. — Aber man ſieht wohl, daß der weiſe
Lehrer, der da ſagt: daß das, was über das
J a, J a! N e i n, N e i n! als Betheuerung der
W a h r h e i t geht, vom Uebel ſey, die b ö ſ e n F o l=
g e n v o r A u g e n g e h a b t h a b e, welche die
E i d e n a ch ſ i ch z i e h e n: daß nämlich die ihnen bei=
gelegte größere Wichtigkeit die gemeine
Lüge beinahe erlaubt macht. — In Bezie=
hung auf einen Gerichtshof, alſo im bürgerlichen Zu=
ſtande, wenn man annimmt, daß es kein an=
deres Mittel giebt, in gewiſſen Fällen hinter die
Wahrheit zu kommen als den Eid, muß von der Reli=
gion

feine Mitschuldigen an den Tag zu bringen, oder ich
weiß nicht, von welchem Hirngespinst einer unbegreifli-
chen Unehrlichkeit sich zu reinigen, oder endlich anderer
Verbrechen wegen, deren er sich schuldig gemacht haben
könnte, wegen welcher er aber nicht angeklagt ist.

Die grausame Ungerechtigkeit, welche hier herrscht
und das Unzulängliche der Gründe, womit man diesen
schändlichen Gebrauch rechtfertigen will, läßt sich aus
folgenden Betrachtungen erweisen.

Vor dem Ausspruche des Richters kann niemand
für schuldig angesehen werden und die Gesellschaft darf
niemand eher den öffentlichen Schutz entziehen, bis es
ausgemacht ist, daß er die Verträge verletzt habe, vermöge welchen man ihm Schutz und Sicherheit angedeihen ließ. Was ist also das für ein anderes Recht als
das Recht des Stärkern *), das den Richter berechtigt,
einen

sion vorausgesetzt werden, daß sie jeder habe, um sie
als Nothmittel, zum Behuf des rechtlichen Verfahrens
vor einem Gerichtshofe zu gebrauchen, welcher diesen Geisteszwang für ein behenderes und dem abergläubischen Hange der Menschen angemesseneres Mittel der
Aufdeckung des Verbrochenen zu gebrauchen, sich für
berechtigt hält. — Die gesetzgebende Gewalt
handelt aber im Grunde unrecht; diese Befugniß der richterlichen zu ertheilen, weil selbst
im bürgerlichen Zustande ein Zwang zu Eidesleis-
stungen der unverletzbaren menschlichen
Freiheit zu wider ist.

*) Recht und ein verschiedenes Maaß von Kräften sind
ganz disparate Begriffe und es ist eben so viel als Ungeheuer paaren zu wollen, wenn die Stärke das Recht
ausmachen soll.

Der Uebers.

einen Bürger zu strafen, während man noch zweifelhaft
ist, ob er schuldig oder unschuldig sey. Es ist ein be-
kanntes Dilemma: das Verbrechen ist entweder gewiß
oder ungewiß. Ist es gewiß, so darf den Angeklagten
keine andere als die durch das Gesetz bestimmte Strafe
treffen, und die Folter ist unnüß, weil das Geständniß
des Angeklagten ohne Nußen ist; ist es aber ungewiß,
so darf man einen Unschuldigen nicht martern, dergleichen jeder Mensch nach den Gesetzen, dessen Verbrechen
nicht bewiesen sind, ist.

Welches ist denn der politische Zweck der Strafen?
Abschreckung andrer Menschen *). Sie müssen also
öffent-

*) Man will durch Strafen Andere von Verbrechen ab-
  schrecken! Furcht und Abscheu sollen also unter den Menschen erregt werden, damit sie etwas Widerrechtliches
  unterlassen! Kann man dies nicht durch ein Mittel bewirken, das keine Menschen mißhandelt und martert
  oder gar mordet? Und wie lange bleiben denn die Eindrücke lebendig, welche äußere Gegenstände auf das
  Begehrungsvermögen machen? Sind nicht alle Empfindungen, weil sie in der Form der Zeit vorgestellt werden müssen, auf einer steten Flucht? Verschwinden sie
  nicht noch geschwinder als sie entstehen? Stärkere Eindrücke vertilgen schwächere, die Entfernung des Ort
  und die Zeit vertilgt alle. — Menschen dürfen aber
  nie als bloßes Mittel zur Erreichung eines auch noch
  so wichtigen Zweckes gebraucht werden, was hat also
  der Staat für ein Recht, gegen das Sittengesetz zu verstoßen und diesen höchsten Gerichtshof auf Erden zu
  verleugnen? Wie hängt dieser Zweck der Strafe mit
  dem Staatszwecke zusammen? Jede Strafe soll erst
  rechtlich seyn, ehe man auf ihren Nußen sieht, wie ist
  aber dies anders möglich, als daß der Uebertreter eines
  Gesetzes um seiner That willen, ohne Rücksicht auf etwas Anderes, mit einem Schmerze belegt werde? Wie
  will

öffentlich vollzogen werden. Aber was soll man von geheimen und im Dunkel der Gefängnisse ausgeübten Martern denken, womit man nach einer tyrannischen Gewohnheit den Schuldigen und Unschuldigen quält?

Es ist viel daran gelegen, daß kein bekanntgewordenes Verbrechen ungestraft bleibe, aber es ist unnüß, den Urheber eines Verbrechens zu entdecken, das in Finsterniß begraben liegt. Eine böse schon vollbrachte That, wofür es kein Mittel mehr giebt, kann von der bürgerlichen Gesellschaft nur insofern bestraft werden,

will man einen richtigen Maasstab des Uebels, das er mit Recht leiden soll, ausfindig machen, wenn Abschreckung Anderer der Zweck der Strafe seyn soll? Ein rohes und gefühlloses Zeitalter erfordert also grausamere und blutigere Strafen als ein gebildetes und empfindsames, wie will man aber diese Verschiedenheit der Strafen mit dem Rechte vereinigen, das ewig dasselbe ist und das nicht auf den äußern Erfolg, den die Strafen haben mögen, sondern auf das gerechte Maaß von verdienten Leiden steht? Und wenn nun die Strafen des Staats gänzlich fruchtlos sind, da man wenigstens nicht das Gegentheil beweisen kann, warum will man denn die Menschen einem Zwecke aufopfern, den man nicht erreicht und was hat man für ein Recht darzu? — Die Abschreckung kann also nicht Zweck der Strafe seyn, weil daraus folgen würde, daß je grausamer die Strafen sind, desto besser ihr Zweck erreicht werden wird und je weniger sie mit dem Rechte übereinstimmen, desto nützlicher sie sind. Es ist aber ausgemacht, daß nichts unwirksamer ist als Beweggründe der Furcht und des Schreckens und daß nichts kürzere Zeit dauert als dazu beabsichtigte Eindrücke, und daß nur Gründe, die von dem Rechte hergenommen sind und die Ueberzeugung bewirken, den gehofften Nutzen haben.

Der Uebers.

J

werden; als man Andere dadurch verhindert, ähnliche
Verbrechen, in der Hoffnung ungestraft zu bleiben, zu
begehen *). Wenn es wahr ist, daß die Anzahl der
Menschen, welche entweder aus Furcht oder aus Liebe
zur Tugend die Gesetze befolgen, größer ist, als die
Anzahl derjenigen, welche die Gesetze übertreten, so ist
die Gefahr, jemand unschuldig zu martern, desto größer,
je größer die Wahrscheinlichkeit ist, daß ein Mensch unter
übrigens gleichen Umständen sie viel mehr beobachtet
als übertreten habe.

Hierzu füge ich aber noch dieses, daß man alle
Verhältnisse mit einander vermengt, wenn man verlangt, ein Mensch solle zu gleicher Zeit Kläger und Beklagter seyn und der Schmerz solle der Schmelztiegel
der Wahrheit werden, gleich als wenn das Kennzeichen derselben in den Muskeln und Fiebern eines Unglücklichen seinen Sitz hätte. Das Gesetz, das die
Tortur befiehlt, ist ein Gesetz, das sagt: „Menschen,
„widerstehet dem Schmerz; und wenn euch auch die
„Natur

*) Wenn der Verf. gesagt hätte: ein Verbrechen
kann nur in der Absicht bestraft werden,
Andre zu verhindern, daß sie nicht ähnliche Verbrechen begehen oder daß derselbe
Mensch nicht neue Verbrechen begeht, so
würde er selbst seinen Fehlschluß eingesehen haben. So
lange der Urheber eines Verbrechens nicht entdeckt ist,
bleibt er ungestraft, er kann also von seiner Freiheit
wieder denselben Gebrauch machen, den er vorher davon gemacht hat. Es ist also sehr vortheilhaft, daß er
entdeckt und außer Stand gesetzt werde, nicht mehr zu
schaden.
                                          Diderot.

„Natur eine unauslöschliche Liebe zu euch selbst einge-
„pflanzt und wenn sie euch auch ein unveräußerliches
„Recht zu eurer Vertheidigung gegeben hätte; so er-
„rege ich doch in euch ein ganz entgegen gesetztes Ge-
„fühl *) d. h. einen heldenmüthigen Haß gegen euch
„selbst, und befehl euch, daß ihr euch selbst anklagen
„und sogar unter der Zerreißung eurer Muskeln und
„der Verrenkung eurer Knochen, die Wahrheit sa-
„gen sollt.‟

Dieses schändliche Mittel die Wahrheit heraus
zu pressen, ist ein noch fortdauerndes Denkmal jener
alten und barbarischen Gesetzgebung, die die Feuer-
und Wasserprobe und den ungewissen Ausgang des gerichtlichen Zweikampfs Gottesurtheile nannte;
gleich als wenn die Ringe in der ewigen Kette, welche
ihren Ursprung in der ersten Ursache hat, sich thörigter
menschlicher Einrichtungen halber alle Augenblicke verrücken und trennen sollten. Der einzige Unterschied,
den man zwischen der Tortur und der Feuer- und Wasserprobe angeben kann, besteht darin, daß der Ausgang der Ersten von dem Willen des Beklagten, der
Ausgang aber der letztern von einer rein physischen und
äußerlichen Thatsache abhängt. Allein dieser Unterschied ist nur scheinbar und nicht wirklich; der Gefolterte
hat unter den Verzuckungen und Quaalen eben so wenig
Freiheit die Wahrheit zu sagen, als er ein andermal

J 2 im

*) Man hätte, wie mir scheint, sagen sollen: ich for-
dere von euch ein ꝛc. das wäre deutlicher und richtiger gewesen.

Diderot.

im Stande war, ohne Betrug die Wirkungen des Feuers und des kochenden Wassers zu hemmen.

Jede Handlung unsers Willens ist immer der Stärke des fühlbaren Eindrucks, welcher die Ursache von jener ist, angemessen, und das Vermögen jedes Menschen zu empfinden und zu leiden, hat seine gewissen Grenzen. Es kann also der Eindruck des Schmerzes zu einem solchen Grade anwachsen, daß er dasselbe ganz und gar einnimmt und dem Gefolterten keine andere Freiheit übrig läßt als in dem gegenwärtigen Augenblicke den kürzesten Weg zu ergreifen, wodurch er sich von den Martern befreien kann. Und so ist alsdann die Antwort des Angeklagten so nothwendig, als die Eindrücke, welche Feuer oder kochendes Wasser erregen. Der Unschuldige, der zarte Nerven hat, wird sich dann für schuldig bekennen, um von seinen Martern erlößt zu werden. Jeder Unterschied zwischen denselben verschwindet also durch eben dasselbe Mittel, wodurch man den Schuldigen von dem Unschuldigen zu unterscheiden vorgab.

Die Tortur ist ein sicheres Mittel, starknervigte Böfewichter loszusprechen und schwächliche Unschuldige zu verdammen. Hieraus sieht man also die schrecklichen Folgen dieses vorgeblichen Kennzeichens der Wahrheit, eines Mittels, das eines Kannibalen würdig ist und das die Römer, in mehr als einer Rücksicht grausame Henkersknechte, nur für die Sklaven die Opfer einer wilden und allzu gepriesenen Tapferkeit, aufsparten. Von zwei Menschen, die entweder gleich unschuldig oder gleich schuldig sind, wird der Starke und Herzhafte losge-

losgesprochen, der Schwache und Furchtsame aber nach folgender schönen Schlußart verurtheilt werden: „Ich „Richter, sollte euch dieses oder jenes Verbrechens „schuldig finden; du, Starker, du hast dem Schmerze „zu widerstehen gewußt, ich spreche dich deshalb los; „du Schwacher aber bist dem Schmerze unterlegen, „daher verdamme ich dich. Ich weiß wohl, daß das „Geständniß, das dir die Martern entrissen haben, „kein Gewicht hat, allein ich werde dich von neuem „foltern lassen, wenn du nicht das bestätigst, was du „gestanden hast."

Der Ausgang der Folter ist also eine Sache des Temperaments und der Berechnung, die bei jedem Menschen nach den Verhältnissen seiner Stärke und seiner Empfindlichkeit verschieden ausfällt. Nach dieser Methode würde also ein Mathematiker weit besser diese Aufgabe lösen können, als ein Richter, welche man folgender Gestalt ausdrücken könnte: Es wird die Stärke der Muskeln und die Empfindlichkeit der Fibern eines Unschuldigen gegeben, man mache den Grad von Schmerz ausfindig, welcher darzu nöthig ist, ihm das Geständniß eines nicht begangenen Verbrechens abzubringen.

Die peinliche Frage soll zur Entdeckung der Wahrheit dienen. Wenn nun aber die Wahrheit, aus den Geberden, aus dem äußerlichen Ansehen und aus der Physiognomie eines ruhigen Menschen schwer zu entdecken ist, so wird man sie noch weniger aus einem Menschen herausbringen, bei welchem die Zuckungen des Schmer-

Schmerzes alle Gesichtszüge verändern, wodurch bei
den Menschen sich manchmal die Wahrheit wider
ihren Willen verräth. Jede gewaltsame Handlung
verwirrt und verwischt die kleinen Unterschiede der Gegenstände, wodurch man bisweilen das Wahre von dem
Falschen unterscheidet.

Eine sonderbare Folge, welche nothwendig mit
dem Gebrauche der Folter verbunden ist, kann man nicht
genug bemerken, nämlich: daß der Unschuldige in einen
elendern Zustand versetzt wird, als der Schuldige.
Wenn man beide auf die Folter legt, so vereinigt sich
alles zum Nachtheile des Erstern, denn gesteht er das
Verbrechen ein, ob er es gleich nicht begangen hat, so
wird er verurtheilt, und wird er für unschuldig erklärt,
so hat er eine unverdiente Strafe erlitten: Der Schuldige hingegen hat einen günstigern Fall für sich, d. h.
widersteht er mit Standhaftigkeit den Martern, so muß
er als unschuldig losgesprochen werden und hat also eine
geringere Strafe mit einer größern vertauscht. So
kann also nur der Unschuldige verlieren und der Schuldige gewinnen.

Diese Wahrheit fühlen endlich, obgleich nur dunkel, selbst diejenigen, die sich am weitesten von ihr entfernen. Das Bekenntniß, das während dem Foltern
gethan wird, ist ungültig, wenn es nicht nach Enti-
gung der Tortur mit einem Eide bekräftigt wird; ist
aber der Angeklagte seiner Aussage nicht geständig, so
wird er von neuem gefoltert. Einige Rechtsgelehrte
und einige Nationen erlauben diese schändliche Erschleichung eines Grundsatzes nur dreimal; andere Nationen

nen und andere Rechtsgelehrte überlaffen fie dem Gutbefinden des Richters.

Es wäre überflüßig, diefes durch Anführung zahl-
lofer Beifpiele von Unfchuldigen, die fich, durch die
Martern der Folter gezwungen, für fchuldig bekannt haben, in ein helleres licht zu fetzen. Es giebt keine Nation und kein Zeitalter, welche nicht Beifpiele davon
aufzuweifen hätten. Allein die Menfchen ändern fich
nicht und ziehen weder aus den Thatfachen, die fie kennen, noch aus den Grundfätzen, die fie annehmen, nützliche Folgen. Es giebt keinen Menfchen, der feine
Begriffe bis über die erften Bedürfniffe des Lebens erhoben hätte, der nicht bisweilen die Stimme der Natur
hören follte, welche ihm heimlicher Weife zuruft, zu
ihr zurück zu kehren; allein die eingeführte Gewohnheit — der Tyrann der menfchlichen Gemüther — ftöße
und fchreckt ihn zurück *).

Der

*) Kein Menfch, er mag fchuldig oder unfchuldig feyn,
darf gemartert werden, weil er eine Perfon und Subjekt des Sittengefetzes, alfo heilig ift und weil fein
Körper als Bedingung der Wirkfamkeit der moralifchen
Natur unverletzlich gehalten werden foll. Wenn man
auch die wichtigften Wahrheiten durch Martern entdecken könnte, fo darf man doch nicht zu diefem fchänd-
lichen Mittel feine Zuflucht nehmen. Es ift beffer, daß
ein Schuldiger vor menfchlichen Gerichten
nicht geftraft werde, als daß man fich der Gefahr, einen Unfchuldigen zu quälen, ausfetze. Es ift zwar
Pflicht der Obrigkeit, alle rechtmäßigen Mittel anzu-
wenden, einen Verbrecher zu entdecken und zur gebüh-
renden Strafe zu ziehen, aber nie darf fie ein Mittel
ergreifen, wodurch fie den Menfchen entweder als bloße
Sache behandelte, welches der Fall bei allen Martern

Der zweite Grund zum Gebrauche der Folter, womit man die vermeintlichen Schuldigen martert, ist, wenn sie bei ihrem Verhöre in Widersprüche fallen. Gleich als wenn die Furcht vor der Strafe, der ungewisse Ausgang des Prozesses, die Zubereitung zu demselben, die Majestät des Richters und die fast allen Bösewichtern und Unschuldigen gemeine Unwissenheit, nicht wahrscheinlicherweise eben sowohl den Unschuldigen, der erschrocken ist, als den Schuldigen, der sich zu retten sucht, verleiten sollte, in Widersprüche zu fallen: da nun diese nichts ungewöhnliches bei ruhigen Menschen sind, wie viel mehr müssen sie sich bei einem beunruhigten Gemüthe, das ganz in den Gedanken, sich aus der nahen Gefahr zu retten, versunken ist, häufen?

Drittens braucht man auch die Tortur, um zu entdecken, ob der Schuldige noch andere Verbrechen außer demjenigen, dessen er überführt worden ist, begangen habe. Das ist aber gerade so, als wenn man folgenden Schluß machte: „Da du eines Verbrechens schuldig bist, so ist es wohl möglich, daß du noch hundert Andere begangen

---

tern ist, oder wodurch sie gegen einen Angeschuldigten als gegen einen Schuldigen verführe. Der Gebrauch der Tortur ist eben so widerrechtlich als grausam, weil er den Unterschied zwischen Schuld und Unschuld aufhebt und weil er alle Achtung gegen die Menschheit mit Füßen tritt. Böse Thaten, die schon geschehen sind, sind nicht so gefährlich, als grausame und widernatürliche Martern, die die menschliche Natur empören und wider Willen zur Rache auffodern, weil man da das Unrecht mit Besonnenheit begehen sieht.

Der Uebers.

mäßiges Mittel ist, die Wahrheit zu entdecken, wie soll sie denn dazu dienen können, die Mitschuldigen an den Tag zu bringen? Und ist diese Entdeckung nicht eine Wahrheit, die man ausmitteln will? Wird der Mensch, der sich selbst anklagt, nicht weit leichter Andere anklagen *)? Ist es überdies gerecht, jemanden um der Verbrechen Anderer willen zu martern? Kann man die Mitschuldigen nicht durch die Zeugenaussagen, noch durch das Verhör des Verbrechers, noch durch die Beweise und durch den Thatbestand, kurz durch alle die Mittel entdecken, welche dazu dienen mußten, das Verbrechen des Angeklagten außer Zweifel zu setzen? Gewöhnlicherweise fliehen die Mitschuldigen gleich nach der Einziehung ihres Gefährden. Die Ungewißheit ihres Schicksals allein verdammt sie zur Verweisung und befreiet die Nation von der Gefahr, aufs neue von ihnen angegriffen zu werden, während die Strafe des Schuldigen, den sie in ihrer Gewalt hat, schon den beabsichtigten Zweck erreicht und dazu dient, Andere von einem ähnlichen Verbrechen abzuschrecken **).

Fünf-

*). Wenn er aber seines Lebens überdrüßig ist, wozu er entweder durch körperliche Krankheiten, oder durch Gewissensbiße oder durch religiöse Schwärmerei gebracht werden kann, so wird er die Anklage seiner selbst für das einzige Mittel halten, das Leben, das für ihn eine Bürde ist, los zu werden, und es wird ihn kein anderer Gedanke als dieser beschäftigen.

Der Uebers.

**) Dies ist ein sehr schwacher Grund! Sie fliehen aus einem Walde in den Andern, sie gehen aus einer Stadt in die Andere, aber verbannen sie sich selbst aus einem Staate? Und wenn sie sich auch selbst verbannen, darf

denn

Fünftens besteht ein anderer lächerlicher Beweggrund zum Foltern darin, daß man den Angeschuldigten dadurch von der Ehrlosigkeit reinigen will, d. h. ein
Mensch, den die Gesetze für ehrlos erklärt haben, soll
das Bekenntniß seiner Unschuld durch eine Ausrenkung
seiner Knochen bekräftigen. Einen solchen Mißbrauch
sollte man doch im 18ten Jahrhunderte nicht mehr dulten! Man glaubt, der Schmerz, der ein physisches
Gefühl ist, reinige den Menschen von der Ehrlosigkeit,
die ein bloß moralisches Verhältniß ausdrückt! Ist die
Folter etwan ein Schmelztiegel? Und die Ehrlosigkeit
ein unreines Erz, das man von dem Körper, mit welchem es vermischt ist, abscheiden will?

Die Ehrlosigkeit ist ein Urtheil, welches weder
durch die Gesetze noch durch die Vernunft, sondern durch
die öffentliche Meinung bestimmt wird. Die Marter
selbst macht denjenigen ehrlos, der ihr Schlachtopfer
wird *). Wie will man nun durch dieses Mittel die
Ehrlo-

denn die Gelindigkeit im Strafen und die Menschenliebe gegen einen Verbrecher über die Sorgfalt, die
Völker von Räubern und Meuchelmördern zu befreien,
die man ihnen aus einem übelverstandenen Mitleiden zuschickt, den Sieg davon tragen? Man bedenke, daß
wenige Minuten Folterschmerzen, einem Bösewicht zugefügt, 100 Unschuldigen das Leben retten, die seine
Mitschuldigen erwürgen können, dann wird man die
Folter für eine Handlung der Menschenliebe ansehen.

Diderot.

*) Da die Ehrlosigkeit in der öffentlichen Meinung be-
steht, und da man denjenigen, welchen man ins Gefängniß wirft, wenn er auch unschuldig daraus hervorgehen sollte, brandmarkt, weil der Verdacht eines Verbrechens

Ehrlosigkeit vernichten, da seine Anwendung selbst brandmarkt?

Es kostet keine Schwierigkeit, bis zum Ursprunge dieses lächerlichen Gesetzes zurück zu gehen, weil selbst die Ungereimmtheiten, die eine ganze Nation angenommen hat, immer mit andern unter der Nation herrschenden und sogar von ihr für ehrwürdig gehaltenen Jdeen in einiger Verbindung stehen. Diese Sitte scheint ihren Ursprung in geistlichen Lehren der Religion zu haben, die einen sehr großen Einfluß auf die Gedanken der Menschen und auf ihre Handlungen in allen Zeitaltern äußern. Eine für untrüglich gehaltene Lehre versichert

brechens, den man gegen ihn, obgleich ungerechterweise, erregt hat, nicht leicht wieder verlöscht, wie viel Ursache haben also Obrigkeiten, vorsichtig bei der Nachforschung nach Verbrechen zu verfahren und wie vieler Gefahr des Unrechts kann sie entweder Unbesonnenheit oder Voreiligkeit aussetzen? Die Obrigkeit kann niemand die Ehre wiedergeben, die sie ihm in der öffentlichen Meinung geraubt hat. Aber nicht allein das Gefängniß brandmarkt, sondern auch jedes gewaltthätige Mittel das die Obrigkeit gegen irgend einen Bürger anwendet. Es folgt daher schon daraus, daß, weil der Staat zum Schutze aller äußern Rechte bestimmt ist, worunter auch die bürgerliche Ehre gehört, die Folter, welche durch Schmerzen wohl ein Bekenntniß erpressen, aber keine unverdächtige Aussage erzwingen und die Wahrheit an das Licht bringen kann, als ein ehrloses Mittel nicht darf gebraucht werden. Vor dem Gesetze muß jedes Mittel, das entweder einen Unschuldigen (und dies ist jeder, so lange er noch nicht sein Verbrechen eingestanden hat und deshalb verurtheilt ist) beschimpft oder ihm körperliche Schmerzen zufügt, als verboten betrachtet werden.

Der Uebers.

sichert uns, daß die durch menschliche Schwäche zuge-
zogenen Flecken und die den ewigen Zorn des höchsten
Wesens verdient haben, in einem andern Leben durch
ein unbegreifliches Feuer gereinigt würden; nun ist die
Ehrlosigkeit ein bürgerlicher Schandfleck; und da der
Schmerz und das Feuer die geistigen und unkörperlichen
Flecken wegnehmen, warum sollten nicht Folterschmerzen den bürgerlichen Schandfleck — die Ehrlosigkeit —
vertilgen?

Das Geständniß des Schuldigen, das einige
Richterstühle als wesentlich zur Verurtheilung erfodern,
scheint einen ähnlichen Ursprung zu haben, weil vor dem
geheimnißvollen Richterstuhle der Buße das Sündenbe-
kenntniß auch ein wesentliches Stück des Sakraments
ist. So mißbrauchen also die Menschen das helle Licht
der Offenbarung! Und wie diese sich allein in Zeiten
der Unwissenheit behauptet, so nimmt der lehrbegierige
Haufen bei allen Gelegenheiten seine Zuflucht zu ihr und
macht die ungereimmtesten und entferntliegensten Anwendung von ihr *)!

Diese

---

*) Welche Mittel darf nun die Obrigkeit gebrauchen, die
Mitschuldigen zu entdecken? Kein Mensch soll den Andern zur bloßen Sache machen, welche man nach Willkühr brauchen kann, sondern er soll ihn als moralische
Person, und also als Subjekt des Sittengesetzes heilig
achten. Jede Mißhandlung des Menschen und jedes listige Fangen durch Fragen ist daher verboten. Und wie
will der Richter sein Verfahren mit seiner Menschen-
pflicht der Wahrhaftigkeit vereinigen, wenn er entweder
Versprechungen thut oder Vorspiegelungen macht, die
er nicht zu halten im willens ist und die er als Richter
nicht halten darf, weil er durch Pflicht an die genaueste
Vollziehung der auf ein Verbrechen gesetzten Strafe gebunden

Diese Wahrheiten waren den Gesetzgebern der
Römer nicht unbekannt, bei welchen die Folter in keinem Falle, außer bei Sclaven, statt fand, denen jede
bürgerliche Selbstständigkeit geraubt war. Dergleichen
Gesetze beherrschen auch die Engländer, eine Nation,
welche die Güte ihrer Gesetze *) durch ihren Ruhm in
den

bunden ist? Erklärt er sich durch dergleichen Handlungen nicht für ehrlos und seines hohen Amtes unwürdig?
Können die Mitschuldigen nicht durch ein freiwilliges
Geständniß des Schuldigen entdeckt werden, so muß
ihre Bekanntwerdung der Zeit überlassen werden und
gehen sie auch endlich ungestraft aus dieser Welt, sind
denn die übrigen Menschen so rein, daß sie wähnen, Verbrechen, die im Dunkel der Mitternacht verborgen sind,
nicht einmal ohne Strafe lassen zu müssen? Sind sie
denn Weltrichter? Einschärfung der Pflicht der Wahrhaftigkeit, Belehrung über das, was Zweck des Staates ist und was jeder Mensch thun soll, Aufregung von
Gewissensbissen und Zusammenstellung von Thatsachen,
welche bei den Verbrechen vorgefallen sind, um den Angeklagten zum Bekenntniß seiner Helfershelfer zu bringen, sind vor dem Rechte allein erlaubt.

Der Uebers.

*) Die engländschen peinlichen Gesetze tragen weder das Ge-
präge der Gerechtigkeit noch Zweckmäßigkeit an sich.
Kinder und eingefleischte Bösewichter werden in eine
Klasse von Verbrechern geworfen. Den Diebstahl aus
Noth von wenigen Thalern und den Menschenmord aus
Rachsucht erwartet eine und dieselbe Strafe. Und womit will man folgenden Grundsatz rechtfertigen: mit
je geringern Schwierigkeiten ein Verbrechen begangen werden kann, desto härter
muß es bestraft werden? Sieht man bei einer
solchen Maxime auch noch auf das Recht und was nützen
die Strafen, wenn geringe und schwere Verbrechen gleich
hart bestraft werden?

Der Uebers.

den Wissenschaften; durch ihren großen Reichthum und ihren ausgebreiteten Handel, und folglich durch ihre überlegene Macht und durch ihre glänzenden Beispiele von Tugend und Tapferkeit rechtfertigt.

Auch in Schweden ist die Folter abgeschaft. Einer der weisesten Monarchen Europens der die Philosophie auf den Thron erhoben und der als Freund seiner Unterthanen Gesetze gegeben hat, vor welchem alle gleich und frei und von welchen alle gleich abhängig sind, hat sie auch in seinen Staaten aufgehoben. Er hat die einzige Freiheit und Gleichheit eingeführt, die vernünftige Menschen unter den gegenwärtigen Umständen verlangen können.

Nicht einmal die Kriegsgesetze haben die Folter für nöthig erachtet, obgleich die Armeen größtentheils aus dem Auswurfe der Nationen bestehen, wo sie also doch nothwendiger als irgendwo scheinen sollte. Eine sonderbare Erscheinung für denjenigen, der nicht überlegt, wie mächtig die Tyrannei der Gewöhnheit ist!! Menschen, deren Gemüther zum Mord und zu Blutvergießen abgehärtet sind, müssen den Gesetzgebern der Völker in Friedenszeiten erst milde Gesetze und eine menschliche Art zu richten lehren!

§. 13.

Von den Prozessen und von der Verjährung.

Hat man die Beweise eines Verbrechens kennen gelernt und ist seine Gewißheit ausgemacht, so muß man dem Schuldigen nothwendigerweise Zeit und Mittel

tel gestatten, welche zu seiner Vertheidigung hinreichen. Allein der Zeitpunkt, den man ihm dazu einräumt, muß so kurz seyn, daß er nicht der schnellen Vollziehung der Strafe, die, wie wir gesehen haben, einer der mächtigsten Zügel ist, den Verbrechen Einhalt zu thun, nachtheilig sey. Man wird vielleicht aus einer übelverstandenen Menschenliebe diese kurze Zeitfrist tadeln, allein jede Bedenklichkeit wird verschwinden, wenn man bedenkt, daß die Gefahren, welche der Unschuld drohen, mit den Mängeln der Gesetzgebung zunehmen.

Die Gesetze müssen sowohl zur Vertheidigung des Angeschuldigten als zur Untersuchung der Beweise seines Verbrechens einen gewissen Zeitraum festsetzen *).

Wollte

*) In großen Staaten, die eine rechtliche Verfassung haben, kann diese Einrichtung sehr nützlich seyn, weil sie nichts der Willkühr des Richters überläßt, sondern dem Gesetze über Alles die höchste Entscheidung einräumt; allein in kleinen Staaten, wo ein Verbrecher in wenigen Stunden aus dem Gebiete, wo er seine Schandthat begangen hat, entfliehen kann, und wo man bei andern Staaten um seine Auslieferung anhalten muß, welches oft einen weitläuftigen Briefwechsel und große Kosten verursacht und wo die Vernachläßigung der geringsten Formalität die Sache verzögert, würde ein solches Gesetz entweder viele Unschuldige verdammen oder viele Schuldige lossprechen müssen, weil der Richter oft von der durch das Gesetz bestimmten Zeit zur Untersuchung und der Angeschuldigte zu seiner Vertheidigung übereilt werden würde. Es ist nicht zu leugnen, daß es mit dem Amte des Richters nicht bestehen kann, wenn er selbst willkührlich die Zeit zur Untersuchung und zur Vertheidigung verkürzt oder verlängert, indem er sich durch ein solches Verfahren eigenmächtig zum Gesetzgeber erhebt. Das Recht verlangt daher, daß das Gesetz allein

Wollte der Richter über den Zeitpunkt, der zum Beweise eines Verbrechens nothwendig ist, entscheiden,
so würde er sich zum Gesetzgeber aufwerfen. Auf gleiche
Weise verdienen grausame Verbrechen, welche lange in
dem Andenken der Menschen fortleben, wenn sie einmal
erwiesen sind, keine Verjährung zu Gunsten des Schuldigen, der sich durch die Flucht gerettet hat; geringere
Verbrechen hingegen, die weniger Aufsehen machen,
müssen durch Verjährung die Ungewißheit des Schicksals, worin sich ein Bürger befindet, vernichten, weil
die Dunkelheit, worin die Verbrechen lange Zeit ge-
hüllt gewesen sind, das Beispiel der Ungestraftheit vernichtet und weil der Schuldige Zeit gehabt hat, sich unterdessen zu bessern.

Ich begnüge mich, nur hier die allgemeinen
Grundsätze anzugeben, weil man nicht anders eine genau bestimmte Zeit festsetzen kann, als wenn man auf
eine besondere Gesetzgebung und auf die besondern Umstände einer Gesellschaft Rücksicht nimmt. Ich will
bloß noch hinzufügen, daß wenn man den Nutzen gelinder Strafen bei einer Nation kennen lernen will, die
Gesetze, welche die Zeit der Verjährung und der Beweise nach der Größe der Verbrechen vermindern oder
verlängern und die also das Gefängniß oder die frei-
willige Verbannung selbst als einen Theil der Strafe anrechnen,

allein den Zeitraum, welcher auf die Untersuchung und
Vertheidigung gewandt werden soll, festsetze, damit
nicht die Eigenmacht des Richters, anstatt des Rechtes
das Unrecht auf den Thron erhebe.
                                        Der Uebers.

K

rechnen, eine leicht zu treffende Eintheilung einer kleinen Anzahl gelinder Strafen für eine große Menge von Verbrechen an die Hand geben werden. —

Aber diese Zeiträume, welche man zur Verjährung und zur Untersuchung festgesetzt hat, brauchen sich nicht im genauen Verhältnisse mit der Grausamkeit und der Größe der Verbrechen zu verlängern, weil die Wahrscheinlichkeit, daß ein Verbrechen begangen worden sey, immer desto geringer wird, je grausamer und widernatürlicher die That selbst ist. Man muß also hier die zur Untersuchung bestimmte Zeit abkürzen; diejenige aber, welche man zur Verjährung verlangt, verlängern; dies scheint aber mit den oben angeführten Behauptungen im Widerspruche zu stehen, nämlich, daß man gleiche Strafe auf ungleiche Verbrechen setzen könne, wenn man die Zeit des Gefängnisses und der Verjährung, die vor dem Urtheile vorhergehen, zugleich mit als Strafe anrechnet. Um dem Leser meine Gedanken verständlich zu machen, will ich die Verbrechen in zwei Classen eintheilen. In die Erstere rechne ich die schweren Verbrechen; sie fangen von dem Morde an und begreifen alle noch schrecklicheren Schandthaten und Ruchlosigkeiten in sich. In die zweite Classe gehören die geringern Verbrechen. Dieser Unterschied gründet sich auf die menschliche Natur *). Die Sicherheit des eigenen Lebens

*) Auf welche Natur des Menschen? Auf seine physische oder auf seine moralische? Vermöge jener hat der Mensch gar keine Rechte und er verliert sich unter andern Naturwesen, weil er in dieser Rücksicht keine Würde, sondern einen Preiß hat. So lange noch nicht ausgemacht ist, welche Rechte dem Menschen als einem moralischen Wesen

bens gehört unter die unveräußerlichen Rechte des Menschen; die Sicherheit der Güter ist ein Recht, welches
in der bürgerlichen Gesellschaft seinen Grund hat.   Es
giebt weit weniger Beweggründe, welche die Menschen
antreiben sollten, das natürliche Gefühl des Mitleids zu
verleugnen, um schreckliche Verbrechen zu begehen als
es Antriebe giebt, die sie wegen des natürlichen Wun-

K. 2   sches

Wesen von Natur zukommen, wird man auch keinen
richtigen Unterscheidungsgrund zwischen schweren und
geringen Verbrechen ausfindig machen können.   Die
That des Menschen allein, welche eine Wirkung seiner
Willkühr ist und welcher eine Maxime, die sich nicht
zu einem allgemeinen äußern Rechtsgesetze qualifizirt,
zum Grunde liegt, kann und darf bestraft werden, und
nicht der größere oder geringere Einfluß den sie auf die
Schicksale der Menschen, unabhängig von dem Willen
des Thäters, haben könnte.   Der Bösewicht soll nicht
die Folgen, die er nicht beabsichtigt hat, sondern bloß
die unmittelbare Wirkung, welche die Aeußerung seiner
Freiheit hervorbrachte, verantworten.   Welches ist nun
der Maasstab, womit man die Größe eines Verbrechens
messen kann? Je näher das Gut, das dem Andern geraubt, oder das Recht, das an dem
Andern verletzt wird, mit den unveräus-
serlichen Bürgerrechten zusammenhängt,
desto härter muß eine solche That bestraft
werden: zerstört aber der Thäter den Gebrauch eines solchen unveräußerlichen Rechtes selbst, oder vernichtet er selbst das
Subjekt, dem dieses Recht zukömmt, oder
macht er selbst allem Leben der Menschen
in einem rechtlichen Zustande ein Ende, so
wird im letztern Falle seine That am härtesten bestraft, weil alles Menschenleben
ohne die Möglichkeit der Beobachtung der
Rechtsgesetze keinen Werth hat.

Der Uebers.

ſches glücklich zu ſeyn anreizen ſollten, ein Recht zu verletzen, das nicht in ihr Herz gegraben iſt, ſondern das
ſich auf die Geſellſchaftsverträge gründet. Die große
Verſchiedenheit, welche zwiſchen den beiden Claſſen ſtatt
findet, erfodert nun auch ganz verſchiedene Anordnungen. Bei ſchweren Verbrechen, weil ſie ſeltener ſind,
muß die zur Unterſuchung beſtimmte Zeit, weil es eine
große Wahrſcheinlichkeit hat, daß der Angeklagte unſchuldig ſey, abgekürzt und die Zeit der Verjährung
verlängert werden; weil von dem Endurtheile über die
Schuld oder Unſchuld eines Menſchen, die Vernichtung
des Gedankens, ſich mit der Ungeſtraftheit zu ſchmeicheln,
abhängt, welcher einen deſto größern Nachtheil verurſacht, je abſcheulicher das Verbrechen iſt. Bei geringern Verbrechen hingegen, wo ſich die Wahrſcheinlichkeit, daß der Angeklagte unſchuldig ſey, vermindert,
muß man mehr Zeit auf die Unterſuchung verwenden
und die Zeit der Verjährung abkürzen, weil hier die
Ungeſtraftheit weniger gefährlich iſt. Man würde eine
ſolche Eintheilung der Verbrechen in zwei Claſſen nicht
annehmen dürfen, wenn der Nachtheil, welcher aus
der Ungeſtraftheit entſpringt, ſich in dem Maaße ver-
minderte, in welchem die Wahrſcheinlichkeit des Verbrechens zunimmt.

Man bemerke, daß ein Angeklagter, deſſen
Schuld oder Unſchuld nicht ausgemacht iſt, ob er gleich
aus Mangel an Beweiſen frei gelaſſen worden iſt, von
neuem wegen eben deſſelben Verbrechens kann zum Verhafte gebracht und zu einer neuen Unterſuchung gezogen
werden, wenn neue durch die Geſetze beſtimmte Anzeigen

gen zum Vorschein kommen, so lange die für das Verbrechen bestimmte Zeit der Verjährung noch nicht vorbei ist. Dieser Mittelweg scheint mir wenigstens geschickt, sowohl die Freiheit als die Sicherheit der Unterthanen zu schützen, da es sonst gar zu leicht möglich ist,
daß Eines von diesen beiden Rechten auf Kosten des
Andern begünstigt werde. Vor dieser Klippe aber muß
man sich hüten, damit diese beiden Güter, welche ein
unveräußerliches und gleiches Erbgut aller Bürger sind
nicht ein Raub, das Eine eines offenbaren oder ver-
deckten Despotismus, das Andere, eine Beute einer
stürmischen Pöbelanarchie werde.

Es giebt einige Verbrechen, welche in der Gesellschaft eben so häufig vorfallen als sie schwer zu beweisen sind. Bei diesen vertritt vor dem Gesetze, die Schwierigkeit sie zu beweisen, die Stelle der Wahrscheinlichkeit der Unschuld des Angeschuldigten: da aber der
Schaden, welcher aus ihrer Ungestraftheit entsteht, desto
weniger geschätzt werden kann, je mehr die Menge dieser Verbrechen von verschiedenen Grundsätzen abhängt,
so muß nach Verhältniß der Gefahr, welche die Ungestraftheit verursacht, die Zeit der Untersuchung und der
Verjährung, auf gleiche Weise abgekürzt werden *).

Ob

*) Ein Verbrechen ist eine Uebertretung eines Rechtsge-
setzes; das Recht hängt ganz und gar nicht von der Zeit
ab, sondern ist ein reiner vor aller Erfahrung vorausgehender Begriff, kann nun die Strafe die auf ein Verbrechen, das entweder nicht gleich bekannt worden ist,
oder dessen Thäter sich geflüchtet hat, gesetzt ist, verjähren? Der Staat ist verbunden eine allgemeine Gesetzlichkeit der Handlungen aller Bürger zu handhaben, ein
Verbre-

Ob nun gleich Ehebruch und Knabenschänderei
unter die schwer zu beweisenden Verbrechen gehören, so
lassen

Verbrecher hebt dieses Gesetz auf und es kann nur
durch die gewaltsame Einschränkung seiner Willkühr auf
diese Allgemeinheit der Maximen und durch ein Uibel,
das er für diese Verletzung leidet, wieder hergestellt wer=
den. Da dies also eine Staatspflicht ist, und diese so
lange als die Staats=Existenz dauert, so kann und
darf kein Verbrechen als verjährt angesehen werden.
Alle Verbrechen müssen an ihren Thätern bestraft wer=
den und wenn der Zeitraum, welcher zwischen der Ueber=
tretung und der Bestrafung verflossen ist, auch noch so
groß seyn sollte: auf das Recht hat die Zeit ganz und
gar keinen Einfluß, was heute unrecht ist, soll es auch
noch nach Jahrtausenden seyn und das Unrecht soll be=
straft werden, es geschehe heute oder nach mehrern Jah=
ren. Der bisher angenommene Strafzweck hat die Idee
der Verjährung der Strafe erzeugt. Durch das Stra=
fen sollen nicht etwan Andere vor ähnlichen Thaten ab=
geschreckt, sondern dem Verbrecher bloß ein physischer
Schmerz zugefügt werden, weil er widerrechtlich gehan=
delt und weil er das Erhaltungsgesetz der Menschheit —
das Gesetz der allgemeinen Gleichheit — verletzt hat.
Rechte können daher nicht verjähren und Verbrechen
nicht aufhören strafbar zu seyn, weil eine widerrecht=
liche Handlung als ein Produkt der Freiheit muß anges
sehen werden und also gänzlich außer allen Zeitbedin=
gungen liegt. Jeder Verbrecher muß leiden, nicht des
Beispiels wegen, denn dies würde unmoralisch seyn,
sondern um seiner That willen, deren Maxime allem
Rechtszustande und jedem bürgerlichen Vereine ein Ende
macht. Hat sich daher auch der Verbrecher gebessert,
so ist er doch wegen ehemaligen Unrechts zur Strafe zu
ziehen, weil er der Gesellschaft, mit welcher er zusam=
menlebte als er die That begieng, Genugthuung schul=
dig ist.
Wollte man die Maxime der Verjährung als rechtlich
ansehen, so fragt es sich, wie viel Jahre sind erforder=
lich, ehe Menschenmord oder Diebstahl verjährt und
welchen

laſſen doch nach den gangbaren Grundſätzen tyranniſche Muthmaßungen, Scheinbeweiſe und Halbbeweiſe ihre Wirklichkeit zu, gleich als wenn ein Menſch halb un-

schuldig

welchen Grund hat man, 10 oder 20 oder noch meh-rere Jahre deshalb zu beſtimmen? Und welches Recht hat der Staat zu vergeben, wo er ſtrafen ſollte und in welchem Verhältniſſe ſteht das Unrecht mit der Zeit und wie kann jenes durch dieſe vertilgt werden? Auf die Beſſerung kann der Staat nicht ſehen, weil ſie eine Handlung der ſelbſt eigenen Willkühr eines Jeden iſt und weil jeder Menſch ſich alle Augenblicke, mag er Mörder oder Beleidiger aus Zorn oder Rachſucht ſeyn, beſſern kann, wenn er nur Muth und Entſchloſſenheit hat und keine Mühe und Aufopferung ſcheut. Die Verjährung iſt nicht allein widerrechtlich, ſondern auch ſchädlich? Wird nicht jeder Miſſethäter, ſo bald er ſeine That begangen hat und ihre Bekanntwerdung fürchtet, auf ſeine Flucht denken und ſobald er ſich gerettet hat, ſein Vergehen für geringer halten, als wenn er gleich augenblicklich ſeiner Freiheit beraubt wird, oder wird er ſie nicht gar durch Sophiſtereien zu entſchuldigen ſu-chen? Wird er nicht den Schluß machen, daß im Staate nur das ein Verbrechen ſey, das beſtraft wird? Und wird er nicht kühner und dreuſter in ſeinen Schandtha-ten fortfahren? Wird er nicht die Zeit erwarten, wo die Geſetze ſelbſt ſein Verbrechen als nicht geſchehen an-ſehen? Muß er nicht ſeine widerrechtliche That für ein durch den Staat willkührlicherweiſe gehaltenes Verbre-chen betrachten? Die Strafe muß jeden Verbrecher un-aufhörlich bis an ſeinen Tod verfolgen. Niemand muß auf den Wahn gerathen können, daß die Zeit irgend eine widerrechtliche Handlung ohne erlittene Strafe wie-der gut mache und das Unrecht in Recht verwandle. Die Zeit und eine widerrechtliche That können nicht mit einander in Vergleichung geſtellt und mit einander aus-geglichen werden, weil es ganz verſchiedenartige Be-griffe ſind.

Der Ueberſ.

schuldig und halb schuldig, d. h. halb strafwürdig und
halb loszusprechen sey. Sogar die Folter darf ihre
grausame Gewalt an der Person des Angeschuldigten,
an den Zeugen und sogar an der ganzen Familie ausüben,
wie solches einige Gesetzgelehrte, die ihre Meinungen
den Richtern als Regel und Gesetz aufbringen, mit ge-
fühlloser Grausamkeit lehren.

Nach diesen Grundsätzen muß es jedem befrem-
dend vorkommen, der nicht bedenkt, daß die Vernunft
beinahe niemals die Gesetzgeberin der Nationen gewesen
ist, daß man gerade bei den schrecklichsten, verborgensten und eingebildesten Verbrechen, d. h. bei solchen,
wo sehr viel Unwahrscheinlichkeit herrscht, ob sie begangen worden sind, mit Muthmaßungen und mit den
schwächsten und zweideutigsten Beweisen zufrieden ist,
gleich als wenn es den Gesetzen und dem Richter nicht
darum zu thun sey, die Wahrheit ausfindig zu machen,
sondern nur ein Verbrechen zu beweisen; und gleich als
wenn die Gefahr, einen Unschuldigen zu verurtheilen
nicht um so viel größer sey, jemehr die Wahrscheinlichkeit der Unschuld die Wahrscheinlichkeit der Schuld
überwiegt.

Dem größten Theile der Menschen fehlt die Gei-
stesstärke, die eben sowohl zu großen Verbrechen als zu
großen Tugenden nothwendig ist. Hieraus erhellet, daß
beide immer zugleich unter den Nationen im Schwange
gehen, die sich mehr durch die Stärke der Regierung
und der Leidenschaften, welche auf das allgemeine Beste
hinwirken, als durch ihre Größe oder durch die fortdauernde Güte ihrer Gesetze aufrecht erhalten. Unter
den

ben Nationen hingegen, die gute Geseße haben ober die mächtig sind, scheinen die schwachen Leidenschaften geschickter zu seyn, die eingeführte Regierungsform in ihrem Zustande zu erhalten als dieselbe zu verbessern. Hieraus ergiebt sich, daß große Verbrechen unter einer Nation nicht immer ein Beweis von ihrem Verfalle und von ihrer Verschlimmerung sind.

§. 14.

Von den Anschlägen auf jemandes Leben oder Güter, von den Mitschuldigen und von der Erlassung der Strafe.

Obgleich die Geseße die bloße Absicht, ein Verbrechen zu begehen, nicht strafen, so darf man dies doch nicht so verstehen, als wenn ein Verbrechen, das schon mit einer Handlung begonnen hat, woraus man deutlich den Willen, es auszuführen gewahr wird, keine Strafe verdiene, ob diese aber gleich geringer seyn muß, als diejenige, welche die Ausführung des Verbrechens selbst trift. Man ist deshalb zu strafen berechtigt, weil viel daran gelegen ist, selbst die ersten Versuche zu einem Verbrechen zu verhindern. Da aber zwischen einem Anschlage und zwischen der Ausführung desselben ein Zwischenraum statt finden kann, so ist es vortheilhaft, dem vollzogenen Verbrechen eine härtere Strafe aufzubewahren, um denjenigen, der einen bösen Anschlag entworfen hat, einige Beweggründe zu lassen, welche ihn von seiner Ausführung abwendig machen können *).

So

*) Warum ist aber die Absicht, ein Verbrechen zu begehen nicht strafbar? Da der Staat bloß auf die äußern Wirkungen der Willkühr zu sehen hat, die allein das Geseß der allgemeinen Gleichheit aufheben und also ein Staatsgeseß.

So muß auch die Mitschuldigen, welche die That
nicht unmittelbar ausführen, eine weniger harte Strafe
treffen

geſetz verletzen, ſo kann und darf er die bloße Abſicht
weder richten noch beſtrafen. Wollte man den bloßen
Willen ſchon vor das Forum des Staats ziehen, in
welche tyranniſche Bedrückungen würde das Entſcheiden
über Recht und Unrecht ausarten? Kann jemand Anders als der Thäter ſelbſt ſeine Abſichten wiſſen? Und
wie will der menſchliche Richter die Strafbarkeit deſſelben beſtimmen, da das Gericht über Gedanken gänzlich
alle menſchlichen Kräfte und Einſichten überſteigt? Wird
daher auch jemand von Andern einer widerrechtlichen
Abſicht beſchuldigt und geſteht er dieſe auch ein, ſo darf
er dennoch nicht, ſo lange man noch keine äußern Anſtalten und Unternehmungen, welche die That vorberei-
teten, oder auf ihre Ausführung abzielten, ſieht, zur Strafe
gezogen werden, denn hat er denn durch ſeinen bloßen
Willen jemandes Recht beeinträchtigt, worauf ſich alle
Wirkſamkeit des Staats beim Richten einſchränkt?
Wenn aber die Abſicht des Thäters ſich durch Zurüſtun-
gen zur That oder ſelbſt durch einen Theil der Ausführung derſelben offenbart, iſt ſie dann auch noch ſtraffrei? Da alles, was der Angeſchuldigte that, darauf
abzielte, das Verbrechen, deſſen man ihn anklagt, auszuführen, wenn man ihm nicht zuvorgekommen oder
keine Hinderniſſe in den Weg gelegt hätte, ſo hat er ſich
durch ſeine Vorbereitungen und Anſtalten einer widerrechtlichen That ſchuldig gemacht. Wodurch kann man
aber einen Anſchlag auf irgend jemandes Leben oder
Vermögen erkennen? Sind Werkzeuge, welche man bei
dem Angeſchuldigten findet, ſchon hinreichend, ihn einer beſondern That anzuklagen? Kann er nicht ſelbſt
Inſtrumente, welche ſonſt verdächtig machen, in einer
ganz unſchuldigen Abſicht bei ſich führen? — So lange
man nicht beweißt, daß die vorgefundenen Sachen, zur
Begehung eines Verbrechens beſtimmt waren, darf er
auch nicht geſtraft werden. Allein wie ſchwer iſt die
Entſcheidung hierüber! Wie will man die Abſicht des
Andern, wozu er ſich dieſe Werkzeuge angeſchafft hat,
erra-

treffen als die, welche das Verbrechen selbst begangen
haben. Vereinigen sich mehrere Menschen zur Ausführung

errathen? Und welches Recht hat der Staat, Verdacht
gegen einen bisher als guten Bürger bekannten Menschen zu erregen? — Wird aber jemand ergriffen, indem er willens ist, seine beabsichtigte That auszuführen
und kann diese außer Zweifel gesetzt werden, so verdient
er Strafe. „Sind denn aber Vorbereitungen zu einem
Verbrechen eben so strafbar als die vollbrachte That
selbst? Der Thäter hat ja nicht selbst seinen bösen Vorsatz aufgegeben, sondern bloß ein Zufall oder äußere
Gewalt hat ihn davon abgehalten? Er würde ohne
Barmherzigkeit den Andern ermordet haben, wenn man
ihm das tödtliche Instrument nicht aus der Hand geris-
sen hätte.“ Hierauf läßt sich erwiedern, daß da der
bloße Wille nicht vor einem menschliche Gerichte strafbar ist, nur der Schade, den der Thäter verursacht hat,
beurtheilt werden kann; je größer daher der Nachtheil
ist, den seine That beabsichtigte und je näher das Recht,
das er in dem Andern beeinträchtigen wollte, mit den
unveräußerlichen Menschheitsrechten zusammenhängt,
desto strafbarer ist er. „Allein seine That ist ja noch
nicht vollendet und er hat noch keinen Schaden verursacht? Ist auch sein Wille die That zu begehen offenbar,
so gehört doch dieser allein vor den Richterstuhl der
Gottheit; er hat noch niemandes Rechte gekränkt, nie
kann also ein bürgerliches Gericht wagen, ihm ein Uebel
zuzufügen, das er doch nicht verdient hat?“ Hat man
wirklich Anzeigen, die seine Absicht, dem Andern Unrecht zu thun, außer Zweifel setzen, oder hat man ihn
gleich im Beginnen seiner That ergriffen, so ist er strafwürdig, weil er sich Dinge zu Schulden kommen ließ,
die auf ein Verbrechen abzielten, oder sich an Orten
befand, wo er nicht seyn sollte oder Bewegungen machte,
die seinen bösen Vorsatz anzeigten. Die Strafe aber,
die einen Menschen trifft, der zwar ein Verbrechen begangen, aber nicht vollbracht hat, muß so gering als
möglich sey, weil es sonst beim Strafen keinen Unterschied zwischen der That und dem Vorsatze gäbe. Je
größer

rung eines gemeinschaftlichen und gefährlichen Unternehmens, so werden sie stets desto mehr darauf bedacht seyn, die Gefahr unter Alle gleich zu vertheilen, je größer diese seyn wird.

Gesetze, welche die Thäter härter bestrafen, als die Mitschuldigen, verhindern eine gleiche Theilnahme an den Gefahren und desto schwieriger wird jemand seine Hand zur Ausführung eines Anschlags bieten, weil er sich dadurch, wegen der Verschiedenheit der Strafen, einer größern Gefahr aussetzt, als seine übrigen Mitschuldigen. Nur in einem einzigen Falle leidet diese Regel eine Ausnahme, wenn nämlich der Thäter eine besondere Belohnung von seinen Mithelfern empfängt. Da aber alsdann derjenige, welcher die größte Gefahr läuft, eine Belohnung erhält, so sollte die Strafe auch gleich seyn *). Dergleichen Betrachtungen werden vielleicht demjenigen allzuspitzfindig vorkommen, der nicht bedenkt, wie wichtig es ist, daß die Gesetze den Theilnehmern an einem Verbrechen so wenig als möglich Veranlassung geben, sich mit einander zu verständigen.

Einige

grösser aber das Verbrechen ist, das jemand beabsichtigte, desto härter muß auch der Vorsatz bestraft werden.
Der Uebers.

*) In welchem Verhältnisse steht aber eine solche Strafweise mit dem Rechte? Das Recht muß bei jeder öffentlichen Handlung beobachtet worden seyn, ehe man auf den Vortheil sieht. Werden sich aber die Mitschuldigen, ohngeachtet der Gleichheit ihrer Strafe mit dem Thäter, von ihrem Unternehmen abschrecken lassen, da der Vortheil gewiß, das Uebel aber, das ihre That erwartet, ungewiß ist?
Der Uebers.

Einige Gerichtshöfe bieten manchmal Einem von den Theilnehmern an einem schweren Verbrechen Erlassung der Strafe an, wenn er seine Mitgehülfen verrathen will *). Ein dergleichen Mittel hat nun seine Vortheile und seine Nachtheile.

Die

*) Handelt aber ein Gerichtshof dabei rechtlich, daß er einen Mitschuldigen Verzeihung verspricht, wenn er seine Kameraden entdeckt? Jedes Mittel, wodurch sich der Richter Aufschluß über ein begangenes Verbrechen verschaffen will, muß sowohl moralisch als rechtlich seyn. Es muß keinem der Angeklagten eine Marter zufügen, noch weniger ihn zu einer Uebertretung des Sittengesetzes verleiten. Nun fodert der Richter einen Mitschuldigen auf, sein Versprechen zu brechen, was berechtigt ihn zu dieser Verletzung eines Pflichtgebotes? Etwan der Vortheil oder der Wahnglaube, daß man Ketzern und Mördern sein Versprechen nicht halten dürfe? Woher entspränge aber diese Ausnahme von einem Sittengebote? Hat der Bösewicht auch unmoralisch gehandelt, daß er ein Versprechen, etwas unrechtes zu thun, gab, so handelt doch der Richter, der ihn zur Treulosigkeit verleiten will, noch weit schlechter, weil er nicht allein bei diesem Verfahren als Mensch erscheint, sondern zugleich durch sein Beispiel als Richter den Verrath heiligt. Er soll recht richten und dies will er auf Kosten des Sittengesetzes bewirken? „Der Richter aber ist verbunden die That auszumitteln, wie soll er nun bei dem hartnäckigen Leugnen Aller, seine Pflicht anders erfüllen, als daß er einen Angeschuldigten zur Bundbrüchigkeit verführt?“ Kann man aber einem Menschen glauben, der die Wahrheit auf Kosten seiner Ehrlichkeit und seiner Pflichttreue sagt? Ein solches Verfahren verträgt sich auch nicht mit dem Rechte: da vor Gericht alles ehrlich zugehen soll, die Verführung aber zur Treulosigkeit unter die ehrlosen Mittel eine Sache an den Tag zu bringen gehört, weil ein Versprechen zu halten unbedingte Pflicht ist, so muß dasselbe aus jedem Gerichtshofe verbannt werden. — Und wie kann sich ir-

gend

Die Nachtheile bestehen darin, daß eine Nation den Verrath gesetzmäßig und Verbrechen herrschend macht,

gend ein Richter anmaßen Gesetzübertretungen zu ver=
zeihen, und die darauf gesetzte Strafe zu erlassen?
Wie stimmt eine solche Maxime mit der Staatspflicht:
das Recht Aller zu schützen und keine be=
kannte widerrechtliche Handlung unge=
straft zu lassen, überein? Wo soll dies hinführen,
wenn dem Richter willkührlich Ausnahmen von dem Ge=
setze zu machen erlaubt werden, da dieses gerade hier=
durch seinen Charakter — Allgemeingültigkeit
— verliert? Kein Richter darf Erlassung der Strafe
versprechen, weil sonst aller Rechtspflege ein Ende ge=
macht wird. Das Gesetz leidet keine Ausnahmen, ent=
weder es verdammt oder spricht los und verbietet zugleich
jedes unrechtmäßige Mittel beim Urtheilfällen.

„Wenn nun aber der Staat selbst ein Gesetz gäbe,
das in gewissen Fällen den Entdecker seiner Helfershel=
fer für straflos erklärte?" Mit welchem Rechte aber
kann eine Gesetzgebung ein Gesetz einführen, das sowohl
unmoralisch, weil es den Verrath gesetzmäßig macht,
als widerrechtlich ist, weil es von der Art ist, daß das
durch andere Gesetze ungültig gemacht werden, da die
letztern zu vollziehen, doch eine Schuldigkeit der
Beamten ist. Wie will man ein solches Gesetz mit dem
Zwecke des Staats übereinstimmend machen? Und wel=
che Folgen würde ein solches Gesetz für die Sittlichkeit
des Volks haben? Verrätherei und Treulosigkeit wür=
den überhand nehmen und sowohl alle Tugend mit der
Wurzel ausrotten als den Staat selbst umstürzen.
Nichts ist für diese beiden Gegenstände gefährlicher als
Beispiele von Immoralität, die ein öffentlicher Gerichts=
hof giebt. Jeder wird sich alles für erlaubt halten, was
ihm Gewinn verspricht, so bald er sieht, daß der Staat
selbst eine Schule der Unsittlichkeit ist. Jeder wird die
Heiligkeit der Versprechen nicht achten, weil die Richter
ohne Bedenken zu ihrer Verletzung auffordern. Jede
Immoralität, welche von irgend einem Rechtsinstitute
geduldet

mache, die ihren Grund in der Niederträchtigkeit und in der Feigheit haben, die ihm weit nachtheiliger als diejenigen sind, wo Muth und Herzhaftigkeit zum Grunde liegen, weil der Muth nicht so gemein ist, als die Verzagtheit und weil er nur eine leitende wohlthätige Kraft erwartet, die ihn auf die Beförderung des allgemeinen Besten hinlenkt; die Feigheit hingegen steckt an, ist allgemeiner verbreitet und gewinnt täglich mehr Boden. Ueberdieß verräth ein Gerichtshof, der seine Zuflucht zu den Gesetzübertretern selbst nimmt, seine eigene Ungewißheit und die Schwäche der Gesetze *).

Die

gedultet, oder von ihm ausgeübt wird, ist das Grab der Sittlichkeit und des Staates.

Der Uebers.

*) Die Ungewißheit der Richterstühle und die Schwäche der Gesetze in Rücksicht auf ein unbekanntes Verbrechen sind allgemein bekannt. Vergeblich würde man sich bemühen, sie zu verheimlichen; aber nichts kommt den Vortheilen gleich, Mißtrauen unter Bösewichtern zu verbreiten, sie einander verdächtig und furchtbar zu machen, und in der steten Furcht zu erhalten, in ihren Mitgehülfen eben so viele Ankläger zu erblicken. Nur Bösewichter verleitet eine solche Einrichtung zur Feigheit und Niederträchtigkeit und alles was diesen den Muth benimmt, ist nützlich. Das Zartgefühl des Verf. rührt von einer edeln und großmüthigen Seele her; die menschliche Moral aber, deren Grundsäulen die Gesetze sind, hat die öffentliche Ordnung zum Zwecke und kann die Treue von Bösewichtern gegen einander, um die Ordnung zu stören und die Gesetze desto sicherer zu übertreten, nicht in die Reihe ihrer Tugend zählen. In einem offenen Kriege nimmt man Ueberläufer auf, wie vielmehr muß man sie in Kriegen, die im Geheimen und im Finstern geführt werden, aufnehmen.

Diderot.

Die Vortheile, welche die Erlassung der Strafe gewährt, bestehen darin, daß man großen Verbrechen vorbeugt und daß man dem Volke, das die Wirkungen der Verbrechen gewahr wird, aber ihre Urheber nicht kennt, dadurch die Furcht benimmt. Ueberdieß trägt eine solche Gewohnheit zum Beweise bei, daß derjenige, welcher die Gesetze übertritt, das heißt, gegen das Publikum treulos ist, wahrscheinlicherweise einzelnen Bürgern auch eben so wenig Treu und Glauben halten wird.

Mir scheint ein allgemeingültiges Gesetz, das jedem Mitschuldigen, der ein Verbrechen entdeckt, Verzeihung, verspricht, der Vorzug vor einem besondern Versprechen des Richters in einem einzelnen Falle zu verdienen, weil ein solches Gesetz Bösewichter verhindert, sich eng mit einander zu verbinden, indem es jeden Mitschuldigen in die Furcht setzt, sich der Gefahr der Bestrafung allein preiß zu geben und weil der Gerichtshof nicht Bösewichter, welche sehen, daß es Fälle giebt, wo man ihren Beistand nöthig hat, zur Verwegenheit verleitet. Uebrigens aber sollte ein solches Gesetz mit der Befreiung von der Strafe die Verbannung des Verräthers verbinden.

Vergeblich aber quäle ich mich, die Gewissensbisse zu ersticken, die ich fühle, daß ich den geheiligten Gesetze, dem Denkmale des öffentlichen Zutrauens und der Grundsäule der menschlichen Moral, ein Recht zur Verrätherei und zur Heuchelei gebe. Was würde das hernach für ein Beispiel für die Nation seyn, wenn sie erführe, daß man das Versprechen, die Strafe zu erlassen,

erlaſſen, nicht hielte, ſondern zu argliſtigen Verdre-
hungen ſeine Zuflucht nähme, um denjenigen, zur
Schande der öffentlichen Treue, zum Tode ſchleppen zu
laſſen, welcher der Aufforderung der Geſeße Gehör gegeben hat? Dergleichen Beiſpiele ſind unter den Nationen nicht ſelten! Es giebt daher nicht Wenige, welche
eine Nation für nichts weiter als für eine zuſammenge-
ſeßte Maſchiene anſehen, deren Triebwerke die Mäch-
tigſten und Geſchickteſten nach ihrer Willkühr lenken.
Kalt und gefühllos gegen alles, was das Vergnügen
zarter und erhabener Seelen ausmacht, regen ſie mit
grauſamer Verſchlagenheit die theuerſten Gefühle und
die ungeſtümſten Leidenſchaften im Herzen der Menſchen
auf, ſo bald ſie dieſelben ihren Abſichten zuträglich halten und betaſten die Gemüther der Menſchen, wie Mu-
ſiker ihre Inſtrumente.

§. 15.

Von der Gelindigkeit der Strafen.

Aus der bloßen Betrachtung der bisher vorgetragenen Wahrheiten leuchtet ein, daß der Zweck der
Strafe nicht darin beſteht, ein fühlendes Weſen zu quälen und zu foltern, noch ein ſchon begangenes Verbrechen ungeſchehen zu machen. Wie kann in einem politiſchen Körper, welcher weit entfernt aus Leidenſchaft zu
handeln, und der ein ruhiger Lenker der Leidenſchaften
der einzelnen Bürger iſt, eine ſolche zweckloſe Grauſamkeit, die ein Werkzeug der Wuth und des Fanatismus
oder ohnmächtiger Tyrannen iſt, hauſen? Kann vielleicht das Wehklagen eines Unglücklichen ſchon begangene Verbrechen aus der Zeit zurückrufen, die nie wie-

L   der-

verkehrt? Der Zweck der Strafen kann kein anderer
seyn, als den Missethäter außer Stand zu setzen, seinen
Mitbürgern aufs neue zu schaden und Andere von ähnlichen Verbrechen abzuschrecken. Man muß also solche
Strafen und eine solche Strafart wählen, die den Verbrechen angemessen ist und den wirksamsten und dauer-
haftesten Eindruck auf die Gemüther der Menschen
macht und die dem Körper des Schuldigen die am we-
nigsten grausamen Schmerzen verursacht.

Wer fährt nicht vor Schrecken zusammen, wenn
er die Geschichte der barbarischen und zwecklosen Martern ließt, die mit kaltem Blute, Menschen, die man
Weise nannte, erfunden und Andere damit gepeinigt
haben? Wessen Innerstes wird nicht auf das Empfind-
lichste erschüttert, wenn er Tausende von Unglücklichen
erblickt, welche bald das Elend, das die Gesetze, welche immer die kleine Anzahl begünstigten und den großen
Haufen mißhandelten, entweder selbst verursacht oder
doch gedultet haben, in den wilden und grausamen Naturzustand zurückstößt und welche man bald solcher Verbrechen angeklagt hat, die unmöglich sind und die
furchtsame Unwissenheit und Aberglaube ersonnen
hat, oder die sich endlich keines andern Vergehens schuldig gemacht haben, als daß sie ihren Grundsätzen ge-
treu gewesen sind, wer kann, sage ich, solche Unglückliche von Menschen, denen die Natur dieselben Sinne
gab und die folglich von eben denselben Leidenschaften
hin und hergeworfen werden, nach eingeführtem gericht-
lichem Gebrauche und durch langsame Martern zerfleischen sehen? Eine herrliche Augenweide für den fanatischen Pöbel!

Grau-

Grausame Strafen sind die Ursache, daß man desto mehr wagt, um ihnen zu entkommen, weil das Unglück, in das man sich durch sie stürzt, desto größer ist, und sie sind die Veranlassung zu einer desto größern Anzahl von Verbrechen, um der Strafe, die ein einziges Verbrechen nach sich zieht, zu entfliehen. Immer wurden in den Ländern und in den Zeitaltern, wo die grausamsten Strafen gewöhnlich waren, die schrecklichsten und unmenschlichsten Handlungen verübt, weil derselbe Geist der Wildheit und Grausamkeit, der die Hand des Vatermörders und des Meuchelmörders leitete, sclavischen und blutbegierigen Seelen, die nur zu gehorchen mußten, auf dem Throne Gesetze gab. Dieser Geist der Grausamkeit spornte die elenden Sclaven an, im Dunkel der Nacht ihre Tyrannen zu morden, um Andere an ihre Stellen zu setzen.

Je grausamer die Strafen werden, desto mehr verhärten sich die Gemüther der Menschen, die sich gleich flüßigen Materien mit den sie umgebenden Gegenständen, mit der Grausamkeit der Gesetze ins Gleichgewicht setzen und endlich bringt es die stets lebendige Kraft der Leidenschaften dahin, daß das Rad nach einer Zeit von hundert Jahren von grausamen Strafen nicht mehr Schrecken verursacht, als anfänglich das Gefängniß *).

§. 2. Damit

*) Ich glaube dieses nicht. Oefteres Leiden verhärtet ohne Zweifel das Gemüth, woran die Härte der Regierung schuld ist; allein wenn das Bewußtseyn der Unschuld einen süßen und ruhigen Zustand gewährt, so werden die auf die Verbrechen gesetzten Strafen zwar erschrecken, ohne das menschliche Gemüth zu verhärten und man wird

Damit eine Strafe ihren Zweck erreiche, ist es hinreichend, daß das Strafübel größer sey als der Vortheil, den das Verbrechen gewährt. In dieses Uebergewicht des Uebels über das Gute muß man aber zugleich die Unfehlbarkeit der Strafe *) und den Verlust der Vortheile, welche der Genuß des Verbrechens verschaffen würde, mit einrechnen. Jede Strenge, die diese Grenzen überschreitet, ist überflüßig und daher tyrannisch **).

Die

wird sich nicht mit dem Gedanken, zerbrochene Knochen zu haben und an dieser Strafe zu sterben, vertraut machen.

Doch ich bin nicht desto weniger über die unnütze Grausamkeit der Strafen der Meinung des Verf. Ich bestreite seine Gründe, aber nicht seine Grundsätze.

Diderot.

*) Nicht die Gewißheit sondern die Ungewißheit der Strafen muß mit eingerechnet werden, und man muß die Strafe desto abschreckender machen, je größer die Möglichkeit, ihr zu entgehen ist, wie bei der Mordbrennerei und bei Vergiftungen, wo der Verbrecher sich leicht verbergen kann und wo er mit Wahrscheinlichkeit der Strafe entwischen zu können hoft.

Diderot.

**) Der Genuß und der Verlust der Vortheile würde ein sehr schwankendes Prinzip der Härte und der Gelindigkeit der Strafen abgeben, denn man würde also den Diebstahl härter bestrafen müssen als den Menschenmord, ohngeachtet durch diesen ein unveräußerliches Recht, durch jenen aber nur ein veräußerliches gekränkt wird. Warum soll aber die Gewißheit der Strafen bei Zufügung derselben mit in Anschlag gebracht werden? Giebt es etwan Verbrechen, die nicht gestraft werden dürfen? Entweder der Richter kennt ein Verbrechen oder erkennt es nicht; im erstern Falle würde er pflichtwidrig handeln.

Die Menschen richten sich bei ihren Handlungen nach den wiederholten Wirkungen der Uebel, die sie kennen, nicht aber nach dem Eindrucke derjenigen, welche ihnen unbekannt sind. Man stelle sich zwei Nationen vor; bei der Einem sey, nachdem man die Größe der Strafe mit dem Verbrechen in ein genaues Verhältniß gebracht hat, die größte Strafe ewige Knechtschaft, bei der Andern das Rad. Ich behaupte, die Erstere wird sich vor ihrer größtem Strafe eben so sehr fürchten als die Andere vor der Ihrigen; und wenn es einen Grund gäbe, bei der Erstern die schwerste Strafe, die bei der Andern im Gebrauch ist, einzuführen, so würde derselbe Grund auch dazu dienen, die Strafe bei dieser letztern zu schärfen, so daß man allmählig von dem Rade zu langsamern und ausgesuchtern Martern bis zu der höchsten Verfeinerung in der Kunst zu quälen, welche Tyrannen nur allzu gut verstehen, fortgienge.

Die Grausamkeit der Strafen begleiten noch zwei andere unselige Folgen, die selbst dem Strafzwecke, Verbrechen vorzubeugen, zuwider sind. Die Erste besteht darin, daß man alsdann nicht leicht das wesentliche Verhältniß zwischen dem Verbrechen und der Strafe bestim-

deln, wenn er es nicht nach dem Gesetze bestrafte und im zweiten existirte überall keine Handlung, die vor sein Forum gehört: denn ist auch ein Verbrechen begangen worden, dessen Thäter er aber nicht ausfindig machen kann, so ist er doch schuldlos, wenn er nur alle Mühe, die in menschlichen Kräften stand, auf seine Entdeckung verwandt hat. Entgeht also auch alsdann der Verbrecher seinem Richterstuhle, so ist er doch deshalb nicht verantwortlich.

Der Uebers.

bestimmen kann: denn hat gleich eine erfinderische Grausamkeit die Arten der Martern bis ins Unendliche ver-
vielfältigt, so kann doch keine Strafe die äußerste Kraft
und Anstrengung, worauf die menschliche Organisation
und Empfindungsfähigkeit eingeschränkt ist, überschreiten. Hätte man also einmal diesen äußersten Grenz-
punkt erreicht, so würde man keine größere Strafe, die
schädlichern und grausamern Verbrechen angemessen
wäre, ausfindig zu machen im Stande seyn, die doch
nothwendig wäre, um noch ungeheuerern Verbrechen vorzubeugen.

Die andere Folge besteht darin, daß grausame
Strafen selbst die Veranlassung zur Straflosigkeit geben.
Die Menschen sind in Rücksicht ihrer Kräfte sowohl im
Guten als im Bösen in gewisse Grenzen eingeschlossen;
ein Schauspiel also, das für die Menschheit gar zu ent-
setzlich ist, kann nur eine vorübergehende Wuth, aber
niemals beständiges System und fortdauernde Regel
seyn, dergleichen die Gesetze seyn sollen. Sind diese
wirklich grausam, so werden sie entweder abgeschaft
oder sie sind selbst die Veranlassung zu jener unseligen
Ungestraftheit der Verbrechen *).

Ich

*) Kein Gesetz, sey es auch noch so grausam, darf im
Uebertretungsfalle unvollzogen bleiben, denn wenn der
Richter über die Grausamkeit eines Gesetzes, worüber
jeder nach seinen Empfindungen und nach seiner Einsicht
in das Recht urtheilt, entscheidet, wo soll dies hinführen? Wird nicht endlich jedes Gesetz unausgeführt bleiben, weil sein Ausspruch einen empfindelnden Richter
empört? So lange die gesetzgebende Gewalt einer Nation eine Strafe noch nicht aufgehoben hat, ist ihre
Vollziehung für den Richter Schuldigkeit und jede
Ausweis-

Ich schließe meine Untersuchung mit der Bemerkung, daß die Größe der Strafe mit dem Zustande der Nation selbst im Verhältniß stehen muß. Die Härte und Gefühllosigkeit eines Volks, das kaum aus dem Stand der Wildheit hervorgegangen ist, erfodern stärkere und empfindlichere Eindrücke. Ein wüthender Löwe, den ein Flintenschuß noch mehr aufbringt, muß durch einen Donnerschlag zu Boden geworfen werden. Je weichlicher daher die Gemüther im gesellschaftlichen Zustande werden, desto mehr nimmt auch die Empfindlichkeit zu und da nun diese größer wird, so muß auch die Härte der Strafen gemildert werden, wenn man ein stetes Gleichgewicht zwischen den Gegenständen und dem Gefühlsvermögen erhalten will *).

§. 16.

Ausweichung, welche Sophisterei ersinnt oder Mitleid macht, verboten. Die Nation und ihre gesetzgebende Gewalt aber handeln unrecht, daß sie ein Gesetz dulten, das eine Strafe verfügt, die den Menschen — eine heilige Natur — mißhandelt, oder ein Verbrechen härter bestraft als es sich mit dem Rechte verträgt. Beiden liegt daher die Pflicht ob, jedes Gesetz, das uns verhältnißmäßige oder grausame Strafen verfügt förmlich aufzuheben und nicht etwan dasselbe nach der Willkühr des Richters in Vergessenheit gerathen zu lassen.

Der Uebers.

*) „Der Gesetzgeber soll also bei Bestimmung der Strafe auf die Empfindlichkeit und Weichlichkeit der Nation Rücksicht nehmen, wenn nun aber die Empfindsamkeit in Empfindelei und unnatürliche Reizbarkeit ausgeartet ist? Das Recht bleibt ja immer dasselbe? Es müssen also in allen Zeitaltern und bei allen Nationen gleiche Strafe auf gleiche Verbrechen folgen, wenn man gerecht seyn will! Der Mord darf also unter den Russen nicht härter bestraft werden als unter dem gebildetsten Volke?" —

Die

§. 16.

Von der Todesstrafe.

Diese unnütze Verschwendung von Strafen, die niemals die Menschen gebessert, hat mich zu der Untersuchung veranlaßt: ob die Todesstrafe bei einer weißlich organisirten Regierung in der That nützlich und gerecht sey.

Woher kann das Recht entspringen, das sich die Menschen anmaßen, ihres Gleichen zu ermorden? Gewiß rührt es nicht von dem Rechte her, auf welches sich die Souverainität und die Gesetze gründen.

Die

Die Aufklärung einer Nation hat eben sowohl Einfluß auf den Verstand als auf das Gefühl, das also zarter, feiner und lebendiger wird, je mehr sie in der Kultur fortschreitet. Da nun erst durch die Ausbildung aller Anlagen des Menschen ein richtiger und bestimmter Begriff von dem Rechte errungen wird und da die Menschen stets in ihren Kenntnissen in Rücksicht des Inhalts derselben fortschreiten, so muß auch in diesem Verhältnisse die Härte der Strafe abnehmen, weil man durch größere Einsichten in die moralische Natur des Menschen einen richtigern Maasstab zwischen dem Verbrechen und der Strafe auffindet. Jedes Volk mißt die Härte der Strafe nach der Empfänglichkeit, deren es fähig ist und nach der Kenntniß, die es besitzt, ab. Je roher und ungebildeter daher ein Volk ist, desto barbarischer sind seine Strafen. Es ist also Pflicht der Gesetzgeber, die Strafen mit den Fortschritten in den Einsichten und mit der Verfeinerung der Gefühle gleichen Schritt halten zu lassen, weil durch einen richtigern Begriff von dem Rechte ein andrer Maasstab zwischen Verbrechen und Strafen herrschend werden muß.

Der Uebers.

Die Gesetze können nur den kleinsten Theil von der Freiheit, den jeder aufzuopfern verbunden ist, in Anspruch nehmen. Sie bestehen aus der Einschränkung der Willkühr eines Jeden auf die Bedingung einer allgemeinen Gesetzlichkeit. Sie vertreten die Stelle des allgemeinen Willens, der ein Ganzes ausmacht, das aus allen einzelnen Willen zusammengesetzt ist.

Wer hat nun jemals dem Andern das Recht einräumen wollen, ihn umzubringen? Wie kann unter dem kleinsten Opfer, welches jeder von seiner Freiheit macht, die Aufopferung des Höchsten und Wichtigsten aller Güter, das Leben, begriffen seyn *). Gesetzt nun aber

---

*) Eben weil das Leben das Wichtigste unter allen Gütern ist, hat jeder der Gesellschaft das Recht zugestanden, es demjenigen zu nehmen, der es dem Andern rauben würde. Ohne Zweifel wollte niemand der Gesellschaft das Recht zugestehen, ihm das Leben nach Willkühr zu nehmen: da aber jeder das Seinige zu erhalten bemüht ist, und da niemand im Stande ist, den Willen, den er damals noch nicht hatte, Angriffe auf das Leben des Andern zu thun, voraus zu sehen, so hatten Alle nur den Vortheil im Auge, den die Todesstrafe, für die öffentliche Sicherheit, für die Vertheidigung und Ruhe haben würde. Man begreift leicht, daß der Mensch, der erklärt: ich willige ein, daß man mir das Leben raube, wenn ich Angriffe auf das Leben des Andern thue, zu sich selbst sagt: ich werde mir nie ein solches Verbrechen zu schulden kommen lassen; das Gesetz wird also zu meinem Vortheile und nicht zu meinem Verderben gereichen. Eine solche Verabredung ist so tief in der Natur der Sachen gegründet, daß man sie oft bei besondern Verbindungen eingeht, wie z. B. bei Verschwörungen, wo jeder schwört, den zu ermorden, der das Geheimniß verrathen werde.

Was

aber auch, daß dies der Fall wäre, wie stimmt denn
dieser Grundsatz mit einem Andern überein: daß der
Mensch kein Recht habe, sich selbst zu ermorden? Und dies müßte er doch haben, wenn er
es an Andere oder an die ganze Gesellschaft abtreten
wollte *).

Die

Was nun die Rechtmäßigkeit dieser Strafe anbelangt,
so gründet sie sich auf den ursprünglichen Vertrag und
auf das allgemeine Beste. Ist die Todesstrafe nothwendig, so ist sie auch gerecht. Man muß daher vor Allem
ihre Nothwendigkeit untersuchen.

Diderot.

*) Hat der Mensch ein Recht über sein Leben? Der
Mensch ist an das Sittengesetz gebunden, welchem er
gehorchen soll? Dieses umfaßt nun durch seine Gebote
und Verbote den ganzen Kreiß seiner Wirksamkeit.
Nichts ist seiner Willkühr überlassen. Ueber Alles ist
er seinem Gewissen — dem furchtbaren Richter, der ihn
überallhin begleitet und welchem er von Allem Rede
und Antwort schuldig ist — verantwortlich. Nun ist
das Leben eine nothwendige Bedingung der Pflichtausübung, über dessen Grenzen hinaus den Menschen
Dunkel und Räthsel umhüllen. Es darf daher nur dazu
gebraucht werden, der Pflicht eine Genüge zu thun.
Giebt es nun eine Pflicht sich tödten zu lassen? Wo ist
der Sterbliche, der den Andern als ein bloßes Mittel
gebrauchen und als Opferthier abschlachten lassen darf?
Wodurch will man ein solch barbarisches Verfahren rechtfertigen? Und warum sollte es auch eine solche Pflicht
geben und worauf sollte sie sich gründen? Das Leben
kann wohl im Dienste der Pflicht verloren gehen, aber
nie darf es eine Beute des Todes werden, wenn sich
keine Stimme der Verpflichtung hören läßt. Aber in
diesem Falle legt der Mensch nicht Hand an sich selbst,
sondern der Zufall vernichtet sein irdisches Daseyn. —
Das Leben steht auch unter keinem äußern, sondern bloß
unter einem innern Gerichtshofe. Ueber den Gebrauch

dessel-

Die Todesstrafe ist also kein Recht und kann es auch, wie ich gezeigt habe, nicht seyn, sondern sie ist ein Krieg einer ganzen Nation gegen einen einzelnen Bürger, dessen Vernichtung sie zu ihrer Erhaltung für nothwendig oder für nützlich hält. Wenn ich nun aber beweisen werde, daß der Tod eines Verbrechers weder nützlich noch nothwendig ist, so werde ich die Sache der Menschheit gewonnen haben.

Die

desselben in Beziehung auf sich allein, ist daher der Mensch nicht dem Staate, sondern seinem Gewissen und der Gottheit allein Verantwortung schuldig. Wie kann also der Staat sich anmaßen, den Menschen zu tödten, da doch das Leben als Bedingung aller Pflichtausübung auf dieser Erde gänzlich außer dem Kreiße seiner Herrschaft liegt. Es giebt also gar kein Recht über Menschenleben, sondern jeder Sterbliche ist durch Pflicht gebunden, es so lange zu erhalten, als seine Naturkräfte zureichen und als es nicht in der Pflichtausübung verloren geht. Wie kann nun jemand dem Andern ein Recht übertragen, das er selbst nicht hat? Und in welchem rechtlichen Verhältnisse steht das bloße Leben zur Freiheit Anderer? — Beeinträchtigt der Mensch jemandes Recht durch seine Handlung, so kann nicht das Leben als intelligibiles Substrat in Anspruch genommen und der Körper als Instrument desselben vernichtet werden, sondern das Beeinträchtigende — die äußere Willkühr — muß büßen. Da sich also alles Strafen bloß auf das Aeußere der Freiheit bezieht, so kann der Staat nur entweder den Gebrauch der unveräußerlichen oder der veräußerlichen Bürgerrechte entreißen: Der Mensch kann entweder mit seinem Vermögen oder mit seiner Freiheit, Gleichheit und Selbstständigkeit sein Verbrechen bezahlen. — Will man also dennoch Lebensstrafen rechtfertigen, so muß man die Vernunft in einem und demselben Falle und in einem und demselben Gebiete als sich selbst widersprechend annehmen.

Der Uebers.

172

Die Hinrichtung eines Bürgers kann man nur in zwei Fällen für nothwendig halten; der erste Fall findet statt: wenn er, troz des Verlustes seiner Freiheit, noch solche Verbindungen und so viel Gewalt hat, daß er die Sicherheit der Nation gefährdet und wenn sein längeres Daseyn auf dieser Erde eine gefährliche Revolution in der eingeführten Regierungsform hervorbringen kann. Die Nothwendigkeit erfodert daher den Tod eines Bürgers, wenn eine Nation ihre Freiheit entweder wieder erobert oder sie verliert oder in Zeiten der Gesezlosigkeit, wo Unordnungen allein die Stelle der Geseze einnehmen. Während einer ruhigen Gesezherrschaft aber und unter einer Regierungsform, die den vereinigten Wünschen der Nation entspricht; in einem Staate, der seinen äußern Feinden furchtbar und im Innern durch die Macht der Meinung, die vielleicht noch mächtiger als die Gewalt selbst ist, geschützt wird; wo der rechtmäßige Souverain die oberste Gewalt ausübt, wo man sich durch Reichthümer zwar Vergnügen, aber kein Ansehen und keine Macht erkaufen kann; in einem solchen Staate werde ich keine Nothwendigkeit gewahr, warum man einen Bürger ermorden sollte; sein Tod müßte denn das wirksamste und einzige Mittel seyn, Andere von Verbrechen abzuhalten und hier tritt der zweite Fall ein, in welchem man die Todesstrafe für gerecht und nothwendig halten kann *).

Wenn

*) Der Verf. giebt anfänglich zu, die Todesstrafe sey widerrechtlich und gleichwohl behauptet er wieder, es gäbe zwei Fälle, wo sie nothwendig und also auch rechtmäßig seyn könne: 1) Wenn das längere Daseyn eines Menschen für die Existenz des Staates gefährlich, oder 2) wenn

Wenn aber die Erfahrung aller Jahrhunderte gelehrt hat, daß die Todesstrafe niemals entschlossene Männer

1) wenn sein Tod das wirksamste Mittel sey, Andere von Verbrechen abzuhalten. Hierauf läßt sich nun erwiedern, daß das Recht über den Nutzen und Schaden die Oberherrschaft führen und daß dasjenige, was unrecht ist, unterlassen werden soll. Der Mensch ist verbunden, bei allen seinen Unternehmungen jederzeit zuerst zu fragen, ob sie r e c h t l i c h und dann erst ob sie n ü ß l i c h oder s c h ä d l i c h seyn. Wie will man nun den Staat, der über Menschen herrscht und aus menschlichen Willen zusammengesetzt ist, von diesem Gesetze entbinden? Ist er etwan keine moralische Person? Und wenn er nun eine dergleichen Person ist, so hat er dieselben Verbindlichkeiten, die dem einzelnen Menschen als einem moralischen Wesen zukommen. Auf den Trümmern der Gerechtigkeit will er seine Zwecke erreichen, hat er aber nicht bedacht, daß, einmal die Schranken des Rechts durchbrochen, Mord und Räubereien zur Tagesordnung gehören und heilige Dinge werden? Wo will er stehen bleiben? Ihn hält kein nothwendiges und allgemeingültiges Gesetz mehr zurück, er schwankt von einer Maasregel zur Andern und fragt nicht mehr was recht und unrecht, sondern was ausführbar sey. Nie darf das Recht das Primat, das ihm die Vernunft zuerkennt, einbüßen und wenn auch die Welt in Trümmern fallen sollte. Ist etwas widerrechtlich, so darf keine Frage mehr davon seyn, ob es die Nothwendigkeit oder der Nutzen erfordere. — Sind aber wohl auch widerrechtliche Maasregeln nothwendig? Behauptet der Staat den Charakter, der ihm als einer moralischen Person zukommt, und verfährt er also stets nach allgemeinen Gesetzen, so kann gar nie eine Frage von der Nothwendigkeit des Unrechts seyn. Giebt er aber gerade das auf, was ihn zum Staate macht, dann können wohl Kurzsichtigkeit und Unwissenheit Maasregeln für nothwendig halten, die verboten sind, weil ihr Blick beschränkt ist und nicht das weite Feld der Mittel zu den mannichfaltigsten Zwecken überschauen kann. — Ist nun

Männer abgehalten hat, die Gesellschaft zu beleidigen
und zu beeinträchtigen, wenn das Beispiel der Römer
und

nun etwas nützlich, was unrecht ist? Da der Nutzen
etwas ist, was nur durch die Erfahrung kann gelernt
werden und was oft von einer Menge äußerer Umstände
abhängt, das Recht hingegen als Welt- und Menschen-
gebieter immer wieder hervortritt und sein ihm gebüh-
rendes Ansehen behaupten will, und alle Anschläge der
Menschen, die bloß auf Vortheil abzielen, zu Schanden
macht, so kann wohl ein ungerechtes Verfahren einigen
Subjekten einen augenblicklichen Vortheil gewähren,
wird aber jederzeit dem Ganzen nachtheilig seyn. Und
dieser Vortheil kann nie von Dauer seyn, weil er wi-
dernatürlich ist. Die Ruhe des Staats kann keines Menschen Tod weder nothwendig noch vortheilhaft
machen: denn der Staat gründet sich entweder auf den
allgemeinen Willen und also auf die Volksmeinung oder
nicht. Im erstern Falle kann ihn keine endliche Macht
zu Grunde richten und er wird so lange fortdauern als
die Bürger ihren Vortheil dabei haben und daher seine
Existenz wünschen; im andern Falle ist er ein widerrechtliches Institut und es ist besser, daß er zusammen-
stürze, als daß er durch die Todesstrafe Eingriffe in die
Regalien der Gottheit thue.

Eigennützige Furcht und Kurzsichtigkeit sind die Be-
mäntler von Maasregeln, welche vor dem Rechte nicht
bestehen können. Wie kann ein Mensch oder auch eine
große Anzahl derselben einen Staat in Gefahr setzen,
der sich auf Gerechtigkeit gründet und bei dessen Erhaltung die Mehrheit interessirt ist? Ist die Beraubung
der Freiheit der Anführer nicht schon hinlänglich, den
Sturm zu stillen und die Sicherheit zu schützen? Warum
will man den Orkan durch Menschenblut bändigen und
warum will man einer Einbildung Menschenopfer schlach-
ten? Alles was man von der Nothwendigkeit und von
dem Nutzen der Todesstrafe sagt, sind Ausgeburten der
Herrschsucht, des Eigennutzes und der Vorurtheile, die
auf Kosten des Rechts schwelgen wollen. Kein Staat
sollte

und die zwanzigjährige Regierung der russischen Kaiserin
Elisabeth (die den Vätern der Völker ein so glänzendes
Beispiel gab, das weit mehr werth ist, als viele mit
dem Blute der Vaterlandssöhne erkaufte Eroberungen)
wenn, sage ich, alles dies diejenigen Menschen nicht
überzeugen sollte, denen die Sprache der Vernunft immer verdächtig ist und die sich mehr durch Beispiele als
durch Gründe leiten lassen, so dürfen sie nur die menschliche Natur darüber zu Rathe ziehen, um einsehen zu
lernen, daß die Todesstrafe weder nützlich noch nothwendig sey.

Nicht die Härte, sondern die Dauer der Strafen
macht den tiefsten Eindruck auf das menschliche Gemüth,
weil unsere Sinne leichter und stärker von schwachen aber
oft wiederholten Eindrücken gerührt werden, als von
einer heftigen aber vorübereilenden Erschütterung. Die
Herrschaft der Gewohnheit erstreckt sich allgemein über
jedes empfindende Wesen; und so wie der Mensch reden, gehen und dadurch seine verschiedenen Bedürfnisse
befriedigen gelernt hat, eben so prägen sich moralische
Begriffe nur durch dauerhafte und oft wiederholte Eindrücke in sein Herz ein *). Der mächtigste Zügel, den
man

sollte sich auch seines Vortheils wegen keine Ungerechtigkeit erlauben, weil er früh oder spät durch eben solche
Mittel gestürzt wird. Einmal mit Glück vom Pfade
des Rechts abgewichen, ist der Tod der Gerechtigkeit.
Nie wird ein Staat ihn gänzlich wieder verlassen. Immer wird er darauf wieder zurückkehren, wenn die Noth
drängt oder wenn er Gefahr fürchtet.

Der Uebers.

*) Die moralischen Begriffe werden wohl durch Uebung
unserer Kräfte ins Leben gerufen, aber nicht durch die Ge-
wohn-

man also zur Verhinderung der Verbrechen ergreifen
kann, ist nicht das schreckliche aber vorübergehende
Schauspiel eines Bösewichtes den man hinrichtet, sondern das fortdauernde und beharrliche Beispiel eines
Menschen, der seiner Freiheit beraubt oder ein Lastthier
worden ist, um durch mühselige Arbeiten der Gesellschaft den Schaden zu vergüten, den er ihr zugefügt hat.

Was kann wohl wirksamer seyn, als wenn der
Zuschauer oft zu sich zu sagen Gelegenheit hat: ich
werde eben so lange gequält werden und
in einen solchen jämmerlichen Zustand gerathen, wenn ich ein dergleichen Verbrechen begehe. Ein sochher Anblick macht einen weit
mächtigern Eindruck auf ihn, als die Vorstellung des
Todes,

wohnheit in uns gebracht und uns eingeprägt. Hätten die
Begriffe von Recht und Unrecht ihren Ursprung in der
Erfahrung, so würden sie noch wandelbarer als die
Moden und verschiedener als die Menschengestalten seyn.
Woher kommt es nun aber, daß jeder Mensch, wenn
er auch gleichgültig bei den Ungerechtigkeiten, die man
Andern anthut, bleibt, oder sie wohl gar für keine hält,
so bald er selbst beleidigt oder sobald ihm etwas geraubt
wird, über Unrecht schreit? — Die moralischen Ideen
sind in der menschlichen Natur einheimisch und die praktische Vernunft, die ihre Mutter ist, fragt nie nach
dem Nutzen, sondern allein nach dem Rechte. Ihre
Form und ihr eigenthümlicher Charakter besteht im Billigen und Mißbilligen der Maximen und Handlungen, und
im Gesetzgeben für den Willen und dadurch erhalten
wir die Begriffe von Recht und Unrecht und die Anfo-
derungen, ihnen zu gehorchen.

Der Uebers.

Todes, den die Menſchen immer nur in einer dunkeln
Entfernung erblicken *).

Mag

*) Fruchtet die Todesſtrafe oder die ewige Knechtſchaft
mehr? Ganz unwillkührlich fühlen die Menſchen bei
jener einen Abſcheu, fangen den Leidenden zu bemitleis
den an und glauben, es geſchehe ihm zu viel und daher
unrecht, weil ſie an den Wunſch des Lebens unmittelbar
die Pflicht, es gegen jede menſchliche Macht zu behaups
ten, anknüpfen, und jede Beraubung deſſelben für uns
recht erklären; bei dem Anblicke dieſer hingegen bedauern
ſie nicht den Unglücklichen, ſondern urtheilen, daß wenn
auch dieſe Strafe zu groß ſey und zu lange dauere, ihm
doch nicht eben zu ſehr Unrecht geſchehe. — Das Beis
ſpiel einer ewigen Sclaverei ſchwebt dem Menſchen ſtets
vor Augen und iſt eine immer lebendige Warnung, ſich
vor Verbrechen zu hüten, damit er nicht ſeiner öffentlichen
und fortdauernden Schande zuſehen müſſe. — Ewige
Knechtſchaft kann aber eben ſo wenig vor dem Rechte bes
ſtehen als der Tod. Der Menſch darf nie mit einer
Strafe belegt werden, die ihm keine Ausſicht gewährt,
daß er endlich einmal von ihr befreiet werden könne,
weil die Strafe ſonſt ſein Gemüth verhärtet, anſtatt daß
ſie ihm den Wunſch einflößen ſollte, ſich zu beſſern.
Jeder Verbrecher muß ein Ziel ſeiner Leiden erblicken,
weil die Wirkung, die dadurch nr ihm hervorgebracht
wird, allein dem Zwecke menſchlicher Strafen entſpricht.

Eine gerechte und weit zweckmäßigere Strafe iſt ſtille
lebenloſe Einſamkeit, die den Verbrecher zur Beſinnung
und zur Reue bringt. Hat man nun dieſes bewirkt, ſo
kann man ihn bei öffentlichen Arbeiten anſtellen. Mir
ſcheint keine Strafe ſchrecklicher aber auch zugleich bei
dem verwildertſten Gemüthe und bei dem eingefleiſchtes
ſten Böſewicht wirkſamer zu ſeyn, als Entfernung von
aller menſchlichen Geſellſchaft, Todenruhe und ein ewis
ges Einerlei, das die Furien des Gewiſſens aufregt und
dem Mörder oder jedem andern Verbrecher ſtets das
Schreckliche ſeiner That, auch wider Willen, vorhält.
Einen ſolchen Gefangenen verfolgen ſtets die Schats

M   ten,

Mag der Schrecken, welchen der Gedanke an die
Todesstrafe verursacht, auch noch so heftig seyn, so kann
er doch mit aller seiner Stärke der schnellen Vergessenheit, die den Menschen auch in den wichtigsten Angelegenheiten so natürlich ist, zumal wenn sie durch die
Macht der Leidenschaften beflügelt wird, nicht enteilen.
Es ist ein allgemeines Naturgesetz, daß heftige Eindrücke und stürmische Leidenschaften zwar den Menschen
überraschen, aber eiligen Fluges vorüber eilen. Sie
dienen daher nur dazu, solche schnelle Veränderungen zu
bewirken, die gemeine Menschen entweder in Weichlinge
oder in alle Gefahren und Mühseligkeiten verachtende
Helden verwandeln. Allein in einem freien und ruhi-
gem Staate hat man nicht starke, sondern öftere Eindrücke nöthig. —

Für den großen Haufen wird die Todesstrafe ein
Schauspiel und für die Uibrigen ein Gegenstand eines
mit Unwillen vermischten Mitleibes *). Diese beiden
Empfin-

ten derer, die er gemordet hat und ewige nagende
Reue foltert ihn.

Der Uebers.

*) Nichts ist unzweckmäßiger als die Todesstrafe, weil sie
der gedankenlose Haufe nicht als eine Warnung, sondern
als ein Schauspiel ansieht, zu welchem er begierig hin-
eilt, um sich zu amüsiren und das auf ihn eben den
Eindruck wie jedes andere Specktakel, das neu und un-
gewöhnlich ist, macht. Allein das Grausame derselben
widersteht dem menschlichen Gemüthe zu sehr, als daß
das Vergnügen herrschend bleiben sollte. Früh oder spät,
sobald der Mensch nur zur Besinnung kommt, schreit
er über die Grausamkeit und über das Widerrechtliche
dieser Strafe. — Und was fühlt der denkende Mann
bei einer Hinrichtung? Unwillen und Mitleid. Jenen
erregt

Empfindungen bemächtigen sich der Gemüther der Zuschauer weit mehr als der heilsame Schrecken, welchen
das Gesetz ihnen einzuprägen die Absicht hat. Bei denjenigen aber, die Zeuge einer gemäßigten und fortdauernden Strafe sind, ist Furcht die herrschende Empfindung, weil sie die Einzige ist. Die Grenzen, welche der Gesetzgeber der Härte der Strafen setzen sollte,
scheinen nur sich bis zur Erweckung der Empfindung des
Mitleids erstrecken zu müssen, weil dasselbe im Gemüthe der Zuschauer einer Hinrichtung, die mehr für
sie als für den Missethäter veranstaltet ist, über alle andere Gefühle die Oberhand zu behalten anfängt.

Damit nun eine Strafe gerecht sey, so darf sie
keinen größern Grad von Härte verfügen, als hinreicht,
die Menschen von Verbrechen abzuhalten. Nun giebt
es niemanden, der bei einiger Uiberlegung noch im

M 2 Zwei-

---

erregt in ihm das Bewußtseyn der Unrechtmäßigkeit oder
die Unzweckmäßigkeit der Lebensstrafe, dieses das
Opfer, das Menschen mit Besonnenheit
und Feierlichkeiten abschlachten. Nichts
gleicht der Erschütterung, welche der empörende Anblick
der Hinrichtung eines Menschen in unserer Brust erregt.
Nie sollte jemand weder als Gesetzgeber noch als Richter
auftreten, der nicht von der Erhabenheit der
menschlichen Natur und von der Wichtigkeit des Lebens durchdrungen wäre und der nicht in
allen Rücksichten einsähe, wozu der Mensch
da sey und welche Bestimmung er auf dieser Erde erreichen solle. Wie kann man erwarten, daß der Gesetzgeber nicht unrecht thue, wenn er die
Naturgesetze des menschlichen Geistes und ihren Zweck
nicht kennt?

Der Uebers.

Zweifel stehen könne, ob er ein auch noch so einträgliches
Verbrechen begehen und auf immer seine persönliche
Freiheit gänzlich verlieren wolle; folglich ist eine ewige
Knechtschaft, die man an der Stelle der Todesstrafe einführt, eine hinlängliche harte Strafe, auch den ent-
schlossensten Bösewicht von Verbrechen abzuschrecken *).
Ja ich behaupte, daß man dadurch den Strafzweck
noch weit sicherer erreicht.   Sehr viele Menschen sehen
dem Tode mit Ruhe und Standhaftigkeit entgegen:
Einige aus Schwärmerei, Andere aus Eitelkeit, die
den Menschen bis über das Grab hinüber begleitet und
noch Andere aus einem letzten und verzweifelten Versuche ihrem Elende abzuhelfen oder ihrem Leben ein Ende
zu machen.   Allein Fanatismus und Eitelkeit verlassen
den Menschen, wenn er in Ketten und Banden, unter
den Schlägen, unter einem harten Joche oder in einem
eisernen

---

*) Ich bin derselben Meinung und es ist unmöglich, daß
die Gründe des Verf. keinen Eindruck machen sollten,
allein ich bemerke zugleich, daß der Verf. und zwar mit
Recht seinen Grundsatz von Gelindigkeit und Menschenliebe gegen den Verbrecher aufgiebt.   In Ketten,
unter Schlägen, in einem eisernen Käfig,
endigt die Verzweifelung seine Leiden
nicht, sondern fängt sie an: dieses Gemälde ist
schrecklicher als das Gemählde des Todes und die Strafe,
die es vorstellt, ist wirklich grausamer als der grausamste
Tod.   Da sie aber öftere und fortdauernde Beispiele
aufstellt, so verdient sie, in Rücksicht ihrer Wirksamkeit,
den Vorzug vor der Todesstrafe, die nur einen Augenblick währt, vor welchem entschlossene Bösewichter nur
zu oft nicht im geringsten zurückbeben.   Deshalb räume
ich einer langen und schmerzlichen Sclaverei den Vorzug
vor dem Menschenmorde ein.
Diderot.

eifernen Käfig feufzt. Der Verzweifelte endigt nicht feine Leiden, fondern fängt fie von neuem an.

Unfer Geift leiftet der Gewaltthätigkeit und den äußerften, aber vorübergehenden Schmerzen weit leichter Widerfland als der Zeit und dem Ungemache, das ftets fortdauert, weil er fo zu fagen, fich felbft verdichten und alle feine Kräfte fammeln kann, um den Schmerz zu vernichten, der ihn anfällt, allein alle feine Schnellkraft reicht nicht hin, den Uebeln zu widerftehen, die auf ihn unaufhörlich und immerfort losfürmen.

Bei einer Nation, wo die Todesftrafe eingeführt ift, fetzt jedes Beifpiel, das man ihr giebt, ein neues Verbrechen voraus, da hingegen bei der Einführung einer ewigen Knechtfchaft ein einziges Verbrechen fehr viele und immer fortdauernde Beifpiele aufftellt. Wenn es wichtig ift, den Menfchen oft die Macht der Gefetze vor die Augen zu halten, fo muß man unaufhörlich Verbrechen mit dem Tode beftrafen. Die Todesftrafe erfodert alfo häufige Verbrechen, d. h. damit die Todesftrafe nützlich fey, fo darf fie nicht allen den Eindruck machen, den fie machen follte, nämlich, daß fie zu gleicher Zeit nützlich und unnütz fey.

Man wird mir vielleicht den Einwurf machen, „ewige Knechtfchaft fey eben fo fchmerzhaft als die Todesftrafe und folglich eben fo graufam.“ Hierauf erwiedere ich, daß wenn man alle unglücklichen Augenblicke zufammenrechnet, fie vielleicht noch fchrecklicher fey, aber diefe unglücklichen Augenblicke find durch das ganze Leben zerftreut, anftatt daß die Todesftrafe ihre
ganze

ganze Macht in einem einzigen Augenblicke ausübt.
Der Vortheil einer ewigen Knechtschaft besteht also darin, daß sie demjenigen ein größer Schrecken einjagt,
der Zeuge davon ist, als demjenigen, der sie leidet, weil
der Erstere die ganze Summe der unglücklichen Augenblicke überschaut ; den Andern hingegen der Schmerz des
gegenwärtigen Augenblickes nicht an die Zukunft denken
läßt. Die Einbildungskraft vergrößert alle Uebel: der
leidende aber findet Trostgründe und Linderungsmittel
welche die Zuschauer weder kennen noch glauben, weil
sie abgehärtete und gefühllose Seelen für eben so reizbar
und empfindlich als ihr eigen Gemüth halten.

Ich weiß zwar, daß die Kunst, die Gesinnungen
und Gefühle seines eigenen Herzens zu erforschen, schwer
ist und daß man sie nur durch Unterricht lernt; wenn
aber auch ein Straßenräuber keine Rechenschaft von seinen Grundsätzen geben kann, so leiten sie ihn doch nichts
desto weniger bei allen seinen Handlungen. Ein Räuber oder Mörder, den nichts als der Galgen oder das
Rad von der Uebertretung der Gesetze abhält, wird ungefähr auf folgende Weise vernünfteln: „Warum
soll ich denn die Gesetze ehren, die zwischen mir und dem Reichen eine so große
Kluft eröffnen? Er verweigert mir eine geringe Gabe, die ich von ihm verlange, entschuldigt sich und verweißt mich auf eine
Arbeit die er selbst nicht kennt. Wer hat
diese Gesetze gegeben? Reiche und Gewaltige, die sich stets gescheuet haben, die
elende Hütte des Armen zu besuchen und
die

die. ihn nie unter dem Angstgeschrei seiner
verhungerten schuldlosen Kinder und unter den Thränen seiner Gattin ein Stück
verschimmelten Brodes haben austheilen
sehen. Laßt uns diese Bande zersprengen,
die dem größten Theil der Menschen so viel
Unglück und Leid zufügen und die nur einigen Wenigen und gefühllosen Tyrannen
nützen! Laßt uns die Ungerechtigkeiten an
der Wurzel abhauen! Ich will wieder in
den vorigen unabhängigen Naturzustand
zurückkehren. Ich will wieder eine Zeitlang von den Früchten meines Muthes
und meines Fleißes frei und glücklich leben. Vielleicht bricht auch ein Tag des
Schmerzens und der Reue herein, aber in
kurzem ist er wieder entflohen nnd eine
Freiheit und ein Vergnügen von vielen
Jahren hält mich für die Leiden eines einzigen Tages schadlos. Als König über
einen kleinen Haufen von Menschen will
ich die Verirrungen des Glücks wieder
gut machen und ich werde jene Tyrannen
bei dem Anblicke desjenigen, den sie mit
frevelhaftem Uebermuthe und mit Stolze
ihren Pferden und Hunden nachsetzten, er-
bleichen und zittern sehen.“

Dann kommt dem Bösewichte, der alles miß-
braucht, noch die Religion zu Hülfe, die ihm die Reue
leicht macht, ihm eine beinahe völlige Gewißheit der
ewigen

ewigen Seligkeit verspricht und in ihm das Schauder-
hafte dieses letzten Trauerspiels gänzlich vertilgt.

Wer aber gewahr wird, daß er eine lange Reihe
von Jahren oder auch wohl gar seine ganze Lebenszeit
in Sclaverei und im Elende, im Angesichte seiner Mitbürger, mit denen er frei und in Gesellschaft lebte, und
als ein Sclave derjenigen Gesetze, von welchen er Schutz
genoß, zubringen muß, stellt eine heilsame Vergleichung
zwischen allen diesen Uebeln und dem Ausgange seines
Verbrechens, der kurzen Dauer des Genusses und der
Früchte an, die ihm sein Unternehmen gewähren würde.
Das immer gegenwärtige Beispiel der Unglücklichen,
die er jetzt als Opfer ihrer eigenen Unvorsichtigkeit erblickt, macht einen weit tiefern Eindruck auf ihn, als
das seltene Schauspiel einer Strafe, die ihn mehr verhärtet als bessert.

Die Todesstrafe ist ferner schädlich, weil sie den
Menschen ein Beispiel von Grausamkeit giebt. Wenn
die Leidenschaften und die Nothwendigkeit Menschenblut
zu vergießen gelehrt haben, so sollten doch die Gesetze,
die den Menschen Milde und Sanftmuth einzuflößen
bestimmt sind, nie die Beispiele von Barbarei vermehren, die einen desto unseligern Einfluß haben,
mit je mehr Eifer und Gepränge der gesetzmäßige Tod
vollzogen wird.

Es scheint mir eine Ungereimtheit zu seyn, daß die
Gesetze, die der Ausdruck des allgemeinen Willens sind, der
den Menschenmord verabscheuet und straft, selbst Menschenmord begehen und daß sie sogar einen öffentlichen
Todschlag

Todſchlag anbefehlen, um die Bürger vom Menſchen-
morde abzuſchrecken.

Welches ſind nun wohl rechtmäßige und zugleich
nützliche Geſetze? Diejenigen Verträge und Verordnungen, wobei Alle das Stimmrecht haben und die Alle
beobachtet zu wiſſen wünſchen, ſo lange die Stimme
des Eigennutzes, der man immer Gehör giebt, entweder ſchweigt oder mit dem allgemeinen Beſten zuſam-
menſtimmt. Welche Meinung hegt der Menſch von
Natur über die Todesſtrafe? Wir können ſie aus dem
Unwillen und aus der Verachtung abnehmen, womit
jedermann den Henker betrachtet, der doch ganz ſchuld-
los als Vollzieher des allgemeinen Willens und als ein
guter Bürger, der das Seinige zur Beförderung des
allgemeinen Beſtens beiträgt, ein eben ſo nothwendiges
Werkzeug zur öffentlichen Sicherheit im Innern iſt, als
die braven Soldaten, die den Staat gegen äußere Angriffe vertheidigen *).

Woher

*) Das beweißt nicht, daß die Todesſtrafe ungerecht ſey.
Ich habe geſagt, wie der öffentliche Wille darein gewilligt hat und wie es eine natürliche Folge iſt, daß die
Geſetze den Tod des Mörders befohlen haben. Der
Abſcheu, den man für den Henker hegt, rührt von dem
Mitleid her, das der Menſch für ſeines Gleichen fühlt
und das auch ſtatt haben würde, wenn er ihn in einem
ſolchen Zuſtande erblickt, der ſeine Leiden nicht
endigt, ſondern ſie anfängt. Man bewafne
den Henker mit Ketten und Peitſchen und ſchränke ſeine
Geſchäfte bloß darauf ein, dem Verbrecher das Leben
gehäßig zu machen, und dieſes ſchmerzliche Schauſpiel,
das er aufführt, wird ihn eben ſo verabſcheuungswerth
machen. Die Strafe, die er dem Verbrecher zufügt, wird
aber nicht deſtoweniger gerecht ſeyn. Der Abſcheu, den man

für

Woher rührt wohl dieser Widerspruch? Und warum sind diese Empfindungen des Abscheues, troß aller Vernunftgründe, unvertilgbar? Weil die Menschen in den verborgensten Falten ihres Herzens, wo sich mehr als anderwärts die ursprünglichen Formen ihrer Natur erhalten, von jeher geglaubt haben, keine menschliche Gewalt habe ein Recht über das Leben irgend eines Menschen, außer wenn es die Nothwendigkeit erfodere, die mit eisernem Zepter das Weltall beherrscht.

Was müssen aber die Menschen denken, wenn sie sehen, daß weise Obrigkeiten und bedächtige Priester der Gerechtigkeit mit gleichgültiger Ruhe den Schuldigen in einem feierlich langsamen Aufzuge zum Tode schleppen sehen; und während ein Elender, indem er den Todesstreich erwartet, in Todesängsten liegt und die heftigsten Verzuckungen empfindet, der Richter kalt und gefühllos

für ihn fühlt, ist also nicht ein Widerspruch der Natur gegen die Todesstrafe, sondern eine maschinenmäßige Bewegung, ein physisches Widersträuben, das der Mensch fühlt, wenn er seines Gleichen leiden sieht und woraus ich nichts wider die Güte des Gesetzes folgere.

Eine harte und grausame Sclaverei verdient also allein den Vorzug deshalb vor der Todesstrafe, daß ihr Beispiel wirksamer ist. Zugleich muß man noch bemerken, daß die Sclaverei nur in einem Lande etwas schreckliches hat, wo sich das Volk in einem gemächlichen und guten Zustande befindet. Denn wäre der Zustand der Unschuldigen beinahe eben so peinlich als der Zustand der Schuldigen, so würden die Leiden der Letztern keine Strafe mehr scheinen und die beklagenswerthen Unglücklichen würden nicht mehr dafür erschrecken.

Diderot.

los den Richterstuhl verläßt, um die Vortheile und An-
nehmlichkeiten des Lebens zu genießen und vielleicht noch
mit heimlicher Freude auf seine Macht herabblickt?

„Ach!" werden die Menschen ausrufen, „diese
Gesetze sind nur der Deckmantel der Tyrannei; und die ausgesuchten und grausamen Feierlichkeiten der Gerechtigkeit sind
eine geheime Verabredung der Gewaltigen, um uns mit desto größerer Sicherheit
als dem unersättlichen Götzen des Despotismus geweihete Opferthiere abzuschlach-
ten. Den Menschenmord, den man uns
als eine schreckliche Missethat vorstellt,
sehen wir doch ohne Widerwillen und ohne
Gewissensbisse verüben. Laßt uns dieses
Beispiel uns zu Nutze machen! Ein gewaltsamer Tod kam uns bei den Schilde-
rungen, die man uns davon machte, als
ein empörender Auftritt vor; allein wir
sehen doch, daß Alles in einem Augenblicke
vorbei ist. Wie viel weniger muß daher
dieser Augenblick demjenigen schrecklich
seyn, der ihn nicht erwartet und sich dadurch fast alles erspart, was er schmerzli-
ches hat."

So sind die unseligen Trugschlüsse beschaffen, die
sich Menschen, die ein Verbrechen zu begehen bereit sind,
machen und wo nicht deutlich, doch dunkel vorstellen
und über welche der Mißbrauch der Religion eine größere
Gewalt ausübt als die Religion selbst. Wollte man
mir

mir das Beispiel beinahe aller Jahrhunderte und faſt
aller Völker entgegenſtellen, die einige Verbrechen mit
dem Tode beſtraft haben, ſo erwiedere ich, daß die
Wahrheit, gegen welche keine Verjährung gilt, alle
dieſe Beiſpiele zu Schanden macht. Die Geſchichte der
Menſchen ſtellt uns ein grenzenloſes Meer von Irrthümern vor, zwiſchen welchen nur wenige und dunkle
Wahrheiten in großen Zwiſchenräumen von einander
herumſchwimmen. Menſchenopfer waren beinahe unter allen Nationen gebräuchlich, aber wer wagt deshalb
dieſe Unmenſchlichkeit zu entſchuldigen? Daß unter einigen Nationen ob ſchon nur auf eine kurze Zeit, keine
Todesſtrafe eingeführt war, kann ich mit beſſerm Grunde
zur Beſtätigung meiner Behauptung anwenden, als
man daraus das Gegentheil beweiſen will: denn es iſt
das Schickſal großer und wichtiger Wahrheiten, daß
ihre Dauer nur ein Blitz in Vergleichung mit der langen und finſtern Nacht iſt, welche die Menſchen ein-
hüllte. Noch iſt der glückliche Zeitpunkt nicht erſchie-
nen, wo die Wahrheit, wie bisher der Irrthum, ein
Erbgut der größten Anzahl der Menſchen ſey. Dieſem
allgemeinen Geſetze waren bis jetzt nur ſolche Wahrheiten nicht unterworfen, welche die göttliche Weisheit
durch eine Scheidewand von den andern abſonderte, indem ſie dieſelben den Menſchen durch Offenbarung ver-
kündigte.

Die Stimme eines Philoſophen iſt zu ſchwach,
als daß man ſie vor dem Geräuſche und vor dem Ge-
ſchrei ſo vieler Menſchen, welche Sclaven der blinden
Gewohnheit ſind, vernehmen ſollte. Die wenigen
Weiſen aber, die über die Oberfläche der Erde zerſtreut
ſind,

ſind, verſtehen mich und meine Behauptungen hallen in den Tiefen ihres Herzens wieder. Und wenn die Wahrheit unter den zahlloſen Hinderniſſen, die ſie von den Alleinherrſchern entfernen, ſelbſt wieder ihren Willen bis zu ihren Thronen gelangen ſollte, ſo mögen ſie wiſſen, daß ſie die geheimen Wünſchen aller vernünftigen Menſchen enthält. Möge der Herrſcher, der ſie aufnimmt und beherberget, erfahren, daß ſeine Thaten den blutigen Ruhm der Eroberer verdunkeln und daß eine gerechtere Nachwelt ihm den erſten Platz zwiſchen den friedlichen Trophäen der Titus, der Antonine und der Trajane anweiſen wird!

Glücklich wäre die Menſchheit wenn ſie ſich jetzt erſt Geſetze gäbe, wo wir gütige Monarchen, welche die friedlichen Tugenden, die Wiſſenſchaften und Künſte lieben und befördern, und welche Väter ihres Volks und gekrönte Bürger ſind, auf den Thronen Europens ſitzen ſehen; Fürſten, die nur dadurch ihre Macht zu vermehren ſuchen, daß ſie ihre Unterthanen glücklich machen, indem ſie den Despotismus vernichten, womit ihre Diener die Bürger plagen und darum deſto grauſamer wüthet, je unſicherer ſeine Dauer iſt und der die aufrichtigen Wünſche des Volks unterdrückt, die immer Erhörung finden, wenn ſie bis zum Throne gelangen können. Wenn weiſe Fürſten die alten ungerechten Geſetze noch fortdauern laſſen, ſo rührt dies von der zahlloſen Menge von Schwierigkeiten her, die man zu überwinden hat, wenn man den, viele Jahrhunderte lang verehrten Irrthümern, den Heiligenſchein entreiſſen will. Daher muß jeder aufgeklärte Bürger deſto ſehnli-

ſehnlicher wünſchen, daß die Macht der Fürſten immer mehr zunehme.

§. 17.

Von der Landesverweiſung und von der Einziehung der Güter.

Wer die öffentliche Ruhe ſtört *), wer den Geſetzen nicht gehorcht, d. h. die Bedingungen verletzt, vermöge welcher die Menſchen ruhig mit einander zuſammenleben und einander vertheidigen, der muß aus der Geſellſchaft ausgeſchloſſen, das heißt, er muß verwieſen werden.

Die Landesverweiſung ſcheint gegen diejenigen ausgeſprochen werden zu müſſen, die eines ſchweren Verbre-

---

*) Der Begriff von öffentlicher Ruhe iſt zu zweideutig, als daß man ihn bei irgend einem Geſetze brauchen könnte. Jeder macht ſich nach ſeinem Temperamente, nach ſeinen Launen, nach ſeinem Alter, nach ſeinen Kenntniſſen, nach ſeinem Amte u. ſ. w. eine andere Vorſtellung davon. Der öffentlichen Ruhe hat man ſchon zahlloſe Opfer gebracht und ihrentwegen die ſchrecklichſten Bedrückungen ausgeübt. So lange nicht ein Bürger im Gebrauche ſeiner Rechte gehindert, oder ſo lange ihm derſelbe nicht gänzlich entzogen wird, entweder durch ſeinen Tod oder die Umſtürzung des Staats, iſt auch die öffentliche Ruhe nicht geſtört. Der Menſch iſt nicht zum Schlafen auf dieſer Erde geſchaffen, ſondern zu einer immer thätigen Wirkſamkeit, weil er alle ſeine Anlagen entwickeln und ſeine Kräfte ausbilden ſoll, wie kann nun dieſer Zweck anders erreicht werden, als daß ſich die menſchlichen Kräfte an einander reiben, die Leidenſchaften den Zunder zur Selbſtthätigkeit anfachen und die Meinungen und Thaten der Menſchen alles in ſteter Regſamkeit erhalten? **Der Ueberſ.**

Verbrechen angeklagt ſind und die eine große Wahrſcheinlichkeit, aber doch keine völlige Gewißheit gegen
ſich haben, daß ſie das angeſchuldigte Verbrechen begangen haben. Soll aber dieſe Strafe verfügt werden,
ſo iſt ein ſo wenig als möglich willführliches und ein ſo
viel als möglich genau beſtimmtes Geſetz nöthig, daß
demjenigen die Verweiſung zu erkennt, der die Nation
in die unglückliche Nothwendigkeit verſetzt hat, entweder
ihn zu fürchten oder ihm eine Ungerechtigkeit zuzufügen.
Nie darf man aber dem Angeſchuldigten das geheiligte
Recht, ſeine Unſchuld zu beweiſen, verweigern. Will
man einen Eingebornen verbannen, ſo muß man ſtär-
kere Gründe gegen ihn aufzuweiſen haben, als gegen
einen Ausländer. Eben ſo verhält es ſich auch zwiſchen
dem, der zum erſtenmal angeſchuldigt wird und zwiſchen
dem, der ſchon mehrmals angeklagt worden iſt *).

Darf

*) Niemand darf beſtraft werden, als wer ein beſtimmtes
Geſetz übertreten hat. Alles Ahnen und Muthmaßen,
aller Verdacht und alle Gefahr berechtigen zu keinem
Verdammungsurtheile. Woher ſoll nun das Recht rühren, jemand wegen der Wahrſcheinlichkeit, daß er das
angeſchuldigte Verbrechen begangen haben könne, zu
verbannen? Hebt man durch eine ſolche Maxime nicht
allen bürgerlichen Verein auf und ſetzt die Uebermacht
an die Stelle des Rechtes? — Iſt die Landesverweiſung eine rechtliche Strafe? Da jeder Staat eine moraliſche Perſon iſt, ſo darf kein Staat dem Andern etwas
zufügen, was ſich nicht mit der allgemeinen Gleichheit
verträgt. Durch die Verweiſung eines Verbrechers
ſchickt ein Staat dem andern einen Menſchen zu, der gebrandmarkt iſt, und man verletzt dadurch die unveräußerlichen Rechte deſſelben, die Freiheit und Gleichheit. Wenn
nun dieſe Maxime jeder gegen den Andern öffentlich befolgen dürfte (und wenn ſie rechtlich wäre, ſo müßte dies
geſche-

Darf denn aber derjenige, der verwiesen und auf
immer aus der Gesellschaft, von welcher er ein Mitglied
war,

geschehen können) würde man wohl noch ferner einen
Verbrecher bestrafen, da dies Geld, Zeit und Mühe
kostet? Man kränkt durch ein solches Verfahren aber
nicht allein die Rechte des andern Staates als einer
Person, sondern man stört auch seine öffentliche Sicher-
heit, weil man ihm Missethäter zuschickt, welche die
Noth zwingt, oder die Geneigtheit zum Bösen verleitet,
Verbrechen auf Verbrechen zu häufen. Wie sollen noch
Staaten neben einander existiren, wenn sie einander nach
Belieben beeinträchtigen und ihre Existenz gefährden
können? Können wohl die Nationen in eine solche
Maasregel eingewilligt zu haben gedacht werden: —
Mag ein Staat einen Menschen für seine Ruhe auch
noch so gefährlich halten, so darf er ihn doch nicht strafen, so lange er noch kein bestimmtes Staatsgesetz
übertreten hat, noch weniger verbannen. Und was
fruchten auch Landesverweisungen? Sie übersäen die Länder mit Bösewichtern, die immer dreuster werden, oder
zwingen auch solche, die das Böse noch verabscheuen,
aus Mangel an Allem, zu öffentlichen Räubereien und
andern Schandthaten. — Kann denn aber auch die
Landesverweisung als eine Strafe angesehen werden?
Jede Strafe muß dem Gesetzübertreter Schmerz verursachen, da es aber nicht immer einleuchtend ist, ob
dem Verbannten die Verweisung schmerze, oder ob sie
ihm nicht vielmehr gleichgültig sey, so kann sie rechtlicherweise gar nicht als Strafmittel angesehen werden. —
Will man aber die Verbannung nicht für die wirklichen
Verbrecher, sondern nur für die Verdächtigen und Gefährlichen aufbewahren, so hebt sich der Staat selbst auf,
indem er seinen Zweck vernichtet und Menschen etwas
zufügt, was sie nicht verdient haben. Jeder Staat,
der den Verdacht oder die Gefährlichkeit eines Menschen
als Verbrechen bestraft, spricht sich selbst das Urtheil,
daß er nicht zu seyn verdiene. — Ausländer dürfen
weder härter noch gelinder als Inländer bestraft werden,
weil jeder, der in einem Lande sich aufhält, als den
Gesetzen

war, ausgestoßen worden ist, seiner Güter beraubt
werden? Man kann diese Frage unter verschiedenen Gesichtspunkten betrachten. Der Verlust der Güter ist
eine härtere Strafe, als die Strafe der bloßen Verweisung. Es muß also einige Fälle geben, wo in Uebereinstimmung mit dem Verbrechen der Verlust aller Güter oder nur eines Theiles derselben statt findet, oder
wo die Güter gänzlich verschont bleiben. Der Verbannte verliert alle seine Güter, wenn das Gesetz, das
seine Verweisung ausspricht, alle Bande zwischen der
Gesellschaft und einem Verbrecher als vernichtet erklärt.
Alsdann stirbt der Bürger und nur der Mensch existirt
fort; und in Rücksicht auf den Staat muß der bürgerliche Tod einerlei Wirkung mit dem natürlichen haben.
Es scheint zwar, als müßten die Güter, die man dem
Schuldigen genommen hat, vielmehr an die gesetzmäßigen Erben als an den Fürsten fallen, weil der Tod und
die Verweisung, in Beziehung auf den Staat, einen
und denselben Erfolg äußern. Allein ich wage um dieser Spitzfündigkeit willen, die Einziehung der Güter
nicht für ungerecht zu erklären. Wenn Einige behauptet haben, die Einziehung der Güter sey ein Zügel gegen die Privatrache und gegen die Uebermacht einzelner
Bürger gewesen, so bedenken sie nicht, daß Strafen,
wenn sie auch etwas Gutes wirken, doch nicht deshalb
immer gerecht sind: denn um gerecht zu seyn, müssen sie
noth-

Gesetzen der Nation, bei welcher er sich jetzt befindet,
unterworfen gedacht werden muß und weil er durch sein
Daseyn in die Unterwerfung unter den Souverain eingewilligt hat.   Der Uebers.

N

nothwendig seyn und kein Gesetzgeber darf eine Ungerechtigkeit, so vortheilhaft sie auch seyn mag, dulten,
wenn er der immer wachsamen Tyrannei alle Thore verschließen will: der Tyrannei, sage ich, die mit einem
augenblicklichen Guten und mit dem Glücke einiger
Großen schmeichelt und dadurch zahllose geringe Bürger ins Verderben stürzt und ihnen blutige Thränen
auspreßt

Die Einziehung der Güter setzt einen Preiß auf
den Kopf des Ohnmächtigen, fügt dem Unschuldigen
die Strafe des Schuldigen zu, bringt die Unschuldigen
zur Verzweiflung und setzt sie in die Nothwendigkeit,
Verbrechen zu begehen. Giebt es ein kläglicheres
Schauspiel als eine Familie, die zugleich durch die Verbrechen ihres Oberhauptes mit Schande bedeckt und in
Elend gestürzt worden ist, durch Verbrechen, die zu
verhüten, sie selbst die von den Gesetzen anbefohlne Unterwürfigkeit verhindert haben würde, wenn sie auch
hinreichende Mittel dazu gehabt hätte *)!

§. 18.

---

*) Ist die Confiskation eine rechtliche Strafe? Jeder Ver-
brecher wird durch die Strafe, die ihm das Gesetz zu
erkennt, seiner Freiheit beraubt, er ist also über kein
äußeres Gut mehr Herr und kann nicht mehr über sein
Vermögen gebieten. So lange nun die Strafzeit
dauert, ist er gänzlich alles Genusses desselben beraubt
und kann seine Güter nur erst dann wieder erhalten, wenn
er die auferlegte Strafe überstanden hat. Darf denn
aber der Staat einem Verbrecher sein Eigenthum gänzlich und auf immer entziehen? Da dem Staate keine
andern Erwerbsarten zu Gebote stehen können als dem
einzelnen Bürger, so ist die Confiskation widerrechtlich.
Der Staat hat, als einzelne Person betrachtet, dieselben Rechte und Pflichten, welche der einzelne Mensch
hat:

§. 18.

Von der Ehrlosigkeit *).

Die Ehrlosigkeit ist ein Zeichen des öffentlichen Mißfallens, das einem Schuldigen die öffentliche Ach-

tung

hat: dieser kann nun etwas entweder durch Bemäch-tigung (was noch niemand in Besitz genommen hatte) oder durch Vertrag, oder durch Tausch, oder durch Kauf, oder durch das Gesetz erwerben. Es giebt also kein Recht, jemand eigenmächtig aus seinem Besitze zu jagen, welches der Staat doch haben mußte, wenn die Confiskation rechtlich seyn sollte. Der Staat kann und darf zwar dem Verbrecher während seiner Strafzeit den Genuß seiner Güter entziehen, allein er muß sie ihm nach seiner Freilassung oder nach seinem Tode seiner Fa-milie, die er auch während der Strafe des Besitzers nach Verhältniß ihres Vermögens erhalten muß, in dem vorigen Zustande wieder zustellen. — Durch die Kon-fiskation stürzt man auch grausamerweise Unschuldige in Leiden, die sie nicht verdient haben. Man raubt ihnen die Mittel zu ihrer Ausbildung oder wohl gar zu ihrem nothdürftigen Unterhalte und setzt sie der Gefahr aus, daß sie wohl gar Keine von den heiligsten Menschenpflich-ten erfüllen. Und muß es nicht ein Grundsatz aller Strafgerechtigkeit seyn: daß die Strafe nur den Schul-digen treffe, aber nicht diejenigen unglücklich mache, die sie nicht verdient haben? Die Confiskation ist aber auch gefährlich, weil sie die Menschen in dem Wahne bestärkt als sey der Staat Obereigenthümer aller Güter und könne darüber nach Gutdünken schalten und weil sie alles Ei-genthum prekär macht. Wie unzweckmäßig sie sey, kann man daraus sehen, daß sie alle Partheien empört und durch Unwillen auch bei dem größten Verbrechen Mitlei-den erregt, anstatt daß eine gerechte Strafe den Men-schen rührt und auf bessere Gesinnungen bringt.

Der Uebers.

*) Ich wünschte, der Verf. hätte auf die Unbesonnen-heit aufmerksam gemacht, daß man einen Menschen für
ehrlos

tung und das Zutrauen, das die Gesellschaft zu ihm hatte und gleichsam die Bruderliebe raubt, welche zwischen den Gliedern eines und desselben Staates herrscht.

Sie beruht nicht auf der Willkühr der Gesetze. Die Ehrlosigkeit, womit das Gesetz brandmarkt, darf daher keine andere seyn als eine solche, die ihren Ursprung in den Verhältnissen der Dinge hat. Sie muß aus der allgemeinen Sittenlehre entspringen, oder in der besondern, die von den besondern Gesetzgebungssystemen abhängt, welche die Gesetzgeber der gemeinen Meinungen und der Nation sind, welche ihnen folgt, ihren Grund haben *). Ist die Ehrlosigkeit, welche das Gesetz

ehrlos erklärt, und ihm doch seine Freiheit läßt. Diese ungereimte Sitte bevölkert unsere Wälder mit Meuchelmördern.

Diderot.

*) Jede gerechte Strafe brandmarkt in der öffentlichen Meinung und derjenige, der eine öffentliche Strafe erlitten hat, trägt stets einen Flecken an seinem guten Namen mit sich herum. Niemand traut ihm recht, jeder fühlt eine gewisse Zurückhaltung und Kälte und nicht leicht kann sich jemand des Gedanken enthalten, daß er durch seine Gesellschaft und seinen Umgang selbst etwas von seiner Ehre einbüße. Sind nun Strafen, wovon die Ehrlosigkeit nicht eine Folge, sondern der unmittelbare Ausspruch der Obrigkeit ist, der ihn aus aller menschlichen Gesellschaft verbannt und der ihn entweder zu größern Missethaten oder gar zum Selbstmorde zwingt, rechtlich? Der Mensch, mag er auch noch so schändlich gehandelt haben, bleibt stets ein Wesen, dessen Natur als Subjekt des Sittengesetzes heilig ist, und deshalb Würde hat; der Staat, der also einen Menschen entweder durch Worte öffentlich für ehrlos erklärt; oder nicht allein dies thut, sondern auch sinnliche Zeichen hinzufügt, damit das Publikum den Gebrandmarkten gleich erkenne —

verab-

ſetz zuerkennt, von derjenigen verſchieben, welche die
Geſellſchaft mit gewiſſen Handlungen verbindet, ſo verliert entweder das Geſetz die öffentliche Achtung, oder
die angenommenen Begriffe von Tugend und Rechtſchaffenheit verſchwinden, trotz aller redneriſcher Anprei-
ſungen der Moraliſten, welche der Macht des Beiſpiels
niemals einen kräftigen Widerſtand leiſten können.

Wer

verabſcheue und fliehe — handelt nicht allein unmora-
liſch, weil er einer moraliſchen Perſon alle Würde raubt
und alle Achtung abſpricht, ſondern auch unzweckmäßig,
weil dieſe Strafe nicht beſſert, ſondern abgehärtete Böſewichter macht.   Kein Staat darf eine Strafe verfügen, welche die menſchliche Natur verächtlich und den
Menſchen abſichtlich zum Abſcheu ſeiner Mitmenſchen
macht.   Strafen, welche alle Achtung vor dem Menſchen vernichten, müſſen daher als durch das Sittengeſetz verboten angeſehen werden.   Verliert auch ein
Menſch durch andre Strafen ſeine bürgerliche Ehre eine
Zeitlang oder auch auf immer, ſo hat ihm doch der
Staat nicht ſeine moraliſche Ehre geraubt.   Es iſt die
empörendſte Ungerechtigkeit, ein Weſen, das eine Natur
hat, wo ihm das Ideal der Heiligkeit als Strebpunkt
aufgeſtellt iſt, unter Nichts herabzuſetzen! — Und was
fruchten ehrloſe Strafen? Da der mit Ehrloſigkeit Ge-
brandmarkte von allen Menſchen verabſcheuet wird, ſo
entſteht in ihm nie ein Gedanke, ſich zu beſſern, weil
er einſieht, daß ſeine Beſſerung ihm nichts hilft.   Er
verzweifelt daher gänzlich, daß er ſich je wieder aus dem
Abgrunde herauswinden werde, in welchen ihn der
Staat geſtürzt hat. Er betrachtet alle Menſchen, außer die,
welche mit ihm gleiches Schickſal haben, als ſeine Feinde, haßt, oder verachtet ſie, und begeht, ſobald er nur
Gelegenheit darzu hat, die größten Abſcheulichkeiten.
Ehrloſe Strafen ſind daher höchſt verderblich, weil ſie
einen Unglücklichen einer ſteten Verachtung ausſetzen und
dadurch in ihm den letzten Funken des moraliſchen Gefühls verlöſchen.   Der Ueberſ.

Wer Handlungen, die an sich gleichgültig sind, für ehrlos erklärt, vermindert die Ehrlosigkeit wahrhaft ehrloser Handlungen.

Körperliche und schmerzhafte Strafen dürfen nicht solche Verbrecher treffen, die ihren Grund in dem Hochmuthe haben und die sich den Schmerz selbst zur Ehre anrechnen und ihrem Stolz damit schmeicheln. Dergleichen Verbrecher muß man lächerlich machen und für ehrlos erklären. Solche Strafen halten den Hochmuth schwärmerischer Köpfe durch den Hochmuth der Zuschauer im Zaume. Man kann daraus schließen, wie wirksam diese Strafen sind, wenn man bedenkt, daß die Wahrheit selbst alle Kräfte zu ihrer Vertheidigung aufbieten muß, wenn der Irrthum mit den Waffen des lächerlichen gegen sie zu Felde zieht. Wenn auf diese Weise ein einsichtsvoller Gesetzgeber Macht der Macht und Meinungen den Meinungen entgegen stellt, so vernichtet er die Bewunderung und das Erstaunen des Volks, das von falschen Grundsätzen herrührt, deren ursprüngliche Abgeschmacktheit man durch einige Wahrheiten, die man aus ihnen ableitet, verschleiert *).

Die

*) Menschen, die sich eine gerechte Strafe zur Ehre anrechnen, sind Geisteskranke. Sie sind entweder Schwärmer oder Hochmüthige, die beide ihres Verstandes nicht mächtig sind, weil ein herrschender Gedanke ihre ganze Aufmerksamkeit auf sich zieht und weil also eben deshalb ihre Willkühr sich nicht nach Verstandesbegriffen zu bestimmen im Stande ist. Sie können daher wegen keiner, auch noch so abscheulichen That, zur Strafe gezogen werden. Schwärmer wegen ihrer Handlungen bestrafen, ist gerade das Mittel, Schwärmer in Menge zu

Die Strafen der Ehrlosigkeit müssen weder zu
häufig noch auf einmal eine große Anzahl von Personen
treffen; das Erste nicht, weil ein allzu öfterer Gebrauch
derjenigen Dinge, die auf Meinungen beruhen, die
Macht der Meinung selbst schwächt; das Zweite nicht,
weil, wenn eine große Anzahl durch Ehrlosigkeit gebrandmarkt wird, bald niemand mehr unehrlich ist.

Auf diese Art allein kann man alle Verwirrung,
in den unveränderlichen Verhältnissen der Dinge vermeiden und sich vor jedem Widerstreite mit der Natur
hüten, die, da sie nicht durch die Zeit begränzt ist, sondern ohne Aufhören fortwirkt, alle eingeschränkten Einrichtungen, die mit ihren Gesetzen nicht übereinstimmen,
umstößt und vernichtet. Nicht allein in den Künsten
des

zu machen: denn nichts ist ansteckender, als Schwärmerei. — Der Staat, der Verbrecher aus Hochmuth
lächerlich machen und hernach für ehrlos erklären wollte,
würde sehr unsinnig handeln: denn bei Hochmüthigen
hilft es nichts, Meinungen den Meinungen entgegen zu
stellen, weil ihre Ideen zu fest gewurzelt sind, als daß
sie durch eine andere Meinung ausgerottet werden könnten. Woher soll aber der Staat auch ein Recht erhalten,
Unglückliche lächerlich zu machen? Darf er als Staat
zu einem solchen Hülfsmittel seine Zuflucht nehmen?
Seine Gewalt beschränkt sich auf Zwang und auf keine
andern Waffen. Ein Mensch, dessen Verstand durch
eine fixe Idee gefesselt wird, oder der keinen Gedanken
fest halten kann, und ohne Beobachtungen des Zusam-
menhangs von einem zu dem Andern überspringt und
Einbildungen für Wirklichkeiten ansieht, darf nicht bestraft, sondern muß in öffentliche Gewahrsam gebracht
werden, um ihn durch physische und psychologische Mittel zu heilen.

Der Uebers.

des Geschmacks und des Vergnügens ist eine treue Nach-
ahmung der Natur ein Hauptgrundsatz, sondern auch
in der Staatskunst, wenigstens gründet sich die wahre
und dauerhafte Staatskunst auf dieses Gesetz, weil sie
nichts anders ist, als die Kunst, die unveränderlichen Gesinnungen der Menschen in Uebereinstimmung zu bringen und ihnen die beste Richtung zu geben.

§. 19.

Von der geschwinden Vollziehung der Strafen.

Je geschwinder eine Strafe vollzogen wird und je
schneller sie auf das begangene Verbrechen folgt, desto
gerechter und nützlicher ist sie; gerechter, weil sie dem
Schuldigen die unnützen und grausamen Qualen erspart,
welche die Ungewißheit seines Schicksals verursacht und
welche nach Verhältniß der lebhaften Vorstellung von
seiner eigenen Schwäche zunehmen; gerechter, sage ich,
weil da die Beraubung der Freiheit eine Strafe ist, so
kann diese nicht vor dem Urtheile vorausgehen, außer
wenn es die höchste Noth erfodert.

Das Gefängniß ist also so lange ein bloßer Verwahrungsort eines Bürgers, bis er für schuldig erklärt
worden ist; und da dieser Verhaft höchst peinlich ist, so
muß er so kurz als möglich und so wenig als möglich
hart seyn. Die Dauer der Gefangenschaft muß nach
der nothwendigen Dauer des Prozesses abgemessen werden, und derjenige, der am längsten im Kerker ge-
schmachtet hat, kann mit Recht fodern, daß er zuerst
gerichtet werde.

Die

Die Strenge des Gefängnisses darf sich auch nicht weiter erstrecken als nothwendig ist, den Gefangenen entweder an seiner Flucht zu verhindern, oder die Beweise seines Verbrechens ausfindig zu machen. Der Prozeß selbst muß in der möglichst kürzesten Zeit geendigt werden. Giebt es nun wohl einen grausamern Contrast, als die Gleichgültigkeit eines Richters und die Angst eines Angeklagten? Als die Bequemlichkeiten und Vergnügungen einer gefühllosen Obrigkeit von der einem, und die Thränen und der schreckliche Zustand eines Gefangenen von der anderm Seite? Ueberhaupt muß die Härte einer Strafe und die Wirkung eines Verbrechens auf Andere den größtmöglichsten Eindruck machen und so wenig als möglich schmerzlich für den Leidenden seyn: denn man kann nur diejenige Gesellschaft eine gesetzmäßige nennen, die es sich zum unwandelbaren Grundsatze macht, die Menschen so wenigen als möglich Uebeln zu unterwerfen, weil dies die Absicht ihres bürgerlichen Vereins gewesen ist.

Ich habe behauptet, eine geschwinde Strafe sey nützlicher; weil je kürzer der Zeitraum ist, welcher zwischen dem Verbrechen und der Strafe verfließt, die Vergesellschaftung der beiden Begriffe, Verbrechen und Strafe auf das menschliche Gemüth, einen besto stärkern und dauerhaftern Eindruck macht, so daß man unvermerkt den Einen für die Ursache und den Andern für die nothwendige und unausbleibliche Folge des Erstern hält. Es ist ausgemacht, daß die Ideenverbindung der Kitt ist, der das ganze Gebäude des menschlichen Verstandes zusammen hält, und ohne welchen Vergnü-

gen

gen und Schmerz isolirte und unwirksame Empfindungen seyn würden. Je mehr es den Menschen an allgemeinen Begriffen und Grundsätzen fehlt, d. h. je unwissender sie sind, desto mehr wirken die unmittelbarsten und nächsten Ideenverbindungen auf sie und desto mehr vernachläßigen sie die entferntesten und verwickeltesten, die nur Menschen, die leidenschaftlich für einen Gegenstand, nach welchem sie ringen, eingenommen sind, zu Diensten stehen, weil das Licht der Aufmerksamkeit auf einen einzigen Gegenstand fällt und alle übrigen ins Dunkel läßt. Sie stehen gleichfalls den erhabensten Geistern zu Gebote, die sich die Geschicklichkeit erworben haben, mit der größten Geschwindigkeit viele Gegenstände auf einmal zu überblicken und denen es leicht ist, viele einzelne Empfindungen mit einander in Contrast zu stellen, so daß das Resultat, welches im Handeln besteht, weniger gefährlich und ungewiß ist.

Daher ist es von der äußersten Wichtigkeit, daß die Strafe dem Verbrechen auf dem Fuße nachfolge, wenn man in rohen und ungebildeten Gemüthern unmittelbar auf das verführerische Gemälde der Vortheile, die ein Verbrechen gewährt, die Vorstellung der damit verbundenen Strafe zu erwecken wünscht. Eine lange Verzögerung der Strafe hat keine andere Wirkung, als daß sie die beiden Begriffe — Verbrechen und Strafe — immer mehr von einander trennt. Welchen Eindruck auch die Strafe eines Verbrechens machen mag, so macht sie ihn doch weniger als Strafe, sondern vielmehr als ein Schauspiel; und sie macht ihn nur, nachdem die Vorstellung von der Abscheulichkeit eines

eines Verbrechens, welche zur Verstärkung des Gefühls der Strafe beiträgt, von ihrer Lebhaftigkeit viel
verloren hat.

Ein ander Mittel, das dazu dient, die wichtige
Verbindung zwischen der Missethat und der Strafe immer noch enger zusammen zu ketten, besteht darin, daß
die Strafe so viel als möglich der Natur des Verbrechens angemessen sey.   Diese Uebereinstimmung erleichtert den Widerstreit außerordentlich, der zwischen der
Anreizung zum Verbrechen und dem Zurückstoßen der
Strafe entstehen muß.   Auf diese Art stößt die Strafe
den Geist zurück und leitet ihn zu einem Zwecke hin,
der demjenigen entgegengesetzt ist, zu welchem ihn die
verführerische Vorstellung von den Vortheilen der Gesetzübertretung zu verleiten suchte.

Man pflegt diejenigen, die sich geringer Verbrechen schuldig gemacht haben, im Dunkel eines Gefängnisses zu bestrafen, oder sie des Beispiel wegen in eine
entfernte und also fast unnütze Knechtschaft zu Nationen,
die sie nicht beleidigt haben, zu schicken.   Wenn sich
die Menschen nicht durch die Leidenschaft des Augenblicks
die schwersten Verbrechen zu begehen entschließen, so
wird der größte Theil die öffentliche Strafe einer großen
Missethat als etwas frembdes und was ihm nicht widerfahren kann, ansehen.   Die öffentliche Strafe aber
der geringern Verbrechen, zu welchen der Mensch Neigung hat, macht einen Eindruck, der nicht nur von
geringern, sondern noch weit mehr von größern Verbrechen abhält.   Die Strafen müssen nicht allein in
Rücksicht der Härte, sondern auch in der Art und Weise,

wie

wie man sie zufügt, mit einander und mit den Verbrechen in Verhältniß stehen *).

§. 20.

*) Kein Bürger darf durch etwas anderes seiner Freiheit
beraubt werden, als durch das Gesetz. Nun sitzen Angeklagte ein, zwei und mehrere Jahre im Gefängnisse
und erhalten nach diesem Zeitraume erst die durch einen
Gerichtshof oder durch ein Gesetz bestimmte Strafe,
wie will man ein solch langweiliges Verfahren mit der
Gerechtigkeit und mit dem Staatszwecke vereinigen?
Ist es nicht die unmenschlichste Grausamkeit, einen Menschen, der zwar angeklagt, aber doch noch nicht verurtheilt ist, mehrere Jahre lang in einem oft ungesunden
Kerker und in Ketten und Banden schmachten zu lassen,
sein Hauswesen zu Grunde zu richten, seine schuldlose
Familie unglücklich zu machen, seine Körper- und Gei-
steskonstitution zu zerstören, und ihn der öffentlichen
Verachtung auszusetzen? Gehen nicht fast alle Gefangenen, wenn sie auch unschuldig befunden worden sind, an
Gesundheit und an Vermögen zerrüttet aus dem Gefängnisse? Unsere unselige Prozeßart ist nicht dazu ge-
eignet, das Recht unpartheiisch zu verwalten, sondern
mit Formalitäten und sinnlosen Phrasen um die Freiheit und das Leben des Menschen zu spielen geschickt.
Giebt es etwas auffallenderes als einen Gerichtshof,
der über einen Verbrecher zwei, drei und mehrere Urtheile spricht und bei jedem der nachfolgenden etwas von
der Strenge des vorhergehenden nachläßt und darüber
mehrere Jahre verstreichen läßt, um den Unglücklichen
allen Qualen des Körpers und allen Foltern des Gewissens preiß zu geben? Warum läßt man das erste
Urtheil nicht gelten, oder warum folgt man nicht gleich
der Gerechtigkeit? Setzt sich ein Gerichtshof durch so
vielfache Aussprüche über eine und dieselbe Sache nicht
der größten Verächtlichkeit aus? Man sey doch gerecht
und konsequent. Man spreche nach den Gesetzen und
weiche nie von ihren Buchstaben ab: sind sie grausam,
so werden sie durch ihre alles empörende Härte und
Blutgier eine Verbesserung beschleunigen, die menschliche und gerechte Gesetze zur Folge haben wird. Wenn
die

§. 20.

Von der Gewißheit und der Unfehlbarkeit der Strafen.
Von Begnadigungen.

Einer der stärksten Zügel, den Verbrechen Einhalt zu thun, ist nicht die Grausamkeit, sondern die
Gewißheit der Strafen und folglich auch die Wachsamkeit der Obrigkeit und die unerbittliche Strenge des
Richters, die mit einer menschlichen und sanften Gesetzgebung verbunden seyn muß, damit sie eine nützliche
Tugend sey. Die Gewißheit einer, ob schon gemäßigten, Strafe, wird immer einen tiefern Eindruck machen, als die Furcht vor einer andern, aber schreckli-
chern, welche die Hoffnung der Ungestraftheit begleitet: denn die Uebel, die gewiß sind, so gering sie auch
seyn mögen, setzen stets die menschlichen Gemüther in
Schrecken, und die Hoffnung, dieses himmlische Geschenk, die oft die Stelle von Allem vertritt, reißt den
Geist stets von den größten Uebeln hinweg, besonders
wenn die Straflosigkeit, die oft Habsucht und Schwäche
zugestehen, ihre Stärke vermehrt.

Manchmal erläßt man die Strafe eines kleinen
Verbrechens, wenn es der beleidigte Theil verzeiht *).
So

die That und die Motive darzu außer Zweifel sind, so
kann der Richter sein Urtheil fällen, was hilft ein ewi-
ges Appelliren und Strafenlindern, wenn alle Gesetze
dabei über den Haufen gestoßen werden!
Der Uebers.

*) Kein einzelner Bürger kann die Strafe für das ihm
angethane Unrecht erlassen; weil nicht er allein, sondern in ihm die ganze Nation, die bei allen öffentlichen
Handl-

So ſehr nun auch eine ſolche Handlung mit den Grundſätzen des Wohlwollens und der Menſchlichkeit überein-
ſtimmt, ſo nachtheilig iſt ſie doch für das allgemeine
Beſte; gleich als wenn ein einzelner Bürger durch ſeine
Verzeihung eben ſo gut die Nothwendigkeit des Beiſpiels aufheben könnte, als er den Schadenerſatz erlaſſen
kann. Das Strafrecht kommt nicht einem Einzelnen,
ſondern allen Bürgern zuſammengenommen oder dem
Souverain zu. Der Beleidigte kann daher nur ſeinem
Antheile an dieſem Rechte entſagen, aber den Andern
nicht den Ihrigen entziehen.

Je gelinder die Strafen werden, deſto weniger
ſind Gnade und Verzeihung nothwendig. Glücklich
wäre die Nation, bei welcher man die Begnadigung
unter die ſchädlichen Einrichtungen zählen müßte! Die
Begnadigung, jene Tugend, die man manchmal bei
den Regenten für einen Erſatz der Eigenſchaften hielt,
die ihnen zur Erfüllung aller Pflichten des Thrones
mangelten, ſollte aus einer vollkommenen Geſetzgebung,
wo die Strafen gelinde und die Prozeßformen vernünftig und kurz wären, gänzlich verbannt ſeyn. Wer unter

Handlungen, als Einheit, gedacht werden muß,
beleidigt worden iſt. Seine Vergebung darf auch keinen
Einfluß auf die Beſtimmung der Strafe haben, weil
man ihm ſonſt eine Macht einräumte, die er nicht beſitzt.
Und welchen Mißbräuchen würde eine ſolche Einrichtung
die Verwaltung der Gerechtigkeit ausſetzen? Das Mitleid kehrt früh oder ſpät auch bei dem aufgebrachteſten
Menſchen wieder zurück und er würde dann ſeinem Gegner
leicht verzeihen, wenn er ihn leiden ſähe.

Der Ueberſ.

ter einer verwirrten Kriminalgesetzgebung lebt, wo Verzeihung und Begnadigung wegen der Ungereimtheit der
Gesetze und der Grausamkeit der Strafen nothwendig
sind, dem wird diese Wahrheit hart vorkommen.

Das Recht zu begnadigen ist Eines der schönsten
Vorrechte des Thrones; es ist die wünschenswertheste
Eigenschaft der Souverainität. Es ist aber auch eine
stillschweigende Mißbilligung, welche die wohlthätigen
Vertheiler der öffentlichen Glückseligkeit gegen ein Gesetzbuch an den Tag legen, das bei aller seiner Unvoll-
kommenheit das Vorurtheil vieler Jahrhunderte, das
bänderreiche und blendende Gefolge zahlloser Ausleger,
den ernsten Schmuck ewiger Formalitäten und die Bei-
stimmung der kriechendsten und wenig gefürchteten Halb-
gelehrten für sich hat. Wenn man aber bedenkt, daß
die Gelindigkeit eine Tugend des Gesetzgebers und nicht
des Gesetzvollziehers ist, so muß sie aus dem Gesetzbuch
und nicht aus den besondern Urtheilssprüchen hervor-
leuchten. läßt man den Menschen merken, daß Verbrechen Verzeihung erhalten können, und daß die Strafe
nicht immer eine nothwendige Folge derselben sey, so
nährt man in ihnen die Hoffnung der Ungestraftheit und
bringt sie auf den Wahn, daß die Strafen, welchen
man keine Begnadigung angedeihen läßt, ob sie gleich
erlassen werden können, vielmehr Gewaltthätigkeiten
der Uebermacht als Wirkungen der Gerechtigkeit sind.
Was soll man nachher sagen, wenn der Fürst Begnadigungen ertheilt, d. h. wenn er die öffentliche Sicherheit einem einzelnen Bürger aufopfert und daß er durch
eine Privathandlung einer unüberlegten Wohlthätigkeit
einen

einen öffentlichen Beschluß macht, daß die Verbrechen
ungestraft bleiben sollen? Die Gesetze müssen uner-
bittlich seyn, wie auch ihre Vollzieher, die sie auf besondere Fälle anwenden. Der Gesetzgeber aber sey
milde, nachsichtig und menschlich! Als ein geschickter
Baumeister errichte er sein Gebäude auf den Grund der
Selbstliebe und ordne alles weißlich so an, daß das allgemeine Interesse aus der Befriedigung der Vortheile
eines jeden entspringe! So wird er hernach nicht alle
Augenblicke gezwungen seyn, durch besondere Gesetze
und durch unüberlegte Mittel das allgemeine Beste von
den Vortheilen der einzelnen Bürger abzusondern und
ein Schattenbild von öffentlicher Glückseligkeit auf
Furcht und Mißtrauen zu errichten. Als ein tiefsinni-
ger und gefühlvoller Weltweise lasse er den Menschen,
seinen Brüdern, den kleinen Theil von Glückseligkeit in
Frieden genießen, den ihnen die weise Anordnung, welche die erste Ursache getroffen hat, in diesem Winkel des
Weltalls zu genießen erlaubt *)!

§. 21.

*) Es giebt gewisse Einrichtungen, die in einem Gesetz-
system gefährlicher sind als selbst die größten Verbrechen
und darunter gehört auch die Begnadigung: Denn
spricht man einmal den großen Haufen von der Strafe
einer Gesetzübertretung frei, so wird er kein Gesetz mehr
als existirend ansehen, sondern ohne Scheu und Schaam
das thun, wozu ihn seine regellosen Begierden und un-
bändigen Leidenschaften reizen. Man macht daher durch
Begnadigungen die Menschen mit Gewalt zu Verbrechern; denn fodert man nicht den ganzen unersättlichen
Schwarm ihrer Leidenschaften heraus, wenn man ihnen
mit Verzeihung schmeichelt? — Ist nun die Begnadigung
rechtlich? Was den Charakter des Rechts an sich tragen
soll, muß allgemeingültig seyn können. Durch die Be-
gnadi-

§. 21.

Von den Freiſtätten.

Es bleiben mir noch zwei Fragen zu unterſuchen
übrig.   Die Erſte beſteht darin, ob Freiſtätten gerechte
Einrich-

gnabigung macht man nun gerade Ausnahmen von Geſetzen, die noch Rechtskraft haben und vernichtet alſo
alle Gerechtigkeit.   Wer kann nun begnadigen? Weder
die Richter noch der Regent, weil dieſe beiden an beſtimmte und ſchon exiſtirende Geſetze als an ihre Amts-
pflichten gebunden ſind.   „Alſo vielleicht der Souverain?‟   Wir wollen den Fall ſetzen, daß dieſer die
Strafe erlaſſen könne, aus welchem Grunde kann er
dies nun thun? „Verzeiht er etwan, weil das Verbrechen gering iſt?‟   Alſo müſſen alle dergleichen Verbrechen ſtraffrei ſeyn, wer kann aber immer ſo genau den
Charakter dieſer Art von Verbrechen beſtimmen? Stören
aber dieſe nicht auch die öffentliche Freiheit? „Oder
begnadigt er, weil der Thäter unwiſſentlich ein Verbrechen begangen hat?‟   Wird ſich denn aber nicht jeder
Verbrecher mit Unwiſſenheit entſchuldigen und daher alle
Verbrechen ſtraflos bleiben?   Denn mit welchem Rechte
will der Richter jemand in das Gewiſſen Lügen ſtrafen?
„Oder läßt er Verzeihung angedeihen, weil die Anzahl
der Verbrecher zu groß iſt?‟   Alſo dürfen Böſewichter
nur in Haufen geſtohlen oder gemordet haben, wenn ſie
ohne Strafe ausgehen wollen?

Allein kann denn auch der Souverain begnadigen?
Alle ſeine Thätigkeit äußert ſich im Geſetzgeben, wodurch er entweder eine Handlung gebietet oder verbietet.   Durch das Begnadigen verbietet er eine Sache,
die durch ein vorhergehendes Geſetz, das noch in Kraft
iſt, geboten iſt, wie will man nun ein ſolches Verfahren mit dem Charakter eines Geſetzgebers vereinigen?
Ein Geſetz erkennt demjenigen Verbrecher Verzeihung,
dem ein Anderes Strafe beſtimmt, kann ſich nun der
Souverain als Geſetzgeber widerſprechen? Da alle ſeine
Handlungen ſich bloß auf die Förmlichkeit der Tha-

O   ten

Einrichtungen ſeyn und ob ein Vertrag zwiſchen Nationen, ſich einander ihre Verbrecher auszuliefern, nüß-
lich

ten und auf die Uebereinſtimmung der Willkühr eines jeden mit der Freiheit von jedermann beſchränken, ſo kann
er nicht mit ſich ſelbſt in Widerſpruch gerathen. Er
darf alſo nur auf das Allgemeingültige und nicht auf
die Unterordnung des Beſondern unter das Allgemeine
ſehen, wenn er nicht ſeinen geſetzgebenden Charakter
vernichten will. Da nun aber die Begnadigung einen
Widerſpruch mit dem Charakter des Geſetzgebers enthält, weil dieſer dadurch ein allgemeines Geſetz auf eine
beſondere That anwendet und weil er ſich alſo in einen
Fall miſcht, der außer den Grenzen ſeiner Wirkſamkeit
liegt, ſo iſt jede Begnadigung widerrechtlich und daher
durch diejenige Pflicht, welche die Erreichung des Staatszweckes gebietet, verboten. — Und was iſt das für
eine Geſetzgebung, wenn derjenige, der Geſetze giebt,
deſſen Uibertreter er mit Strafen belegt, willkührlich
davon wieder entbinden kann? Kann eine Nation wohl
zu einem ſolchen Verfahren ihre Einwilligung gegeben zu
haben angeſehen werden? Kein Geſetz darf ein anderes
noch beſtehendes ungültig machen, wenn nicht die größten Ungerechtigkeiten verübt werden ſollen. Es iſt für
ein Land ein Unglück, wenn der Geſetzgeber nach Willkühr die Strafe erlaſſen kann, weil die moraliſche Ur-
theilskraft des Volks irre gemacht wird und weil das
Volk auf den Gedanken geräth, als ſeyen alle Handlungen an und für ſich gleichgültig und würden nur durch
den Fürſten zu Verbrechen oder Tugenden geſtempelt.
Das Begnadigungsrecht iſt die Quelle zahlloſer Verbrechen. Hof und Land wimmeln von Menſchen, die auf
die Gnade des Fürſten losſündigen. Durch Geld, Bitten und Kabalen kann man alles erhalten, was man
wünſcht. Machtſprüche reinigen von allen Verbrechen.
Kant ſagt in ſeinen metaph. Anf. d. R.: das Begnadigungsrecht für den Verbrecher, entweder der Milderung
oder der gänzlichen Erlaſſung der Strafe, iſt wohl unter allen Rechten des Souverains, das ſchlüpfrigſte,
um den Glanz ſeiner Hoheit zu beweiſen und dadurch
doch

lich sey oder nicht? Innerhalb der Grenzen eines Landes darf es keinen Ort geben, der den Gesetzen nicht
unterworfen sey.   Ihre Macht muß jedem Bürger
eben so folgen, wie der Schatten seinen Körper begleitet.
Es giebt keinen andern Unterschied zwischen der Straflosigkeit und einer Freistätte, als zwischen dem Mehr
und Weniger; und wie der Eindruck der Strafen mehr
in ihrer Unvermeidlichkeit und Gewißheit als in ihrer
Härte besteht, so laden Freistätten mehr zu Verbrechen
ein als Strafen davon abschrecken *).

O 2

Die

doch im hohen Grade unrecht zu thun. — In Ansehung der Verbrechen der Unterthanen gegen einander
steht es ihm schlechterdings nicht zu, es auszuüben;
denn hier ist Straflosigkeit das größte Unrecht gegen die
Letztern.   Also nur bei einer Läsion, die ihm selbst wi-
derfährt (crimen laesae majestatis) kann er davon Gebrauch machen a).   Aber auch da nicht einmal, wenn
durch Ungestraftheit dem Volke selbst, in Ansehung seiner Sicherheit, Gefahr erwachsen könnte.

a) Ist aber in diesem Falle der Souverain nicht Richter und
Gesetzgeber in einer Person? Wie will man ein solches Verfahren mit der so nothwendigen Unpartheilichkeit vereinigen?
Ueberdieß existirt der Souverain nur in der Idee, und die
Personen, die die Souverainität ausüben, werden bei Verbrechen, die man gegen sie begangen hat, als bloße Staatsbürger vor dem Gesetze angesehen.

Der Uebers.

*) Jede Ausnahme von einem bestehenden Gesetze ist wi-
derrechtlich und es ist besser, daß jemand Schaden leide,
als daß ein Gesetz, das noch nicht aufgehoben ist, nicht
vollzogen werde.   Nie sollte es aber ein solches Gesetz
geben, das einem Unschuldigen unrecht thäte, oder ihn
in Schaden brächte.   Freistätten sind eine Vernichtung
alles rechtlichen Zustandes unter den Menschen und die
größte Veranlassung zu Verbrechen.   Das Gesetz eines
Landes

Die Freiſtätten in einem Lande vermehren, iſt eben ſo viel, als eine eben ſo große Menge von kleinen Souverainitäten bilden, weil da, wo die Geſetze nicht die Oberherrſchaft führen, neue den gemeinſchaftlichen Geſetzen entgegenſtehende feindliche Mächte entſtehen können; es ſchleicht ſich folglich ein Geiſt ein, der dem Geiſte der Gemeinheit entgegen iſt. Die ganze Geſchichte beweißt, daß aus den Freiſtätten große Revolutionen in den Staaten und in den Meinungen der Menſchen hervorgegangen ſind.

Einige haben behauptet, daß, an welchem Orte auch ein Verbrechen, d. h. eine geſetzwidrige Handlung begangen werde, ſie auch da beſtraft werden könne; gleichſam als wenn der Charakter eines Unterthanen unvertilgbar, d. h. gleichbedeutend mit einem Sclaven, wenn nicht noch ſchlimmer wäre; und gleichſam als wenn jemand ein Unterthan einer Herrſchaft ſeyn und in einer Andern wohnen könnte und als wenn ſeine Handlungen ohne Widerſpruch zwei Souverains und zwei Geſetzverfaßungen, die oft einander widerſprechen, unterworfen ſeyn könnten. So glauben Andere, eine grauſame That, die zum Beiſpiel in Conſtantinopel verübt worden ſey, könne auch zu Paris aus dem ſpitz-
ſündi-

Landes muß ſeine Macht ſo weit erſtrecken, als Menſchen weben und leben. Kein Haus darf einen Verbrecher ſchützen können. Allenthalben hin muß das Geſetz den Böſewicht verfolgen. Die Perſon, ſey es ein fremder Geſandter, oder ſey es der Fürſt ſelbſt, die einen Verbrecher ſchützt, iſt vor dem Geſetze ſtrafbar, weil ſie durch ihre Handlung alle Rechtsherrſchaft vernichtet.

Der Ueberſ.

fündigen Grunde beftraft werden: daß wer die Menfchheit beleidige, auch die ganze Menfchheit zum Feinde
zu haben verdiene und ein Gegenftand einer allgemeinen
Verwünfchung feyn müffe, gleichfam als wenn die Richter Rächer der Empfindlichkeit der Menfchen und nicht
vielmehr der Verträge wären, welche die Menfchen unter einander binden *).

Die Strafe muß an dem Orte vollzogen werden,
wo das Verbrechen begangen worden ift, weil die Menfchen

*) Die Menfchheit darf fich nie zum Rächer einer befon-
dern That aufwerfen, weil, wenn man den Grund-
fatz der Verbindlichkeit zur Rache gelten laffen wollte,
alles Recht zu Grabe getragen würde: denn wie oft
fragt man dabei nur feine gereizte Empfindung, anftatt
daß man das kalte Gefetz zu Rathe ziehen und eine reifliche Unterfuchung über alle bei einem Verbrechen vorge-
fallenen Umftände anftellen follte. Jeder Verbrecher
muß an dem Orte, wo er fein Verbrechen begangen hat,
beftraft werden, nicht etwan des Beifpiels wegen, daß
er den Bewohnern, die er durch feine gefetzwidrige That
gekränkt hat, fchuldig ift, noch der Beleidigungen wegen, die er ihnen angethan hat, (denn nicht einzelne
Gemeinheiten werden durch ein Verbrechen beleidigt,
fondern der ganze Staat, der allein als ein Ganzes eine
Perfon ift, die Rechte hat, und welcher Abbruch gefche-
hen kann) fondern weil man an dem Orte, wo die That
begangen worden ift, alle Mittel in Händen hat, den
Verbrecher leichter zu überführen. Die Beftrafung eines Verbrechers an dem Orte feiner Miffethat aber ift
nicht allein eine Klugheits- fondern auch eine Rechts-
fache und darf erzwungen werden, weil der Thäter ein
Gefetz übertreten hat, das vielleicht gerade nur an diefem Orte gültig ift, und weil er nur die Strafe, die es
darauf gefetzt hat, kennt, und weil die öffentliche Gleichheit, wo fie aufgehoben worden ift, auch da muß wieder
hergeftellt werden.
                                    Der Ueberf.

schen nur da und nirgends anders genöthigt sind, einem
Bürger ein Uebel zuzufügen, um die öffentlichen Beleidigungen zu verhindern.   Ein Bösewicht, der aber die
Verträge einer Gesellschaft, wovon er ein Mitglied war,
nicht gebrochen hat, kann gefürchtet und daher von der
obersten Gewalt der Gesellschaft verwiesen und verjagt,
aber keineswegs durch die Gesetze bestraft werden, die
zwar Rächer der Verträge sind, nie aber die innere
Bosheit der Handlungen bestrafen dürfen.

Ob es aber nützlich sey, daß sich die Nationen
unter einander ihre Verbrecher ausliefern, wage ich
nicht zu entscheiden, bis die Gesetze mehr den Bedürfnissen der Menschheit angemessen und die Strafen gelinder
sind, bis die Abhängigkeit des Rechts von der Willkühr
und von der Meinung vernichtet ist, und die unterdrückte
Unschuld und die gehaßte Tugend Schutz und Sicherheit
erhält und bis die Tyrannei von der allgemeinen Vernunft, die immer das Beste des Staates mit dem
Wohle der Unterthanen vereinigt, gänzlich in die wei-
ten Ebenen Asiens eingeschränkt seyn wird *).   Vielleicht

*) Ist die Auslieferung der Verbrecher zwischen den Na-
tionen rechtlich? Da alle Staaten eine durchgängige
Herrschschaft des Rechts wünschen und erhalten sollen und
da alle verbunden sind, jeden Verletzer der Gesetze zu
bestrafen, so ist die Auslieferung von der einem
Seite ein Recht, und von der Andern eine Pflicht.
Sie kann unter keiner Bedingung weder verabsäumt
noch verweigert werden. Sind auch die Gesetze an dem
Orte, wohin man die Auslieferung verlangt, tyrannisch, so muß dennoch der Verbrecher ausgeliefert werden, weil dieser eben die Gesetze, die er kennen sollte,
übertreten hat. Kein Staat darf dem Andern die Auslieferung

leicht wäre indeſſen die Ueberzeugung, keinen Schritt breit Erde finden zu können, wo man wirkliche Verbrechen verzeiht, Eines der wirkſamſten Mittel, Verbrechen vorzubeugen.

§. 22.

Von dem Preiße auf den Kopf eines Verbrechers.

Die zweite Frage beſteht darin, ob es für eine Geſellſchaft nützlich ſey, einen Preiß auf den Kopf eines bekannten Verbrechers zu ſetzen, und, indem man den Arm eines jeden Bürgers bewafnet, eben ſo viele Henker aus ihnen zu machen? Der Schuldige iſt entweder ſchon außerhalb des Landes oder er befindet ſich noch innerhalb der Grenzen deſſelben. Im erſten Falle feuert der Souverain die Bürger an, ein Verbrechen zu begehen, und ſetzt ſie der Strafe aus, welche die Landesgeſetze darüber verfügen. Er beleidigt auf dieſe Weiſe eine fremde Macht, maßt ſich ein Recht in dem Gebiete

lieferung verweigern, weil er ſonſt die Rechte des Andern als eines moraliſchen und unabhängigen Weſens verletzen und dadurch alle Geſetzherrſchaft unmöglich machen würde. Dultet ein Staat tyranniſche Geſetze, deren Ungerechtigkeit und Grauſamkeit man einſieht, ſo iſt er ein Nichtswürdiger und ſeines Daſeyns unwerth. — Alle Bürger haben die Verbindlichkeit, zur Handhabung der öffentlichen Gerechtigkeit beizutragen, weil das ganze Menſchengeſchlecht als in einem rechtlichen Zuſtande lebend muß angeſehen werden, wo alles bereit iſt, dem Rechte Effekt zu geben. Einem Verbrecher eine Freiſtätte geben, iſt daher ein eben ſo großes Verbrechen als eine Nation mit Krieg überziehen. Beides iſt eine Verletzung der Rechte des andern Staats.

Der Ueberſ.

Gebiete anderer Staaten an und berechtigt so durch sein Beispiel, daß andere Nationen gleiche Gewaltthätigkeiten gegen ihn ausüben können. Im zweiten Falle verräth er seine eigene Schwäche. Wer Macht hat, sich zu vertheidigen, sucht nicht erst die Hülfe Anderer zu erkaufen *). Ferner stürzt ein solcher Befehl alle Begriffe von Sittlichkeit und Tugend über den Haufen, die schon ohne dieß bei jedem noch so geringen Winde in dem menschlichen Gemüthe verschwinden.

Bald laden die Geseße zum Verrathe ein, bald bestrafen sie ihn; mit der Einem Hand schlingt der Gesetzgeber die Familien- Verwandtschafts- und Freundschaftsbande fester zusammen und mit der Andern belohnt er denjenigen, der sie zersprengt und der sie verachtet. Immer mit sich selbst im Widerspruche ladet er bald die mißtrauischen Gemüther der Menschen zum Ver-

---

*) Es giebt keine Macht, der ein Mensch nicht entfliehen könnte und dann ist die Macht keine Macht mehr. Ich wünschte, der Gebrauch, einen Preiß auf den Kopf eines Verbrechers zu setzen, würde bloß für die grausamsten Verbrechen und überhaupt für dasjenige aufbehalten, das unmittelbar auf die Auflösung und auf die Vernichtung der Gesellschaft abzielt.

Hier hören Diderots Noten auf, und er endigt sein Manuscript mit folgenden Worten: dies ist alles, was ich an diesem schönen Werke des scharfsinnigen und tugendhaften Verf. zu tadeln finde. Es ist für die Menschheit wesentlich nothwendig, daß es zu einer Vollkommenheit gebracht werde und daß es sogar den großen Haufen überzeuge: denn durch diesen müssen nützliche Wahrheiten gehen, um wie ein öffentliches Geschrei zu den Ohren der Regierung zu gelangen.

Vertrauen ein, und bald streut er wieder den Saamen
des Mißtraues in alle Herzen aus. Statt Einem Verbrechen vorzubeugen, giebt er Veranlassung zu hundert
Andern. So sind die Hülfsmittel schwacher Nationen
beschaffen, deren Gesetze nur nothgedrungene Ausbesse-
rungen eines morschen Gebäudes sind, das von allen
Seiten den Einsturz droht! Je mehr die Aufklärung
unter einer Nation zunimmt, desto nothwendiger werden Redlichkeit und wechselseitiges Vertrauen, die immer mehr und mehr bestrebt sind, sich mit der wahren
Staatskunst zu vermischen. Kunstgriffe, Ränke,
dunkle und krumme Wege ahnet man dann leichter und
der Vortheil Aller vertheidigt sich besser gegen den Eigennuß eines Jeden *).

Selbst

*) Einen Preiß auf den Kopf eines Menschen setzen, in
der Absicht, ihn zu tödten, ist deshalb widerrechtlich,
weil alsdenn ein Bürger, sey er auch mit den enormisten
Verbrechen belastet, ohne Urtheil verdammt und weil
nicht das Gesetz an ihm vollzogen, sondern eine bloße
Uebermacht über ihn ausgeübt würde. Ein solches Verfahren in einem Staate dulten, ist die größte Ungerechtigkeit, weil dadurch die Menschen als im Naturstande lebend
behandelt werden und doch in bürgerlicher Gesellschaft leben. Es erfodert zwar die Pflicht aller Bürger, einen flüchtigen Verbrecher aufzuhaschen und dem Gesetze zu überliefern, allein sie würden einen Mord begehen, wenn
sie ihn tödteten und würden daher mit Recht die auf
dieses Verbrechen gesetzte Strafe erleiden. Nichts kann
im Namen des Gesetzes den Todschlag rechtfertigen;
weder die Gefährlichkeit eines Menschen noch die große
Anzahl derselben. Es ist besser der Staat gehe zu
Grunde, als daß jeder Bürger einen flüchtigen Verbrecher willführlich zu tödten befugt sey. Die Gefahr aber,
worin ein Mensch oder auch eine große Anzahl derselben
einen Staat setzt, ist für keinen rechtlich organisirten
Staat

Selbst die Jahrhunderte der Unwissenheit, wo die öffentliche Moral die Menschen antrieb der Privatsittenlehre zu gehorchen, dienen aufgeklärten Zeitaltern zum Unterrichte und zur Belehrung. Gesetze aber, die den Verrath belohnen und einen geheimen Krieg erregen, indem sie einen wechselseitigen Verdacht unter den Bürgern ausstreuen, setzen sich der so nothwendigen Vereinigung zwischen der Moral und der Politik entgegen *), welcher

Staat von Bedeutung, weil er immer die Mehrheit der Bürger auf seiner Seite hat.

Welchen Erfolg würde nun ein Recht jeden Verbrecher, auf dessen Kopfe in Preiß gesetzt ist, zu tödten, auf die Sittlichkeit des Volks haben? Ein solcher Befehl rechnet dem Mörder seine That als ein Verdienst an und wie klein ist der Schritt von da bei Menschen, die alles auf Treue und Glauben annehmen, bis zu dem Wahne, daß alles, was Vortheil bringe, erlaubt sey und daß alles Recht durch den Nutzen und Schaden, den jemand davon hat, bestimmt werde.

Der Uebers.

*) Diese Verbindung ist das Eine, was nöthig ist, um allen Bedrückungen unter den Menschen ein Ende zu machen. Die Politik kann nicht von der Moral getrennt werden, wenn sie nicht in die schändlichste Rabulisterei ausarten soll, weil sie sich auf Erfahrung gründet, also keinen festen Grundsatz zuläßt, immer nur das, was nutzt, ohne Rücksicht auf das, was recht ist, zu bewirken sucht und in ein Labyrinth geräth, aus welchem für sie ohne die Leitung des Rechts keine Rettung ist. Alle Politik muß ihr Knie vor dem Rechte beugen, wenn sie der Menschen würdig und nicht elende Sophisterei seyn soll, welche die Menschen und die Staaten als Maschinen betrachtet, die man nach Willkühr zerstören kann. Eine endlose Verwirrung ist der stete Begleiter einer Politik, welche nicht dem Rechtsgesetz als ihrem Obern huldigt. Der Uebers.

welcher die Menschen ihre Glückseligkeit, die Nationen
den Frieden und der Erdkreiß einen langen Zeitraum von
Ruhe und Befreiung von den Uebeln, die auf ihm hau-
ßen, verdanken würde.

§. 23.

Von dem Verhältnisse zwischen Verbrechen und Strafen.

Das gemeinschaftliche Interesse verlangt nicht allein, daß keine Verbrechen begangen werden, sondern
daß sie auch nach Verhältniß der Uebel, welche sie der
Gesellschaft zufügen, seltener seyn.   Es müssen daher
die Hindernisse, welche die Menschen von Verbrechen
abschrecken, desto größer seyn, je nachtheiliger diese für
das allgemeine Beste sind, und je mächtiger die Triebfedern wirken, die zu ihrer Begehung antreiben.   Es
muß also ein richtiges Verhältniß zwischen Verbrechen
und Strafen statt finden.   Wenn Vergnügen und
Schmerz die Triebfeder empfindender Wesen sind *),

wenn

---

*) Vergnügen und Schmerz. Belohnungen und Strafen
sind nicht die einzigen Triebfedern, die den Menschen
in Thätigkeit setzen und zum Handeln antreiben. Wäre
dies der Fall, so hätten seine Handlungen keinen moralischen Werth und könnten weder bestraft noch belohnt
werden, weil die sinnlichen Triebfedern, wenn sie die
Einzigen wären, seine Willkühr unwiderstehlich zur
Wirksamkeit nöthigen würden. Der Mensch hat aber
nicht bloß eine sinnliche, sondern auch eine moralische
Natur: denn warum sind wir bei Untersuchung moralischer Dinge so peinlich gewissenhaft, um auszumachen,
ob sich der Handelnde durch die Triebfedern des Eigennutzes, der Ehre, der Furcht, der Hoffnung oder durch
die Pflicht allein habe bestimmen lassen? Warum können wir einem Menschen, von welchem wir vermuthen,

er

wenn unter den Beweggründen, welche die Menschen zu den erhabendsten Handlungen antreiben, der unsichtbare Gesetzgeber Belohnungen und Strafen gebrauchte, so muß aus der ungleichen Vertheilung derselben der obgleich weniger bemerkte, doch sehr gemeine Widersprüche entstehen, daß die Strafen selbst solche Verbrechen treffen, von welchen sie doch die Urheber waren. Wenn

zwei

er habe aus Eigennutz oder aus einem bloß sinnlichen Antriebe gehandelt, unsere Hochachtung nicht schenken und warum sollen wir hingegen einer Handlung aus Hochachtung gegen das Pflichtgebot, willig unsern ganzen Beifall? Warum legen wir ihr einen Werth, dem nichts gleicht und der ohne Preiß ist, also Würde bei? Würden wir dieß wohl zu thun im Stande seyn, wenn es nicht in uns eine Anlage gäbe, die ein Gesetz aufstellt, das unbedingten Gehorsam oft mit Verachtung aller sinnlichen Vortheile, ja manchmal des Lebens selbst, fodert? Die Persönlichkeit giebt dem Menschen allein moralischen Werth. Sie ist die Quelle alles Guten und Bösen und reißt ihn von der Kette der blinden Nothwendigkeit und von den Fesseln des Eigennutzes loß. Die Menschen können sich also durch das bloße Gesetz, das für sie Pflicht ist, zum Guten und Bösen bestimmen. Sie sind keine bloße Beute der Sinnlichkeit, sondern Schöpfer ihrer eigenen Würde. — Gott, als das heiligste Wesen, verlangt unbedingten Gehorsam gegen seinen Willen, den uns unsere Vernunft im Ideale vorhält, nicht weil es uns angenehm ist oder Vortheil bringt, sondern weil er es gebietet, und ohne alle Rücksicht auf Furcht oder Hoffnung. Man macht sich eine ganze unwürdige Vorstellung von der Gottheit, wenn man wähnt, sie locke die Menschen durch sinnliche Beweggründe, durch Belohnungen und Strafen, zum Gehorsam gegen ihr heiliges Gesetz. Nur unkultivirte Menschen, deren praktische Vernunft noch nicht erwacht ist, stellen sich die Gottheit unter diesen Eigenschaften vor.

Der Uebers.,

zwei Verbrecher welche der Gesellschaft einen nicht gleich großen Schaden verursachen, gleich hart bestraft werden, so finden die Menschen kein größeres Hinderniß zu überwinden, um das größte Verbrechen zu begehen, wenn sie sich nur einen größern Vortheil dadurch verschaffen können. Jeder, der gewahr wird, daß eine und dieselbe Strafe, zum Beispiel die Todesstrafe, denjenigen trifft, der einen Fasan schießt, und der einen Menschen meuchelmörderischer Weise umbringt, oder eine wichtige Schrift verfälscht, wird bald keinen Unterschied zwischen diesen Verbrechen mehr machen *). Auf

diese

*) Nichts äußert einen schädlichern Einfluß auf die Menschen als ein unrichtiger und also ungerechter Maaßstab zwischen Verbrechen und Strafen. Ein Volk, wo ein solches Mißverhältniß zwischen der Uebertretung und dem Uebel eine zeitlang herrschend gewesen ist, wird in seinen moralischen Beurtheilungen ganz verwirrt gemacht. Die schrecklichsten Schandthaten nennt es Verirrungen oder Fehler und die geringsten Vergehungen zählt es oft unter die größten Verbrechen. Es mißt alle Handlungen bloß nach den Vortheilen und den Nachtheilen ab, die daraus entspringen und erstickt endlich gänzlich die hehre Stimme der Pflicht, die ohne Rücksicht auf Nutzen oder Schaden befolgt seyn will. Die Gerechtigkeit geht verloren, weil man kein Gesetz mehr kennt, das unwandelbar bliebe und das sich durch den stürmischen Drang sinnlicher Begierden hindurch noch vernehmen ließe. Die Menschen sinken endlich zum Thiere herab, weil sie in den Handlungen des Staats keine Spur von Gerechtigkeit, die richtig abmißt und das Uebel nach Verdienst vertheilt, gewahr werden. Man fängt die schrecklichsten Verbrechen ohne Scheu und Schaam zu begehen an, weil durch einen Verlust der äußern Gerechtigkeit der innere Richter gänzlich verschwunden ist. Ein richtiger Maaßstab zwischen Verbrechen und Strafen ist also die wirksamste und ächteste Schule der Sittlich-

keit,

dieſe Weiſe vernichtet man das moraliſche Gefühl, das
Werk vieler Jahrhunderte und vieles Blutvergießens
das man ſehr langſam und mit ſchwerer Mühe in
dem menſchlichen Herzen ins Leben ruft und in Thätigkeit ſetzt und zu deſſen Erweckung-man die Unterſtützung
der erhabenſten Beweggründe und eine große Zurüſtung
von ernſthaften Formalitäten für nöthig geachtet hat.

Es iſt unmöglich, bei dem allgemeinen Kampfe
der menſchlichen Leidenſchaften, allen Unordnungen vorzubeugen. Je mehr ein Staat an Bevölkerung zunimmt und jemehr ſich die beſonderen Intereſſen durchkreu-
zen, deſto allgewaltiger werden ſie und es iſt nicht möglich, ihre Thätigkeit unmittelbar auf die Beförderung
des allgemeinen Beſten zu lenken. An die Stelle der
mathematiſchen Genauigkeit muß man bei politiſchen
Berechnungen die Berechnung der Wahrſcheinlichkeit
ſetzen. Wirft man einen Blick in die Geſchichte, ſo
wird man die Unordnungen mit der Erweiterung der
Grenzen eines Staats zunehmen ſehen, und da in eben
dem Verhältniſſe der Nationalſtolz abnimmt, ſo vermehren ſich die Antriebe, Verbrechen zu begehen, nach
dem Maaße des Vortheils, den jeder aus dieſen Unordnungen

keit, weil durch die Gleichheit, die ein gerechtes Geſetz
beobachtet, der Weg zur Tugend geht. Wer nicht rechtlich handelt, iſt noch fern vom Pfade der Tugend. Gerechte Staatsverfaſſungen ſind daher die beſten Anſtalten,
die Menſchen zu beſſern, weil eine durchgängige Beobachtung des äußern Rechts die Menſchen an allgemeine
Maximen gewöhnt, die der Eingang in das Reich der
Tugend ſind.

Der Ueberſ.

nungen zu ziehen glaubt. Da dieser Beweggrund immer zunimmt, so wird man gezwungen, die Strafen immer mehr zu schärfen.

Diese der Schwerkraft ähnliche Gewalt, die uns ohne Aufhören zu dem, was wir uns als zu unserm Wohle beitragend vorstellen, antreibt, wird nur in dem Maaße aufgehalten, als man ihr Hindernisse entgegenstellt. Die Wirkung dieser Gewalt sind die ganze verworrene Reihe der menschlichen Handlungen. Wenn diese wechselsweise an einander anstoßen und einander nachtheilig sind, so verhindern die Strafen, die ich politische Hindernisse nennen möchte, ihre unglücklichen Folgen, ohne die antreibende Ursache zu zerstören, welche in der von dem Menschen unzertrennlichen Empfindungsfähigkeit selbst besteht. Der Gesetzgeber verfährt wie ein geschickter Baumeister, dessen vorzüglichste Sorge dahin geht, den zerstörenden Richtungen der Schwere entgegen zu arbeiten und durch die Vereinigung des Gewichtes und Gegengewichtes seinem Gebäude Festigkeit zu geben.

Nimmt man die Nothwendigkeit einer Vereinigung der Menschen zu einem bürgerlichen Vereine und die Verträge an, die nothwendigerweise selbst aus dem Widerstreite des Eigennutzes der Einzelnen entstehen, so kann man sich die vorfallenden Unordnungen als eine leiter vorstellen, auf deren obersten Sproße die Verbrechen stehen, die unmittelbar auf den Umsturz der Gesellschaft abzielen und auf der untersten die geringen Ungerechtigkeiten, die gegen die einzelnen Mitglieder der Gesellschaft verübt werden. Zwischen diesen Endpunkten

punkten befinden sich alle diejenigen Handlungen, die dem allgemeinen Besten entgegengesetzt sind, und die man Verbrechen nennt, und die alle durch unmerkliche Stufen von der Höchsten bis zur Untersten herabsteigen.

Könnte man die Meßkunst auf die zahllosen und dunkeln Verbindungen menschlicher Handlungen anwenden, so müßte man einen Maaßstab ausfindig machen können, der den Verbrechen entspräche, und der von dem höchsten bis zum niedrigsten herabgienge und könnten wir einen genauen und allgemeinen Maaßstab zwischen Verbrechen und Strafen auffinden, so würden wir auch ein wahrscheinliches und allgemeines Maaß haben, nach welchem wir die Grade der Tyrannei und der Freiheit, der Menschlichkeit und der Bosheit der verschiederen Nationen abmessen könnten. Ein weiser Gesetzgeber aber wird sich damit begnügen, ihre Hauptkennzeichen auszuzeichnen, ohne die Ordnung zu stören. Er wird nicht auf Verbrechen der ersten Größe, Strafen der geringsten Gattung setzen *).

§. 24.

*) Sollte es nicht möglich seyn, einen richtigen Maaßstab zwischen Verbrechen und Strafen aufzufinden, wenn man immer genau das Innere Recht von dem äußern unterschiede und bei der Verletzung des letztern nicht allein auf die Motive, sondern auch auf den Grad von Uebeln sähe, die jemand dem Andern zugefügt hat? Sollte man nicht dadurch in Stand gesetzt werden, immer gerecht zu strafen, wenn man bei jeder Uebertretung auf ihren nähern oder entferntern Zusammenhang mit den Rechten des Menschen, die ihm als einer moralischen auf Andere einwirkenden Person nothwendig zukommen, Rücksicht nähme?

Der Uebers.

§. 241

Von dem Maaßstabe der Verbrechen.

Der wahre Maaßstab der Verbrechen ist die Größe des Schadens, den jemand der Gesellschaft zufügt *).

Dieses

*) Wie will man aber den Schaden, ohne jedes einzelne Subjekt zu fragen, ausfindig machen? Wornach will man seine Größe abmessen, da die Gesellschaft aus Menschen besteht, von welchen jeder einen andern Begriff über schändliche Handlungen hat? Und wie ist es überhaupt möglich, durch Erfahrungsbegriffe, dergleichen Nutzen und Schaden sind, die sich augenblicklich mit jedes Einsicht und Laune verändern, einen Maaßstab zu erhalten, der allgemeingültig sey? Die Begriffe von Verbrechen und Strafen, und von dem Maaßstabe derselben müssen entweder selbst reine apriorische Begriffe seyn oder unmittelbar aus solchen gefolgert werden. Da das Gesetz ein reiner Begriff ist, so muß auch der Maaßstab der Verbrechen und Strafen darauf gegründet werden. Wollte man den obigen vom Verfasser angeführten Maaßstab gelten lassen, wird nicht die Obrigkeit solche Handlungen, die ihr schaden, härter bestrafen als diejenigen, die einen andern Bürger beeinträchtigen? Der Schaden wird nach dem Schmerze abgemessen, den jemand fühlt; allein, hat nicht das Empfindungsvermögen eines jeden Menschen einen höhern und geringern Grad von Reizbarkeit und Kultur, und also mehr oder weniger Empfänglichkeit für äußere Eindrücke? Wird daher nicht der Schmerz dem einem Subjekte empfindlicher als dem Andern seyn? Kann nicht einem Menschen der Verlust seines Vermögens mehr schmerzen als die Beraubung jedes andern und zwar höhern Rechtes? Wie will man ferner je den Menschenmord für ein gleichgroßes Verbrechen erklären und mit gleicher Strafe belegen, da ein Mensch der Gesellschaft mehr nützt, als der Andere, und da bei dem von dem Verfasser angegebenen Maaßstab auf den Grad von Brauchbarkeit eines Menschen für den Staat Rücksicht genommen werden muß? Der Schaden, welcher der Gesellschaft durch

P   ein

Dieses ist eine von den einleuchtendsten Wahrheiten, die aber doch, ob man gleich zu ihrer Entdeckung weder Qua-

ein Verbrechen verursacht wird, kann also nicht der Maaßstab der Größe desselben seyn, weil er einer steten Veränderung unterworfen ist, und weil der Zweck des bürgerlichen Vereins der Nutzen seyn müßte; das letztere ist aber unmöglich, weil das Begehrungsvermögen allein und nothwendig den Menschen in allen Fällen bestimmen müßte, und weil der Mensch weit wichtigere Zwecke hat, die er in der Gesellschaft erreichen soll, als die bloße Befriedigung seiner sinnlichen Neigungen. — Jede Strafe soll nicht allein gerecht, sondern auch zweckmäßig seyn. Das Recht muß also erstlich den Maaßstab der Verbrechen bestimmen. Der Mensch hat nun Rechte, die von seiner Person unzertrennlich und daher wichtiger sind und solche, die sich von ihr trennen lassen und daher einen geringern Werth haben. Eine Verletzung jener muß daher härter bestraft werden, weil sie seine Existenz gefährdet oder vernichtet, als eine Beeinträchtigung dieser, die nur äußere Güter, deren Verlust ersetzt werden kann, betrifft. Der Maaßstab der Verbrechen und Strafen muß also auf der nahen oder fernen Verbindung des verletzten Rechtes mit der Existenz und mit dem Außer sich wirken des Menschen in dieser Welt beruhen. Durch diesen Maaßstab kann leicht die Größe oder die Geringfügigkeit eines Verbrechens und also auch die Strafe bestimmt werden. Man darf nur den nahen oder fernen Zusammenhang der Beeinträchtigung eines Rechtes mit der Unentbehrlichkeit und Wichtigkeit desselben zum Leben aufsuchen. Da nun alle Wirksamkeit des Staats auf den Schutz äußerer Recht eingeschränkt ist, so darf er auch dem Verbrecher den Gebrauch keines andern Rechtes entziehen als eines solchen. Werden irgend jemandes unveräußerliche Rechte verletzt, so muß der Staat auch dem Thäter den Genuß derselben entziehen; wird hingegen ein veräußerliches gekränkt, so muß der Verbrecher auch mit dem Gute büßen, das er dem Andern geraubt hat. Die Strafgerechtigkeit erfodert, daß der Staat Gleiches mit Gleichem

Quadranten noch Ferngläser nöthig hat und die jeder
mittelmäßige Verstand fassen kann, durch eine wunder-
bare Vereinigung von Umständen nur einer kleinen Anzahl von Denkern unter allen Nationen und in allen
Zeitaltern mit völliger Gewißheit bekannt gewesen sind.
Allein die Meinungen, die der Despotismus erzeugt und
die Leidenschaften, die mit Ansehen und Macht begleitet sind, haben meistentheils durch unmerkliche Eindrücke,
manchmal auch durch gewaltsame Einwirckungen auf die

P 2   schüch-

chem vergelte. Nie darf er aber dabei sein angewiese-
nes und allein rechtmäßiges Gebiet überschreiten, er
darf z. B. den Mörder nicht tödten, weil das Leben
kein äußeres Recht, sondern seine Erhaltung eine Gewissenspflicht ist, und also der Mord vor gar kein äußeres Forum gehört, sondern der Gottheit, als dem allein
rechtmäßigen Richter und Gesetzvollzieher im Reiche des
Gewissens überlassen werden muß. Die höchste Strafe,
welche daher der Staat verfügen darf, ist die Entziehung des Genusses der drei unveräußerlichen Bürgerrechte welches die höchsten sind, über welche er Gericht halten darf. Der Mensch soll aber nicht allein
thun was r e c h t ist, sondern er soll auch die K l u g-
h e i t, unter der Leitung der Gerechtigkeit, gebrauchen.
Alle menschliche Strafen müssen daher zweitens zweckmäßig seyn. Sie dürfen nicht dem Zwecke des Menschen auf dieser Erde — der Kultur aller seiner Anlagen — Eintrag thun, sondern so viel als möglich seine Erreichung befördern. Dem Bestraften darf es daher nicht
an Mitteln gebrechen, die seinen Geist ausbilden und
die ihn an moralische Maximen und an allgemeine Gesetzlichkeit in seinen Handlungen gewöhnen. Keine Strafe
darf daher allzulange dauern; die Hoffnung der Freiheit, muß jedem Verbrecher aus dem Hintergrunde ent-
gegenschimmern, damit er sich bestrebe, seine Maximen
zu ändern, seine Kräfte auszubilden und ein brauchba-
rer Mensch zu werden.

Der Uebers.

schüchterne Leichtgläubigkeit der Menschen diejenigen einfachen Begriffe vernichtet, die vielleicht bei der Entstehung der Gesellschaften allgemein bekannt waren, und
die die erste Philosophie ausmachten. Glücklicherweise
scheint uns die Aufklärung dieses Jahrhunderts zu jenen
ursprünglichen Wahrheiten mit einem desto größerm
Nachdrucke zurückzuführen, der durch reifliche Untersuchungen, durch tausend traurige Erfahrungen und selbst
durch den Widerstand, den ihre Aufnahme erfährt,
noch verstärkt wird. ——

Diejenigen irrten gar sehr, welche die Absicht
aus welcher jemand ein Verbrechen begeht, zum Maaßstabe desselben machten. Die Absicht hängt von dem
gegenwärtigen Eindrucke der Gegenstände und von den
vorhergehenden Neigungen des Gemüthes ab. Da sich
aber diese beiden Dinge bei allen Menschen und bei jedem einzelnen Menschen insbesondere durch den schnellen
Wechsel der Ideen, der Leidenschaften und der Gegenstände verändern, so müßte man nicht allein ein besonderes Gesetzbuch für jeden einzelnen Bürger, sondern
auch ein neues Gesetz für jedes Verbrechen haben. Zuweilen fügen auch die Menschen mit der besten Absicht
der Gesellschaft den größten Schaden zu und manchmal
leisten sie ihr, bei dem stärksten Willen, ihr zu schaden,
die ersprießlichsten Dienste *).

Andere

---

*) Die Absicht, aus welcher jemand etwas thut, ist et-
was Inneres, das allein dem Gewissen und der Gottheit verantwortlich ist und ganz und gar nicht vor das
Forum des Staats gehört. — Unser Wille legt seinen
Handlungen bald diese bald jene Absicht zum Grunde
und

Andere beurtheilten die Größe eines Verbrechens mehr nach der Würde der Beleidigten als nach seinem Einfluße auf das allgemeine Beste *).   Wäre dieß der richtige

und kann diesen Wechsel ohne irgend ein äußeres Anzeichen bewirken, wie will man nun die Gesinnung, aus welcher der Mensch handelt, errathen, da ihre Veränderung so schnell geschieht, daß oft der Thäter selbst nicht weiß, warum er etwas gethan hat? Ein solcher Maaßstab der Verbrechen ist daher nicht allein unmöglich und ungerecht, sondern auch ungereimt, weil er voraussetzt, als könne der Mensch durch seinen Willen die Sinnenwelt regieren, da er doch selbst als ein Theil derselben unter ihrer Macht steht und oft nicht im geringsten den Erfolg seiner Handlungen lenken kann. — Die Absichten richtet Gott und das Gewissen, die Thaten aber, welche auf die Willkühr anderer Menschen einwirken, der Staat. Es ist daher der größte Frevel, wenn der Mensch sich zum Richter der bloßen Absicht des Thäters aufwirft, sein Urtheil als menschlicher Gerichtshof darnach bestimmt und das Strafurtheil nach diesem Maaßstabe fällt.

Der Uebers.

*) Vor dem Gesetze sind Alle gleich, mögen sie Bettler oder Reiche, Niedrige oder Hohe seyn. Alle muß dieselbe Strafe treffen, wenn sie gleiche Verbrechen begangen haben, weil die Gleichheit vor dem Gesetze die Bedingung aller bürgerlichen Gesellschaft ist. Den Schwachen und den Starken, den Jüngling und den Greiß, den Aufgeklärten und den Unwissenden, erwartet einerlei Loos (daher die Pflicht der Staatserziehung) wenn das Verbrechen gleich ist. Es läßt sich durchaus mit keiner bürgerlichen Gerechtigkeit vereinigen, wenn einerlei Verbrechen von einer und derselben Gesetzgebung verschieden bestraft werden. Die rechtliche Gleichheit ist die heilige Basis, worauf jeder vernünftige Staat sich stützt und die Gleichheit der Strafen sichert seine Dauer und Festigkeit.

Der Uebers.

richtige Maaßstab der Verbrechen, so würde eine Unehrerbietigkeit gegen das höchste Wesen weit härter bestraft werden müssen, als der Meuchelmord eines Monarchen, weil die Erhabenheit der göttlichen Natur einen unendlichen Ersatz wegen des Unterschiedes der Beleidigung erfodert.

Endlich behaupten Andere, daß man bei der Bestrafung eines Verbrechens auch auf die Größe der Beleidigung gegen Gott, die sich der Verbrecher zu Schulden habe kommen lassen, Rücksicht nehmen müsse *).
Der Ungrund dieser Meinung wird jedem in die Augen
fallen, der die wahren Verhältnisse der Menschen zu
einander und gegen Gott unpartheiisch untersucht. Zwischen den Erstern tritt das Verhältniß der Gleichheit ein
und die Nothwendigkeit allein hat durch das Aneinan-
derstoßen der Leidenschaften und durch den Widerstreit
des Interesses der einzelnen Menschen den Begriff von
dem gemeinschaftlichen Besten erzeugt, das der Grund
der menschlichen Gerechtigkeit ist. Mit Gott hingegen
stehen die Menschen in dem Verhältnisse der Abhängigkeit

---

*) Der bürgerliche Richter darf keine Rücksicht auf das
göttliche Gericht nehmen, weil erstlich Gott gar nicht
beleidigt werden kann (in dem Sinne nämlich, wie wir
diesen Ausdruck von Menschen brauchen) und zweitens,
weil er nach einem ganz andern Maaßstab lossprecht und
verdammt als Menschen thun. Seine Gerichtsbarkeit
ist das Reich der Gedanken und Absichten. Er beurtheilt die Sittlichkeit der Menschen, der Staat hingegen die Gesetzlichkeit ihrer Handlungen. Beide Gerichtshöfe legen daher ihrer Beurtheilung ein ganz verschiedenes Gesetz zum Grunde.
                                Der Uebers.

keit von einem vollkommenen Wesen und von einem Schöpfer, der allein Gesetzgeber und Richter zugleich zu seyn, sich vorbehalten hat, weil er allein beides ohne Ungerechtigkeit und ohne Unanständigkeit seyn kann. Wenn er nun auf jeden Ungehorsam gegen die Befehle seiner Allmacht ewige Strafen gesetzt hat, welches Gewürme wird wagen, die göttliche Gerechtigkeit zu ersetzen? Wer wird sich erkühnen, das Wesen zu rächen, welches sich selbst genug ist, auf welches kein Gegenstand weder einen angenehmen noch unangenehmen Eindruck machen kann und welches allein unter allen Wesen ohne Gegenwirkung wirkt? Die Größe der Sünde beruht auf der unerforschlichen Bosheit des Herzens, die von endlichen Wesen ohne Offenbarung nicht ergründet werden kann. Wie soll nun diese aber bei Bestrafung der Verbrechen zur Richtschnur dienen? Könnte es in diesem Falle nicht leicht geschehen, daß die Menschen straften, wenn Gott verziehe und vergäben, wenn Gott strafte? Wenn die Menschen mit dem Allmächtigen durch eine Beleidigung, die sie ihm zufügen, in Widerspruch gerathen können, so kann dieß auch geschehen, wenn sie strafen.

§. 25.
Von der Eintheilung der Verbrechen.

Einige Verbrechen vernichten unmittelbar die Gesellschaft oder denjenigen, der ihre Stelle vertritt; Andere stören die Privatsicherheit eines Bürgers, indem sie Angriffe auf sein Leben, auf seine Güter oder auf seine Ehre thun, Andere endlich sind Handlungen, die demjenigen zuwider sind, was jedermann in Rücksicht des allge-

allgemeinen Besten zu thun oder zu unterlassen verbunden ist *).

Jede Handlung, die nicht in den obenangegebenen Grenzen enthalten ist, kann weder ein Verbrechen genannt, noch als solches bestraft werden, außer von denjenigen, deren Vortheil es erfodert, ihr diesen Namen zu geben. Die Ungewißheit dieser Grenzen ist unter

---

*) Das höchste Verbrechen, welches vor einen menschlichen Gerichtshof gehört, ist eine Handlung, welche auf die Vernichtung des Staates abzielt, weil die Menschen durch eine solche That in den gesetzlosen Naturstand zurück gestoßen und also ihrer gesetzlichen Existenz, die vor dem Rechte einen höhern Werth als das Leben selbst hat, beraubt werden. Eine zweite niedrigere Gattung von Verbrechen besteht in der Beraubung der unveräußerlichen Rechte und eine dritte noch geringere, in der Entziehung äußerer Güter. Je höher daher das Recht, das beeinträchtigt, oder das Gut, das verletzt wird, ist, desto größer ist das Verbrechen. Wer jedem gesetzlichen Zustande unter den Menschen ein Ende macht, muß am härtesten bestraft werden. Auf den Menschenmord, auf die Verstümmelung des Körpers und auf die Verwahrlosung des Geistes des Andern und auf die Entziehung des Genusses der Freiheit, folgt eine größere und empfindlichere Strafe als auf den Verlust äußerer ersetzbarer Güter. — Die dritte Klasse von Verbrechen, die der Verf. anführt, sind schon in der zweiten enthalten: denn worin kann das allgemeine Beste anders bestehen, als in dem Wohle und in der Sicherheit der einzelnen Bürger, wenn es nicht ein untauglicher Begriff für die Gesetzgebung seyn soll. — Wird daher eine Handlung zum Nachtheil des allgemeinen Besten für strafbar erklärt, so muß sie eine Verletzung der Rechte eines Bürgers seyn: denn die Gesetze dürfen nichts bestrafen, was nicht diesen Charakter trägt.

Der Ueberf.

unter den Nationen der Urheber einer Sittenlehre gewesen, die mit der Gesetzgebung im Widerspruche steht.
Sie hat Veranlassung zu manchen Gesetzen gegeben,
die selbst einander widersprechen, und daher ist jene
Menge von Gesetzen entstanden, die den weisesten Mann
der härtesten Strafe preiß geben; daher rühren auch
jene schwankenden und unbestimmten Begriffe von Tugend und Laster und daraus entspringt auch die Ungewißheit der Bürger wegen ihrer Existenz, die in dem
Staatskörper jene unselige Schlafsucht und Unthätigkeit erzeugt, welche den Untergang der Staaten herbei-
bei führt.

Die Meinnng, daß jeder Bürger alles das thun
darf, was durch kein Gesetz verboten ist, ohne andere
Unannehmlichkeiten befürchten zu müssen als diejenigen,
die aus seiner Handlung selbst entstehen können, ist ein
politischer Lehrsatz, der von den Völkern geglaubt und
von den höchsten Obrigkeiten unter dem unbestechlichen
Schutze der Gesetze geprediget werden sollte: ein heiliger
Lehrsatz, ohne welchen es keine gesetzmäßige Gesellschaft
geben kann: eine gerechte Vergeltung für das Opfer,
das die Menschen mit ihrer Freiheit, die das Erbgut
aller empfindenden Wesen und die nur durch die Grenzen der eigenen Kräfte eingeschränkt ist, gemacht haben;
mit der Freiheit nämlich, in allen Dingen ihr eigener
unumschränkter Herr zu seyn *).

Diese

*) Der Staat ist zum Schutze der Rechte Aller bestimmt.
Er darf daher nichts verbieten, was nicht irgend jemandes Rechte beeinträchtigt. Seine Wirksamkeit fängt
also da an, wo sich Bürger durch ihre Handlungen einander unrecht thun, und wo sie also ihre Willkühr nicht
auf

Diese Meinung bildet freie und tapfere Menschen, und klärt den Verstand auf. Sie macht dieselben tugendhaft und flößt ihnen eine Tugend ein, die über alle Furcht erhaben ist und macht ihnen jene sclavische Klugheit verächtlich, die desjenigen würdig ist, der sein Daseyn nur als eine Gnade oder als ein erbetteltes Geschenk anzusehen niederträchtig genug ist.

Durchließt man mit philosophischem Blicke die Gesetzgebungen der Nationen und ihre Jahrbücher, so wird man fast immer gewahr werden, daß sich die Begriffe von Tugend und Laster, von einem guten und schlechten Bürger mit den Revolutionen der Jahrhunderte, aber nicht in Verhältniß der Veränderungen, welche sich in den Umständen der Länder ereignen und die daher immer dem allgemeinen Besten angemessen sind, sondern

auf die Bedingung einer allgemeinen Gesetzlichkeit einschränken. Der Staat kann daher nur das verbieten, was die Gesetzlichkeit der äußern Freiheit aufhebt, und nichts kann ein Verbrechen genannt werden, was dieses allgemeine Menschengesetz nicht verletzt. Handlungen, sie mögen auch noch so abscheulich und noch so schändlich seyn, wodurch der Thäter keines Andern Rechten Abbruch thut, gehören allein vor sein Gewissen und nicht vor den Staat. Der Selbstmörder, der Verstümmler seiner Gliedmaßen, der Säufer, der Wüstling können und dürfen keiner bürgerlichen Strafe unterworfen werden, ob sie gleich wegen dieser Thaten der Gottheit verantwortlich sind. Der Staat verfährt nur so lange rechtlich, als er Handlungen vor sein Forum zieht, welche die allgemeine äußere Gleichheit der Willkühr vernichten. Ueberschreitet er diese Grenze, so handelt er unrecht.

Der Uebers.

sondern in Verhältniß der Leidenschaften und Irrthümer,
die nach und nach die verschiedenen Gesetzgeber beherrscht
haben, verändern. Man wird auch sehr oft bemerken,
daß die Leidenschaften eines Jahrhunderts die Grundlage sind, worauf die Sittenlehre der künftigen Jahrhunderte erbauet worden ist; und man wird sehen, daß
die gewaltigen Leidenschaften — die Töchter des Fanatismus und des Enthusiasmus — die so zu sagen von der
Zeit, die alle physischen und moralischen Erscheinungen
wieder ins Gleichgewicht bringt, entkräftet und abge-
nagt werden, nach und nach zur Klugheit des Zeitalters
umgestaltet und ein nützliches Werkzeug in den Händen
des Mächtigen und Schlauen werden. Auf diese Weise
entstanden die sehr dunkeln Begriffe von Ehre und Tugend und so sind sie noch beschaffen, weil sie sich mit dem
Wechsel der Zeiten verändern, der die Ursache ist, daß
die Namen die Sachen überleben, welche mit den Flüs-
sen und Bergen wechseln, die oft nicht allein die Grenzen der physischen, sondern auch der moralischen Geo-
graphie sind *).

§. 26.

*) Der Grund des Wechsels von dem, was man Tugend
und Laster nennt, liegt in der allmäligen und stufenweisen Ausbildung des Menschengeschlechts. Daher ehrt
man in einem Lande und in einem Zeitalter Dinge und
Thaten, welche in andern verachtet und gebrandmarkt
werden. Diese Verwirrung der Begriffe kann nur
allein durch Aufklärung wieder gut gemacht werden,
die alles Unächte, Falsche und Ungerechte verschwinden
macht. Es ist daher auch eine unterlaßliche Pflicht der
Nationen, in ihrer Gesetzgebung mit den Fortschritten
ihrer Kultur gleichen Schritt zu halten, um das zu
verbessern, was Unwissenheit, Aberglaube und Fanatismus zu Verbrechen gestempelt haben. Es giebt aber
einen

§. 26.

Von den Verbrechen der beleidigten Majeſtät.

Die erſten Verbrechen, die unter die größten gezählt werden, weil ſie die ſchädlichſten ſind, ſind diejenigen, die man Verbrechen der beleidigten Majeſtät
nennt. Die Tyrannei und die Unwiſſenheit, welche die
deutlichſten Worte und Begriffe verwirren, können allein Verbrechen von ganz verſchiedener Beſchaffenheit
mit dieſem Namen belegen und ihnen folglich die größte
Strafe zuerkennen und ſo die Menſchen wie bei tauſend
andern Gelegenheiten als Schlachtopfer eines Wortes
zu morden. Jedes Verbrechen, wenn es auch gleich
nur bloß gegen einen einzelnen Bürger begangen wird,
verletzt die Geſellſchaft; allein nicht jedes Verbrechen
zielt auf den unmittelbaren Umſturz des Staates ab.
Die moraliſchen Handlungen haben, wie die phyſiſchen,
ihren beſtimmten Wirkungskreiß *) und ſind auf verſchiedene

einen Zeitpunkt in der Ausbildung der Nationen und
des Menſchen, wo die unſelige Verſchiedenheit von dem
was rechtlich und widerrechtlich iſt, ein Ende hat und
dieſer Zeitraum tritt ein, wenn die Anlage für die Per-
ſönlichkeit erwacht und ihr Geſetz bekannt iſt, dann
trachtet die Vernunft ſtets parnach, daß ihr heiliges
Geſetz der Prüfſtein von allen Geboten und Verboten ſey.

Der Ueberſ.

*) Moraliſche Handlungen und phyſiſche Wirkungen unter-
ſcheiden ſich gänzlich und der Art nach von einander. Jene
beruhen auf dem Geſetze der Freiheit, dieſe auf dem
Geſetze der Nothwendigkeit; jene werden nach dem Sit-
ten- oder Rechtsgeſetze beurtheilt, dieſe nach dem Grundſatze der Urſachlichkeit.

Der Ueberſ.

schiedene Art wie alle Bewegungen der Natur, von der
Zeit und von dem Raum begrenzt. Nur Sophisterei,
die gewöhnlich die Philosophie der Sclaverei ist, kann
das verwirren, was die ewige Wahrheit durch unwan-
delbare Grenzen von einander unterschieden hat *).

§. 27.

*) Worin besteht ein Majestätsverbrechen? Es ist eine
Handlung in der Absicht, den Staat zu vernichten, entweder durch Umänderung der Staatsform ohne Einwilligung der Nation, oder durch Verrath an das Ausland,
um die jetzt bestehenden Einrichtungen aufzuheben. So
lange also noch nicht die Absicht der Thäter ausgemacht
ist, daß sie den Staat haben vernichten wollen, können
sie auch nicht als Majestätsverbrecher angesehen werden.
Keine Unehrerbietigkeit gegen die obersten Beamten,
kein bloßer Widerstand gegen ihre Befehle, und keine
Beleidigung ihrer Personen ist ein Majestätsverbrechen.

Majestät kommt nur der ganzen Nation als einer moralischen Person oder denjenigen zu, die ihre Stelle vertreten. Die gesetzgebende Gewalt vertritt die Nation,
weil sie allgemeine Vorschriften giebt, die ein Akt der
Nation sind, weshalb ihr allein Majestät zukommt.
Weder die vollziehende noch die richterliche Gewalt sind
mit Majestät begleitet, weil sie keine Handlungen der
Souverainität verrichten, die allein in Erklärung des
Nationalwillens durch allgemeingültige Gesetze bestehen,
sondern das Gesetz als ihre Pflicht, der also schon
Gesetze vorausgehen, auf einen besondern Fall
anwenden. Es kann daher nur gegen den gesetzgebenden
Körper ein Majestätsverbrechen begangen werden, der
allein als Organ des Nationalwillens mit Majestät begleitet ist.

Wenn wird nun ein Majestätsverbrechen gegen die
gesetzgebende Gewalt verübt? Nicht wenn einzelne Personen derselben vernichtet werden, noch wenn ein Gesetzgeber beeinträchtigt wird, sondern wenn die ganze gesetzgebende Gewalt oder auch einzelne Personen derselben
in der Absicht aus dem Wege geschaft werden, um eine
Umän-

§. 27.

Von den Verbrechen gegen die Sicherheit irgend eines Privatmannes. Von Gewaltthätigkeiten.

Auf die erste Gattung von Verbrechen folgen diejenigen Verbrechen, welche die Sicherheit irgend eines
Privatmannes verletzen. Da die Sicherheit nun der
Hauptzweck jeder gesetzmäßigen bürgerlichen Verbindung
ist, so muß die Verletzung des Rechts der Sicherheit,
auf welches jeder Bürger Ansprüche hat, eine der härtesten Strafen, welche die Gesetze verfügen, treffen *).

Einige

Umänderung in der Verfassung zu bewirken, oder sie
gänzlich umzustürzen und eine gänzlich verschiedene Regierungsform an ihre Stelle zu setzen, ohne daß die Nation
darein gewilligt hat. Die Majestätsverbrechen zielen
also darauf ab, den Nationalwillen in öffentlichen Angelegenheiten aufzuheben. Warum ist nun die Beleidigung oder die Vernichtung einer Person, die mit dem
Nationalwillen begleitet ist, kein Majestätsverbrechen,
wenn man nicht den Umsturz der Staatsverfassung beabsichtigt? Weil jeder öffentliche Beamte zugleich Bürger
ist, und daher ein Vergehen gegen ihn bloß nach den
Gesetzen, die für Alle gleich sind, beurtheilt und bestraft
werden muß. Wollte man diese Behauptung nicht gelten lassen, so würde man den Charakter eines rechtlichen
Staates — Gleichheit aller Personen vor dem Gesetze —
vernichten.

*) Worin besteht aber die Sicherheit? Rechnet man nicht
oft Dinge darunter, welchen der Staat gar keinen
Schutz gewähren darf? Fragt man nicht oft mehr seine
Bequemlichkeit als sein Recht, wenn man sich über Unsicherheit beschwert? Rührt nicht oft auch die Klage über
Unsicherheit daher, daß der Staat den Ungerechtigkeiten und den Betrügereien Einzelner steuert, die sich auf
Kosten aller Andern bereichern wollen? Es ist nur zu oft
der

Einige Verbrechen sind Angriffe auf die Person, Andere auf die Ehre und Andere endlich auf das Vermögen

der Fall, daß die bisher privilegirten Bedrückungen, wenn der Staat sie aufhebt, das Geschrei von Unsicherheit erhebt und daß diejenigen, welche die allgemeine Sicherheit und rechtliche Gleichheit am kühnsten verletzen, die ärgsten Schreier über die Störung der Sicherheit sind. Die Sicherheit besteht nicht darinne, daß keine Laster begangen werden, weil diese als von der bloßen Maxime der Willkühr abhängend gänzlich außer dem Staatsgebiete liegen und daher nicht verhindert werden können, noch darinne, daß alles in träger Todesruhe seine Tage verträume, noch in der Beibehaltung des hergebrachten Schlendrians und der eingeführten Privilegien, sondern in der freien und ungestörten Ausübung und in dem ungehinderten Genusse aller veräußerlichen und unveräußerlichen Bürgerrechte. Sie wird nur dadurch verletzt, daß man das Recht irgend eines Bürgers verletzt oder sie wird durch Auflauf gestört, entweder um sich den Befehlen der Obrigkeit zu widersetzen, oder die Staatsverfassung umzustürzen. Meinungen, so gefährlich man auch ihre Existenz halten und so nachtheilig man sie auch für die öffentliche Sicherheit betrachten mag, sind so lange keine Verbrechen, als sie nicht in That, also in Verletzungen von irgend jemandes Rechte, übergehen, weil sie Producte des Verstandes und keine Aeußerungen der Willkühr sind, welche allein den Rechten des Andern Abbruch thun können. — Jedes Verbrechen ist eine Verletzung der Sicherheit, allein deshalb kann doch nicht Eins so hart bestraft werden als das Andere, also die Störung der Sicherheit nicht immer unter die schwersten Verbrechen gezählt werden, weil bald durch sie der Genuß von Rechten gehindert wird, die unzertrennlich vom Leben sind, bald von solchen, ohne welche der Mensch bequem fortleben kann. Die Größe der Strafe, welche den Verletzer der öffentlichen Sicherheit trifft, muß nach der Wichtigkeit des gekränkten Rechts abgemessen werden.

Der Uebers.

mögen eines Bürgers. Die Erstern müssen ohnfehlbar mit Leibesstrafen belegt werden *).

Angriffe auf die Sicherheit und auf die Freiheit der Bürger müssen unter die schwersten Verbrechen gerechnet werden; und in diese Classe gehören nicht allein der Meuchelmord und der Diebstahl gemeiner Leute, sondern auch der Großen und der Obrigkeiten, deren Einfluß sich weiter erstreckt und mit größrer Kraft wirkt und der in den Unterthanen alle Begriffe von Gerechtigkeit und Pflicht austilgt und an ihre Stelle den Begriff von dem Rechte des Stärkern setzt, das endlich für den eben so gefährlich ist, welcher es ausübt, als für den, welcher darunter leidet.

Es darf weder der Gewaltige noch der Reiche seine Angriffe auf den Ohnmächtigen und Armen mit Geld vergüten können **): denn sonst würde der Reichthum, der

*) Warum dies? Es giebt ja verschiedenerlei Angriffe auf die Person des Andern, die bald eine geringere bald eine größere Wichtigkeit vor dem Rechte haben? Soll eine Insultirung durch Schläge eben die Strafe treffen, welche den Angriff trifft, den jemand auf den Andern thut, um ihn sein Vermögen abzunehmen?

Der Uebers.

**) Keine Strafe darf durch Geld allein getilgt werden, weil der Verbrecher nicht bloß deshalb gestraft wird, daß er einem einzelnen Bürger unrecht gethan hat, sondern auch Strafe verdient, daß er den Staat als eine moralische Person beleidigt hat, deren Verletzung nur durch körperliche Leiden oder durch eine einstweilige Beraubung seiner Freiheit wieder gut gemacht werden kann,

Der Uebers.

ber unter dem Schuße der Geseße eine Belohnung des
Fleißes ist, ein Unterstüßungsmittel der Tyrannei wer-
ben. In keinem Staate herrscht Freiheit, wo die Geseße zugeben, daß der Mensch unter gewissen Umstän-
ben aufhöre eine Person zu seyn und zur Sache
erniedrigt werde. Man wird alsbann den Mächtigen
alle Geschicklichkeit und Mühe anwenden sehen, um aus
der Menge von Vereinigungen, welche aus dem Zustande der Gesellschaft hervorgehen, diejenigen hervor-
zubringen, welche ihm das Geseß zu seinem Vortheile
einräumt *). Diese Entdeckung ist die Zauberkraft,
welche die Bürger in Lastthiere verwandelt und die in
der Hand des listigen und Mächtigen die Kette ist, womit sie die Handlungen der Unvorsichtigen und Schwachen fesseln.

Dieß ist die Ursache, warum in einigen Staaten,
die allen Anschein des Regiments der Freiheit haben, die
Tyran-

*) Es ist sehr viel daran gelegen, daß der Staat darüber
wache, daß nicht listige, habsüchtige und ehrgeizige
Menschen die Geseße so deuten und stellen, daß sie von
ihrer Vollziehung den größten Vortheil ziehen. Es ist
kein wirksameres Mittel diesem Unfuge zu steuern als
Publizität aller Verhandlungen und Rechtssprüche, damit das Publikum in Stand gesetzt werde, zu entscheiden, ob auch das Geseß dem öffentlichen Willen gemäß
ausgelegt und vollzogen werde. Eine rechtliche Verfassung, die alle Bürger gleichen Geseßen unterwirft und die
Vortheile und Nachtheile, welche aus der bürgerlichen
Vereinigung entspringen, gleich vertheilt, ist am ge-
schicktesten zu verhindern, daß Schlauheit, Arglist und
Geschicklichkeit durch das Geseß nicht mehr gewinne und
verliere, als Offenheit, Redlichkeit und Einfalt.
                                    Der Uebers.

Q

Tyrannei doch im Verborgenen herrscht, oder sich un=
vermerkt in einen Winkel einschleicht, den der Gesetz=
geber vernachläßigt hat und worin sie allmälig Kräfte
sammelt und immer größer wird.   Der offenbaren Ty=
rannei setzen die Menschen immer einen Damm, der
stark genug ist, entgegen, aber sie sehen nicht den un=
sichtbaren Wurm, der ihn durchlöchert und der dem
reissenden Strome einen desto sicherern Weg öffnet, je
verborgener er alles durchgräbt.

   Wie sollen nun die Verbrechen der Adlichen, de=
ren Vorrechte einen großen Theil der Gesetze der Natio=
nen ausmachen, bestraft werden? Ich will hier nicht
untersuchen, ob dieser erbliche Unterschied zwischen den
Adlichen und Bürgerlichen in einer Regierung nützlich
oder in einer Monarchie nothwendig sey; ob es wahr
sey, daß der Adel eine Mittelgewalt vorstelle, welche
den Ausschweifungen der beiden Endpunkte Grenzen
setze, oder ob er nicht vielmehr eine Gesellschaft bilde,
die, da sie ihr eigener und Anderer Sclave ist, allen
Umlauf des Ansehens und der Hoffnung in einen sehr
engen Kreiß einschließe, gleich jenen fruchtbaren und
anmuthigen Inseln, die man in den unermeßlichen
Sandwüsten Arabiens erblickt; und ob wenn es wahr
ist, daß die Ungleichheit in den Gesellschaften unver=
meidlich oder so gar nützlich sey, es gleichfalls gegrün=
det sey, daß sie vielmehr zwischen ganzen Classen als
zwischen einzelnen Personen statt finden müsse; ob es
nützlicher sey, daß sie vielmehr an einem Orte festhafte
als sich durch den ganzen Staatskörper verbreite und ob
es gerecht sey, daß sie sich vielmehr verewige, als un=
auf=

aufhörlich entstehe und stets wieder vernichtet werde *)? Wie es nun aber auch mit allen diesen Fragen beschaffen seyn mag, so will ich mich doch bloß auf die für diesen Stand gehörigen Strafen einschränken. Ich behaupte daher, daß den höchsten und niedrigsten Bürger einerlei Strafe treffen müsse. Jeder Unterschied, mag er in den Ehrenstellen, oder im Reichthum bestehen, setzt, wenn er rechtmäßig seyn soll, eine vorhergehende Gleichheit zwischen den Bürgern voraus, die sich auf die Gesetze gründet, welche alle Unterthanen als gleichabhängig von sich ansehen. Man muß also annehmen, daß die Menschen, als sie auf ihre uneingeschränkte Freiheit und Gewalt Verzicht thaten, gesagt haben: „wer am fleißigsten seyn wird, soll das größte Ansehen erhalten und sein Ruhm soll sich auf seine Nachkommen fortpflanzen; wer aber glücklicher und geehrter, als seine Mitbürger ist, mag sich zwar mit glänzendern Hoffnungen schmeicheln, aber sich nicht weniger als Andere in Acht nehmen, diejenigen Verträge zu verletzen, durch welche er über Andere erhoben worden ist.‟

Q 2   Es

*) Es ist wohl keinen Schwierigkeiten unterworfen, wie die Antwort auf die obigen Fragen des Verf. ausfallen muß. Wer über den Charakter eines Gesetzes nachgedacht hat und wer weiß, daß alle Gesetze sowohl in der physischen, moralischen und rechtlichen Welt Allgemeingültigkeit haben müssen, der wird sich ohne Zweifel nicht wenig wundern, wie es Gesetze mit Ausnahme und Nichtgültigkeit für einige Individuen geben kann. Jeder Staat, der Gesetze hat, macht also eine völlige rechtliche Gleichheit geltend.   Der Uebers.

Es ist zwar wahr, daß dergleichen Beschlüsse auf keinem Reichstage des Menschengeschlechts gemacht worden sind, allein sie sind doch nichts desto weniger in den unveränderlichen Verhältnissen der Dinge gegründet. Sie vernichten die Vortheile nicht, die man sich von der Einführung des Adels verspricht und verhindern die Nachtheile, die daraus entspringen können. Sie machen die Gesetze furchtbar, indem sie der Straflosigkeit jeden Weg versperren *).

Wollte man mir die Einwendung machen, däß, wenn man eine und dieselbe Strafe dem Adlichen und dem Bürgerlichen zufüge, sie wegen der verschiedenen Erziehung und wegen der Ehrlosigkeit, womit man eine berühmte Familie brandmarke, nicht mehr wirklich dieselbe, sondern eine Andere sey **); so antworte ich: nicht

---

*) Die Strafe muß, wenn das Verbrechen und die Absicht gleich ist, für alle Bürger gleich hart seyn: man hebt sonst sowohl das Grundgesetz des Staates auf, als giebt man zu dem Gedanken Veranlassung, als ob der Staat die Quelle aller moralischen und rechtlichen Begriffe sey und macht daher den innern Richtern — das Gewissen, den wachsamsten Hüter und die festeste Stütze der Staaten — selbst verstummen. Es giebt nichts gefährlicheres für einen Staat, als Ungleichheit der Strafen bei gleichen Verbrechen und Motiven: der denkende und aufgeklärte Theil der Nation wird dadurch empört und unwillig und der gedankenlose und wahngläubige Pöbel schaudert dann vor keiner auch noch so schrecklichem That zurück, weil ihn kein innerer Richter warnt und weil er sich mit dem Gedanken schmeichelt, daß das Glück ihm vielleicht eben so günstig seyn werde, als vielen Andern.   Der Uebers.

**) Soll der Staat bei seinen Strafen auf die größere oder geringere Empfindlichkeit der Subjekte Rücksicht nehmen?

nicht der Grad der Empfindlichkeit ist der Maaßstab der Strafen, sondern der öffentliche Schaden, der um desto größer ist, je mehrere Begünstigungen derjenige genießt, der ihn verursacht. Die Gleichheit kann nur äußerlich seyn, denn sie ist in der That bei jedem einzelnen Subjekte verschieden. Die Ehrlosigkeit einer Familie kann von dem Souverain durch öffentliche Bezeugungen seines Wohlwollens gegen die unschuldige Familie des Schuldigen ausgetilgt werden. Und wer weiß nicht, daß ähnliche Beweise von Wohlwollen, welche in die Augen fallen, bei dem leichtgläubigen und alles bewundernden Haufen die Stelle von Gründen vertreten?

§. 28.

Von Beleidigungen (Injurien).

Die persönlichen und ehrenrührigen Beleidigungen, welche einem Bürger den rechtmäßigen Antheil von

---

nehmen? Wird nicht durch eine solche Beobachtung die Gleichheit vor dem Gesetze aufgehoben, die nicht Empfindungen, sondern Thaten mißt? Besitzt nicht vielleicht der Empfindungsvollere größere Einsichten, als der Gefühllose und kann dadurch seiner Strafe Vieles von den Unannehmlichkeiten entziehen, die den Andern drücken? Der Richter muß auf Gleichheit der Thaten sehen und nicht auf das Innere. Er muß daher seine Strafe nicht nach der verschiedenen Reitzbarkeit abmessen, sondern nach der Größe des Verbrechens. Wie will er sonst die Zuschauer überzeugen, daß er gerecht verfahre und wie will er dem Vorwurf der Partheilichkeit von sich abwenden? Dem Menschen stehen viele Mittel zu Gebote, ihre Leiden zu lindern, also ist der sicherste Maaßstab der Gerechtigkeit der Strafen die Gleichheit des äußern Uebels bei gleichen Verbrechen.

Der Uebers.

von Achtung rauben, den er von Andern zu fodern berechtigt ist, müssen mit Ehrlosigkeit bestraft werden.

Es giebt einen merkwürdigen Widerspruch zwischen den bürgerlichen Gesetzen — den kalten Wächtern,
vorzüglich des Körpers und der Güter jedes Bürgers —
und den Gesetzen über das, was man Ehre nennt, welche die öffentliche Achtung allem Andern vorzieht. Das
Wort Ehre ist eines von denjenigen, das zu langen
und glänzenden Untersuchungen Stoff geliefert hat, ohne
daß man einen bestimmten und deutlichen Begriff damit
verbunden hätte. Es ist ein unglückliches loos des
menschlichen Geistes, daß ihm die entferntesten und weniger wichtigen Revolutionen der himmlischen Körper
deutlicher und genauer bekannt sind, als die nahen und
höchst wichtigen moralischen Begriffe, die immer schwan-
kend und ungewiß sind, je nachdem sie von dem Sturme
der Leidenschaft hin und hergetrieben und verdunkelt werden, und je nachdem sie von der Unwissenheit, die sie
leitet, aufgenommen und fortgepflanzt werden. Aber
dieses scheinbare Paradoxon wird verschwinden, wenn
man erwäget, daß, wie die Gegenstände, die den Augen allzu nahe sind, sich verwirren, so verursacht auch
die allzugroße Nähe der moralischen Begriffe, daß die
Menge der einfachen Begriffe, woraus sie zusammengesetzt sind, sich mit einander vermengen und ihre
Scheidungslinie verwirren, die ein geometrischer Kopf
braucht, der die Erscheinungen des menschlichen Gemüths messen will. Ueberhaupt aber wird jedem besonnenen Forscher menschlicher Handlungen das Wun-
derbare verschwinden, wenn er auf die Vermuthung
geräth,

geräth, daß man vielleicht keine so große Menge moralischer Begriffe und so viele Bande nöthig habe, um die
Menschen glücklich zu machen und ihnen Sicherheit zu
gewähren.

Der Begriff von Ehre ist Eine von den zusammengesetzten Vorstellungen, die nicht allein aus einfachen, sondern wiederum auch aus zusammengesetzten
Begriffen bestehen und zusammen ein Ganzes ausmachen. Nach den verschiedenen Ansichten, unter welchen sie sich dem menschlichen Geiste vorstellen, faßt der
Verstand bald Einige von den verschiedenen Bestand-
theilen, woraus sie bestehen, auf; bald schließt er Einige von ihnen aus und behält nur einige wenige Ge-
meinbegriffe bei, so wie viele algebraische Größen einen
gemeinschaftlichen Theiler zulassen. Um den gemeinschaftlichen Theiler unter den mancherlei Vorstellungen
die sich die Menschen von der Ehre machen, aufzufinden,
muß man einen flüchtigen Blick auf die Entstehung der
Gesellschaften werfen.

Die Nothwendigkeit, dem Unfuge der physischen
Uebermacht und der Herrschsucht eines jeden einzelnen
Menschen zu steuern, war die Veranlassung zu dem
Entstehen der Gesetze und der Obrigkeiten. Diese Verhinderung von Gewaltthätigkeiten war der Zweck, den
man durch die Errichtung der Gesellschaften beabsichtigte
und diesen Hauptzweck hat man immer an der Spitze
aller, sogar der verderblichen und schädlichen Gesetzbü-
cher, entweder in der That oder nur scheinbar beibehalten. Eine genauere Verbindung der Menschen aber
mit einander und ihre größern Fortschritte in den Kenntnissen

niſſen erzeugten eine unendliche Reihe von wechſelſeiti-
gen Handlungen und Bedürfniſſen, welche die Geſetze
nicht voraus geſehen hatten und denen die Kräfte eines
einzelnen Menſchen nicht gewachſen waren. Seit dieſem Zeitpunkte fieng der Despotismus der Meinung zu
herrſchen an, der das einzige Mittel war, von Andern
die Vortheile zu erhalten, die das Geſetz nicht verſchaf-
fen, und die Uebel zu entfernen, gegen welche es keinen
Schutz gewähren konnte. Die Meinung iſt es, die den
Weiſen und den Einfältigen foltert, die dem Scheine
der Tugend ein größeres Anſehen verſchaft als der Tugend ſelbſt und die ſogar den Böſewicht in einen Buß-
prediger verwandelt, weil er bei dieſer Scheinheiligkeit
ſeinen Vortheil findet. Daher wurde die Achtung und
der Beifall der Menſchen nicht allein nützlich, ſondern
auch nothwendig, um nicht geringer geachtet zu werden
als andere Bürger. Wenn daher der Ehrgeizige nach
ihnen als einem Mittel, das ſeinen Abſichten günſtig
iſt, ſtrebt, wenn der Eitle um ſie als um ein Zeugniß
ſeines eigenen Verdienſtes bettelt, ſo ſieht ſich auch der
Mann von Ehre und Rechtſchaffenheit gezwungen, ſich
um ſie zu bewerben. Dieſe Ehre iſt eine Eigenſchaft,
die ſehr viele Menſchen eben ſo hoch als ihr Leben ſchä-
zen. Da ſie erſt nach der Errichtung der Geſellſchaft
entſtanden iſt, ſo konnte ſie nicht in gemeinſchaftliche
Verwahrung gegeben werden. Sie iſt vielmehr eine
augenblickliche Zurückkehr in den Naturſtand und der
Menſch entzieht auf einen Augenblick ſeine Perſon denjenigen Geſetzen, die ihm in gewiſſen Fällen keinen hin-
länglichen Schutz gewähren.

Daher

Daher verschwinden sowohl bei der größtem politischen Freiheit als bei der drückendstem Sclaverei die Begriffe von Ehre oder vermischen sich gänzlich mit Andern; weil im erstern Falle der Despotismus der Gesetze jedes Bestreben nach dem Beifalle Anderer unnütz macht und im zweiten der Despotismus der Menschen die bürgerliche Existenz vernichtet und jedem Bürger nur eine ungewisse und augenblickliche Persönlichkeit läßt. Die Ehre ist daher Einer von den Hauptgrundsätzen derjenigen Monarchie, worin ein gemäßigter Despotismus herrscht. Sie bringt in dieser eben die Wirkungen hervor, welche in despotischen Staaten Revolutionen verursachen. Sie versetzt den Unterthan einen Augenblick in den Zustand der Natur zurück und erinnert den Regenten an die alte Gleichheit *).

§. 29.

*) Es giebt eine moralische und eine bürgerliche Ehre; jene geht durch Unsittlichkeit, diese durch Widerrechtlichkeit verloren: jene erwirbt man durch Ausübung der Tugendpflichten, diese durch Gehorsam gegen die Rechtsgesetze; jene besteht in der Achtung, die uns wegen einer genauen Befolgung des Sittengesetzes gezollt wird, diese in der öffentlichen Meinung, daß wir alle eingeführten Gesetze streng befolgen und uns nichts gegen sie zu schulden kommen lassen und daß wir daher treue und ehrliche Bürger sind. Ueber jene entscheidet das Gewissen, über diese der bürgerliche Richter. Jene bleibt uns oft, wenn wir diese einbüßen, und so umgekehrt.

Als moralische Personen muß uns jedermann heilig achten und niemand darf uns weder durch Worte noch durch Handlungen als Sachen behandeln, wenn er nicht unsere moralische Ehre beeinträchtigen will. Wenn nun jemand durch seine Urtheile und Meinungen von uns zu erkennen giebt, daß wir Taugenichtse, Säufer, Faullenzer, Feige u. s. w. sind, ob wir gleich diesen Schimpf nicht

§. 29.

Von den Duellen.

Aus der Nothwendigkeit, die Achtung und den Beifall Anderer zu behaupten, entstanden die Duelle, die

nicht verdienen, können wir ihn deshalb vor Gericht ziehen? Ich behaupte, nein! weil wenn er uns unrecht thut; ein Gewissens- aber kein äußeres Bürgerrecht in uns gekränkt wird und weil er uns keines Unrechtes gegen Andere beschuldigt, sondern uns nur für Menschen erklärt, die nicht thun, was sittlich gut ist und daher der bürgerliche Richter das Faktum nicht beurtheilen kann. Er hat aber seine Ungerechtigkeit vor Gott und seinem Gewissen zu verantworten. Jede Beleidigung, welche sich vor ein bürgerliches Gericht qualifiziren soll, muß eine Beschuldigung von Ungerechtigkeiten gegen Andere ausdrücken, weil durch diese allein, wenn sie ungegründet ist, unser Bürgerrecht, so lange für einen guten Bürger gehalten zu werden, bis noch nicht das Gegentheil bewiesen ist — gekränkt wird und weil Beschuldigungen der Unsittlichkeit nicht können von Menschen gemessen und also nicht bestraft werden, denn es muß dabei die Immoralität und nicht die Widerrechtlichkeit beurtheilt werden. — Beschuldigt uns aber jemand durch Worte, Meinungen und dergl. des Unrechts gegen Andere, oder mißhandelt uns auf eine in der öffentlichen Meinung beschimpfende Art und nennt uns entweder einen Schurken, Spitzbuben, Hurer u. s. w. welche Worte Ungerechtigkeiten gegen Andere andeuten, so verletzt er unsere bürgerliche Ehre und fügt uns eine Injurie zu. Injurien sind daher Beschuldigungen Anderer wegen Ungerechtigkeiten gegen einen Dritten, die nicht gegründet sind, oder auch schimpfliche körperliche Züchtigungen. Durch solche Handlungen allein werden Rechte des Andern gekränkt, die vor ein bürgerliches Forum gehören. Injurien verletzen bloß erworbene Rechte; z. B. das Recht, daß jeder muß für einen guten Bürger gehalten werden, so lange ihn nicht der Staat dieses Vorrechtes verlustig erklärt hat. Es darf niemans die gerade in der Gesetzlosigkeit ihren Grund hatten. Man behauptet, sie seyn in dem Alterthume unbekannt gewesen; vielleicht weil die Alten sich weder in Tempeln, noch in Schauspielhäusern, noch bei ihren Freunden argwöhnischer Weise bewaffnet versammelten; vielleicht auch, weil

manden der gute Name in der öffentlichen Meinung abgeschnitten werden, weil der Verlust desselben ihm in seinem bürgerlichen Gewerbe nachtheilig ist. Jede Beschuldigung einer widerrechtlichen That kann vor ein bürgerliches Gericht gezogen und muß im Falle der Ungegründetheit bestraft werden.

Wie bestraft man aber Injurien gerecht und zweckmäßig? Da sie die bürgerliche Ehre verletzen, so muß dem Schuldigen nach dem Rechte eben dasselbe wiederfahren, was er dem Andern angethan hat. Er muß wieder gebrandmarkt werden. Wenn nun aber der Beleidigte sehr empfindlich, reizbar und kultivirt, oder kalt, gefühllos gegen Ehre und Schande und ungebildet ist, darf alsdann auch noch Gleiches mit Gleichem vergolten werden? Soll derjenige, der geschändet hat, wieder geschimpft werden? Da die Gleichheit der Strafe mit dem gekränkten Rechte als eine Rechtspflicht gilt und alles Strafen sich bloß auf die äußere That bezieht, so darf dem Beleidiger auch nur das entzogen werden, was er dem Beleidigten geraubt hat. Da aber jede Strafe nicht allein gerecht, sondern auch zweckmäßig seyn muß, so kann man mit der Vollziehung der Strafe allerlei Mittel verbinden, die auf den Bestraften wirken und ihm seine Strafe lindern oder erhöhen. Jeder Beleidiger verletzt aber nicht allein das Recht eines Bürgers, sondern er beleidigt auch den ganzen Staat, wovon der Beleidigte ein Theil ist, der mit ihm eine moralische Person ausmacht, die Rechte hat, die beeinträchtigt werden können; er begeht also eine doppelte Ungerechtigkeit, er muß daher entweder noch durch Geld, Arbeit oder Gefängniß die Schuld wieder gut machen, welche er sich gegen den Staat hat zu schulden kommen lassen.

Der Uebers.

weil der Zweikampf ein gewöhnliches und gemeines Schauspiel war, das die Fechter, welches Sclaven und verächtliche Leute waren, dem Volke gaben und weil freie Personen sich fürchteten, wegen dergleichen Kämpfe für Fechter gehalten und so genannt zu werden.

Vergebens hat man durch Verordnungen, daß jeder, der ein Duell annimmt, mit dem Tode bestraft werden soll, diese Gewohnheit auszurotten gesucht, die sich auf das gründet, was einige Menschen mehr als das Leben lieben: denn wenn der Mann von Ehre die Achtung Anderer verliert, so sieht er sich dem Unglück ausgesetzt, entweder ein Einsiedler zu werden und gänzlich allem menschlichen Umgange zu entsagen, welches für einem geselligen Menschen ein unerträglicher Zustand ist oder ein stetes Ziel der Beleidigungen und der Ehrlosigkeit zu seyn, deren wiederholte Angriffe über jede Besorgniß vor Strafe den Sieg davon tragen. Warum sind die Duelle unter dem gemeinen Volke nicht, so wie unter den Großen im Gebrauche *)? Dies kann nicht bloß,

*) Der Grund davon liegt theils in der Unkultur, theils in einer treuern Befolgung der Gesetze der Natur und der Pflicht. Die untere Classe des Volks besitzt nicht den hohen Grad von Ausbildung und Einsicht, den man unter den höhern Classen bemerkt, noch wird sie so sehr als diese durch falsche und phantastische Begriffe vertrüpelt. Sie ist daher nicht so empfindlich, sie kann nicht die Folgen eines Schimpfes berechnen und ist daher auch weniger geneigt, den Andern einer Beschimpfung wegen, die er auf sich ungerächt sitzen läßt, zu verachten oder geringer zu schätzen. Ihr Verstand wird mehr durch Gefühle und das Gewissen geleitet: er vergegenwärtigt ihr daher stets den Gedanken, daß Beleidigungen nicht

bloß daher rühret, daß es unbewaffnet ist, sondern daher, daß gemeine Leute den Beifall und die Achtung
Anderer nicht so nöthig haben, als diejenigen, die von
einem höhern Stande sind und sich einander mit größern
Mißtrauen und mit mehr Eifersucht betrachten.

Es ist unnüß hier dasjenige zu wiederholen, was
Andere über diese Sache geschrieben haben, nämlich,
daß das wirksamste Mittel, diesem Verbrechen vorzubeugen, darin bestehe, den Angreifer, d. h. denjenigen,
der zum Zweikampfe Gelegenheit gegeben hat, zu strafen und hingegen denjenigen für unschuldig zu erklären,
der ohne seine Schuld gezwungen worden ist, seine Ehre
zu vertheidigen, die ihm die gegenwärtigen Gesetze nicht
schützen, und der sich genöthigt gesehen hat, seinen Mitbürgern zu zeigen, daß er die Gesetze allein, aber nicht
die Menschen fürchte *).

§. 30.

nicht durch Blut ausgelöscht werden und daß im Staate
jede Selbsthülfe außer im Falle eines Angriffs auf das
Leben verboten ist.

Der Uebers.

*) Die Duelle sind unmoralisch, weil die Duellanten ihr
Leben ohne eine moralische Verpflichtung der Gefahr der
Zerstörung aussetzen.

Kein Mensch darf sein Leben ohne eine durch die Vernunft gebotne Schuldigkeit auf das Spiel setzen; büßt
er es in dem Falle, wo er es wagen soll, ein, so hat er
eine solche That nicht zu verantworten, weil er sich nicht
selbst getödtet, noch sich der Gelegenheit einer muthwilligen Tödtung Preiß gegeben hat. Der Zufall — eine
Naturursache — hat ihm das Leben geraubt.

Die Duelle sind widerrechtlich, weil alle Selbsthülfe, außer im Falle einer Bedrohung unsers Leben,

im

§. 30.

Von Diebstählen.

Auf den Diebstahl, der ohne Gewaltthätigkeiten verübt wird, sollte Geldstrafe stehen. Wer sich durch Anderer

im Staate als verboten angesehen werden muß. Wollte jeder sich selbst helfen, so wäre kein Staat nöthig und jeder übte dann bloß Rache aus, fügte aber keine Strafe zu, weil diese nur nach dem Gesetze durch den Richter zuerkannt werden kann. Duellanten heben jeden bürgerlichen Verein auf, weil sie bei der Entscheidung ihrer Streitigkeiten ein anderes Tribunal als den Staat zu ihrem Richter anrufen, dadurch die Persönlichkeit der verbundenen Nation theilen und eine doppelte Souverainität, des Volks und der Duellanten, voraussetzen. Es ist die schändlichste Verspottung des Rechts und der Staatsgesetze, daß Menschen, oft eines Phantoms wegen, alle bürgerliche Gerechtigkeit mit Füßen treten und den Staat vernichten oder was noch schlimmer ist, die Bürger in Anarchie stürzen. Duelle müssen als Rebellion, welche den Umsturz des Staats beabsichtigt, angesehen und daher eben so hart als sie bestraft werden.

Man muß aber die Strafe nicht bloß androhen, sondern ungesäumt vollziehen, damit sich kein Duellant mit Ungestraftheit schmeicheln kann. In Deutschland giebt es vorzüglich zwei Classen von Menschen — Soldaten und Studenten — unter welchen das Duell, trotz aller Vernunftgründe, die man dagegen angeführt hat, immer noch im Gebrauche ist. Die Eine von diesen beiden Menschenklassen ist zum Schutze des Staates, die Andere zur Belehrung und zur Unterstützung der Bürger bestimmt und beide verletzen ungescheut die Gesetze, deren Vollziehung sie erleichtern und befördern sollten.

Ehrlosigkeit, welche überhaupt eine widerrechtliche Strafe ist, darf nicht auf den Duell gesetzt werden. Ihn muß eine Strafe treffen, welches die höchste vor dem Rechte ist, weil die Duellanten bei der Entscheidung ihrer

Anderer Güter zu bereichern sucht, sollte seines eigenen
Vermögens beraubt werden. Allein da dieses Verbrechen gewöhnlicherweise von der unglücklichen Classe von
Menschen begangen wird, welche Elend und Verzweiflung dazu zwingt und welcher das Eigenthumsrecht (ein
schreckliches und vielleicht unnöthiges Recht!) nur die
bloße Existenz gelassen hat, und da die Geldstrafen die
Anzahl der Verbrecher vermehren, indem sie die Armen
immer zahlreicher machen und Unschuldigen das Brod
nehmen, um es Bösewichtern zu geben, so wird die
zweckmäßigste Strafe darauf die Art von Knechtschaft
seyn, die man allein gerecht nennen kann, nämlich die
Knechtschaft, welche die Gesellschaft auf eine Zeitlang zum
unumschränkten Herrn über die Zeit und die Person des
Diebes zum gemeinen Besten macht, um ihn durch seine
völlige Abhängigkeit von ihr den ungerechten Despotismus zu vergüten, den er gegen den gesellschaftlichen
Vertrag ausgeübt hat *).

Ist

ihrer Angelegenheiten den Staat als das höchste Richter-
tribunal verkannt und also die Souverainität der Nation verletzt haben. — Es wäre zu wünschen, daß
man durch vernünftige Belehrungen von dem, was
wahrhaft ehrenvoll sey und von den Pflichten, welche
jeder Mensch gegen den Staat zu erfüllen habe, die
Sitte des Duellirens vernichtete. Es ist Frevel, wenn
Menschen die im Staate leben, alle Vorrechte des Na-
turstandes, denen sie entsagt haben, ausüben und diesen gesetzlosen Zustand in einem bürgerlichen Vereine beibehalten wollen.

Der Uebers.

*) Alle Arten von Diebstahl müssen mit Gefängniß und
mit Geld, das zum Ersatz bestimmt ist, bestraft werden. (Bloßes Geld kann gar nicht als Strafe angesehen

Ist aber mit dem Diebstahle Gewaltthätigkeit
verbunden, so muß die Strafe geschärft werden und in
Leibesstrafen und Knechtschaft bestehen. Andere Schriftsteller, die vor mir geschrieben, haben deutlich die Nachtheile aus einander gesetzt, die daraus entstehen, daß man
keinen Unterschied zwischen den Strafen gewaltsamer
und listiger Diebstähle macht und daß man ungereimter
Weise das Leben des Menschen mit einer beträchtliche
Geldsumme ausgleichen will. Diese beiden Arten von
Diebstählen sind ganz verschiedenartige Verbrechen und
es ist ein in der Staatskunst eben so ausgemachter
Grundsatz, als in der Mathematik, daß der Unterschied,

hen werden, weil es dem Reichen oft wenig kümmert,
ob er eine große oder geringe Geldsumme weggiebt.)
Die Größe dieser Strafe wird nach dem Werthe des
Geraubten und nach der Wichtigkeit des Rechtes, das
der Dieb dabei verletzt hat, abgewogen. Jeder Dieb
muß das Gestohlne wieder ersetzen und ist er dieses nicht
zu thun im Stande, so ist der Staat verbunden, für ihn
Ersatz zu leisten, weil ihm der Schutz über alles Eigenthum anvertrauet und weil jeder Bürger sich auf seine
Wachsamkeit zu verlassen berechtigt ist. Der Dieb hingegen muß abarbeiten, was der Staat für ihn ausgelegt hat. Ist aber der Diebstahl zu groß, als daß er
je durch Arbeit wieder ersetzt werden könnte, so müssen
die Gesetze einen gewissen höchsten Zeitraum bestimmen, wo jeder Dieb seine Freiheit wieder erhält, weil
jede Strafe zugleich zweckmäßig seyn und also nicht
den anderweitigen Menschheitszwecken im Wege stehen
muß. Jeder Dieb ohne Unterschied muß seiner Freiheit
eine Zeitlang beraubt werden, damit er, wenn auch
nicht moralisch besser werde, sich doch an rechtliche und
allgemeingültige Maximen gewöhne. Und dies ist die
eigentliche Strafe.

Der Uebers.

schied, der zwischen zwei verschiedenartigen Größen herrscht und der sie von einander scheidet, unendlich ist.

Man hat alles dieses zwar vor mir gesagt, aber es ist niemals überflüßig, Wahrheiten zu wiederholen, die man fast nie benutzt hat. Die politischen Maschinen behalten mehr als alle Andere, die ihnen anfänglich mitgetheilte Bewegung und vertauschen sie nur sehr langsam mit einer Neuem.

Es giebt eine Art von Diebstahl, die man in den meisten Staaten Europens ungestraft verüben läßt. Dies ist der Büchernachdruck. Bücher sind die edelste Art von Eigenthum, das Menschen besitzen. Sie sind ein Produkt der Freiheit und der Selbstthätigkeit und der geheimnißvollesten Operationen des menschlichen Geistes und gleichwohl scheint man noch nicht den Gedanken zu hegen, daß der Nachdruck strafbar sey, und daß man diesem Unfuge steuern müsse. Will man mir einwenden, daß man durch den Büchernachdruck keinen Diebstahl begehe, weil jeder Käufer mit seiner Waare machen könne, was er wolle, so erwiedere ich, daß kein Bücherkäufer Eigenthümer des Buches, als einer schriftlichen Rede an das Publikum, aber wohl des gekauften Exemplares von dem Buche werde und daß es ganz gegen den Willen des Schriftstellers und des Verlegers, zweier Personen, welche deshalb in einem Vertrage mit einander stehen, sey, das Buch nachzudrucken. Der Nachdrucker handelt also widerrechtlich.

R   Der

Der Schriftsteller bleibt, fortwährender
Eigenthümer seines Buches. Worin besteht
nun aber das fortdauernde Eigenthum des Verfassers
an seinem Werke? Nicht in dem Papiere, noch in
den Lettern, noch in dem Inhalte, den sich jeder Leser durch Studium zu eigen machen kann, sondern
in der Verbindung der Ideen und in der Zusammen-
reihung der Materialien, welches gänzlich ein Werk
seines Geistes ist, das niemand zu seinem Eigenthu-
me machen kann, wenn er derselbe bleiben und nicht
etwan in die Person des Autors übergehen will, welches aber eine Unmöglichkeit enthält. Warum aber
kann sich niemand die Verknüpfung des Inhalts und
der Ideen des Verfassers zu eigen machen? Ohngeachtet die Menschen gleiche Verstandesformen und
Gemüthsvermögen haben, so werden doch diese nicht
auf einerlei Art ausgebildet und zur Selbstthätigkeit
gerufen. Jeder Mensch erhält durch Erziehung,
Klima, Umgang, Nahrung, Beschäftigungen u.
s. w. eine andere Geistesform. Die Gegenstände
machen daher einen verschiedenen Eindruck auf ihn,
er verarbeit sie verschiedenartig und giebt ihnen eine
von allen andern Menschen ganz abweichende Gestalt.
Die Anlagen des Menschen erlangen nicht einerlei
Fertigkeiten, die Menschen haben nicht einerlei Talente, ihre Kräfte bekommen nicht einerlei Stärke
und ihre Selbstthätigkeit gelangt nicht immer zu der
Energie, welche man bei Andern antrifft, wie soll
es nun möglich seyn, daß jemand mit dem Andern
nicht allein gleiche Ideen und Ansichten von den Gegenständen habe, sondern daß er auch seine Gedanken

ten auf dieselbe Art, wie der Andere verbinde, zu-
sammenreihe und alle Gegenstände in gleichem Lichte
betrachte? Hängt nicht die Verbindung der verschiedenartigen Vorstellungen von der Erfahrung ab und
prägt nicht diese dem Geiste jedes Menschen eine andere Form auf? Nie wird man daher zwei Menschen
finden, die völlig gleiche Vorstellungen und Ansichten
von einem Gegenstande und dieselbe Verbindungs-
weise der Gedanken hätten! Der Schriftsteller bleibe
daher völliger Eigenthümer seines Buches, weil sich
dasselbe niemand weder durch Vertrag noch durch
Kauf zu eigen machen kann.

Der Verleger ist nicht Eigenthümer eines Buches, sondern er ist bloß mit Vollmacht von dem
Verfasser versehen, um im Namen des letztern an
das Publikum zu sprechen und vertragsmäßig so und so
viel Exemplare zu drucken und verkaufen. Wenn nun
ein Buch nachgedruckt wird, so spricht zwar der Nachdrucker im Namen des Verfassers mit dem Publikum, aber ohne die Erlaubniß dazu von ihm bekommen zu haben. Er begeht daher ein Verbrechen
und der Schriftsteller ist verbunden, den rechtmäßigen Verleger beim Verkaufe der durch Vertrag festgesetzten Anzahl von Exemplaren zu schützen, damit
dieser keinen Schaden durch das Unrecht der Menschen leide und den Vortheil erhalte, worauf er zu
rechnen befugt war. An einem Buch findet daher
nicht allein ein Sachrecht, als an einem kör-
perlichen Kunstprodukte statt, sondern es ist
auch andererseits ein persönliches Recht, von

R 2   wel-

welchem niemand ohne Erlaubniß des Besitzers Gebrauch machen darf, und dieser kann allein durch
Vertrag eingeräumt werden.   Jeder Nachdruck ist
daher eine Verletzung eines persönlichen Rechtes des
Verfassers.

Welche Strafe soll nun aber auf den Nachdruck
gesetzt werden?   Da der Nachdruck eine Art von Eigenthum, die einen weit höhern Werth als irgend ein
körperliches Eigenthum hat, verletzt und ein persönliches Recht des Verfassers beeinträchtigt, so muß
den Nachdrucker eine der härtesten Strafen, welche
die Gesetze wegen Unrechts zwischen Bürgern verfügen, treffen.   Er stört den freien Gebrauch der geistigen Mittheilung an das Publikum, die so viel zur
Kultur der Menschen beiträgt und entzieht dem Verfasser und Verleger die Vortheile, die sie von ihrem
Geschäfte erwarten durften, er muß daher nicht allein seiner Freiheit auf eine Zeitlang beraubt werden,
sondern auch Schadenersatz leisten.

Aber nicht allein der Nachdrucker muß bestraft
werden, sondern auch die Nachdrucksverkäufer und
Käufer, weil beide die Verletzung persönlicher Rechte
und die Beeinträchtigung des Genusses von dem Ei-
genthume unterstützen.   Der Nachdruckskäufer ist
Helfershelfer und der Käufer ist Diebeshehler, beide
werden bei andern Diebstählen bestraft, warum sollen sie nun bei einem so wichtigen Diebstahle straflos
ausgehen?   Sie können sich nicht mit der Nichtkennt-
lichkeit des Nachdrucks entschuldigen, weil es äußere
Kennzeichen in Menge giebt, woran man den rechtmäßigen

mäßigen Druck von dem Nachdrucke unterscheiden kann. Die Strafe, welche beide treffen muß, ist Beraubung ihrer Freiheit auf eine Zeitlang und Schadenersatz: denn sie schaden nicht allein dem rechtmäßigen Eigenthümer, sondern verhindern auch die Kultur der Wissenschaften. Die Unsicherheit dieser Art von Eigenthumes benimmt dem Schriftsteller und Verleger den Muth, langwierige Arbeiten zu unternehmen und kostspielige Unternehmungen zu wagen.

Da nun alle Arten von Beeinträchtigungen bestraft werden, warum verfährt man nicht folgerecht und läßt entweder jede Beraubung des Eigenthums ungestraft, oder bestraft jede Art von Diebstahl? Dadurch würde man sich doch wenigstens nicht des Charakters eines Gesetzgebers, der immer nach allgemeinen Gesetzen verfährt, verlustig machen.

Da man jetzt noch nicht allenthalben den Räuber bestraft, wo man ihn findet, so nenne man wenigstens die Nachdruckskäufer öffentlich, brandmarke ihr schändliches Verfahren und stelle es an den Pranger der Publizität. Es geschieht ihnen dadurch kein Unrecht, denn es darf jeder Ungerechtigkeit auf jede Art, die allgemein seyn kann, gesteuert werden; und wollten sie sich damit entschuldigen, daß sie nicht wüßten, daß der Nachdruck unrecht sey, so mache man ihnen ihr Unrecht durch Entziehung ihres Eigenthums fühlbar, wodurch sie Zeit erhalten werden, darüber nachzudenken, worin der Unterschied zwischen dem Nachdrucke und jedem andern Diebstahle bestehe.

bestehe. — Der Nuzen, den der Nachdruck stiftet,
kann nicht in Betracht kommen, wenn vom Rechte
die Rede ist. Was ungerecht ist, soll unterbleiben
und wenn auch die Welt zu Grunde gehen sollte. —
Sind nun aber die Nachdruckskäufer so lernbegierig,
warum lernen sie nicht die Zustände ihres eigenen
Gemüths lesen und warum studiren sie nicht das große
Buch der Natur? Viele Lektüre ist schädlich, weil
sie die Eigenheiten des Geistes verwischt und weil die
Selbstthätigkeit und Freiheit dabei verloren geht.
Wie will man selbst denken lernen, welches doch eine
Gewissenspflicht ist, wenn man seine Wißbegierde
durch steten Ueberfluß sättigt, nicht auf eignen Füßen
geht und seinen Verstand in allen Dingen selbst
braucht? Lektüre überfüllt das Gedächtniß mit Materialien und raubt dem Geiste alle Lust zum Selbst-
forschen.   Der Uebers.

§. 31.

Von dem Schleichhandel und dem Unterschleife.

Der Schleichhandel ist ein wirkliches Verbrechen,
das den Regenten und die Nation beeinträchtigt. Die
Strafe aber, welche man darauf setzt, darf nicht mit
Ehrlosigkeit brandmarken, weil dieses Verbrechen,
wenn es begangen wird, niemals in der öffentlichen
Meinung Ehrlosigkeit nach sich zieht.

Woher kommt es nun aber daß dieses Verbrechen
seinen Thäter nicht ehrlos macht, ob es gleich ein Diebstahl ist, den man an dem Regenten und folglich an der
Nation

Nation ſelbſt begeht? Ich erwiedere, Verbrechen, von
welchen die Menſchen glauben, ſie können nicht an
ihnen verübt werden, ziehen die Aufmerkſamkeit des
Publikums nicht in dem Grade auf ſich, welcher hinreicht, öffentlichen Unwillen gegen ihre Urheber zu erregen. Unter dieſe Art von Verbrechen gehört nun
auch der Unterſchleif. Die Menſchen, auf welche die
entfernten Folgen einer Handlung nur ſehr ſchwache Eindrücke machen, ſehen den Schaden nicht ein, den ſie
durch Unterſchleif leiden können. Sie genießen vielmehr die gegenwärtigen Vortheile von dieſem Verbrechen, und werden nur den Schaden gewahr, welcher
dem Fürſten verurſacht wird. Es iſt ihnen daher nicht
ſo viel daran gelegen, demjenigen ihre Achtung zu entziehen, der einen Unterſchleif begeht, als ſie bemüht
ſind, dem ihren Beifall zu verſagen, der einen Diebſtahl an einer Privatperſon begeht, oder das Geld ver-
fälſcht, oder Verbrechen verübt, die ihnen ſchaden können. Es iſt alſo ein einleuchtender Grundſatz, daß jedes empfindende Weſen ſich nur um die Uebel bekümmert
und an den Nachtheilen Antheil nimmt, die es kennt.

Das Geſetz ſelbſt veranlaßt dieſes Verbrechen,
denn wenn die Abgaben auf etwas erhöhet werden, ſo
nimmt auch der Vortheil des Betruges zu und die Ver-
ſuchung, Unterſchleif zu machen, wird immer ſtärker
und noch durch die Leichtigkeit, ihn zu begehen, vergrößert, weil man die Waare wegen des geringen Rau-
mes, den ſie einnimmt, leicht verbergen kann.

Der Verluſt der verbotenen Waaren und anderer
Dinge, welche man dabei findet, iſt eine ſehr gerechte
Strafe.

Strafe. Sie würde aber desto mehr ausrichten, je geringer die Abgabe ist, weil die Menschen sich nur nach Verhältniß der Vortheile, die ihnen ein glücklicher Ausgang ihres Unternehmens verspricht, in Gefahr setzen.

Soll man aber ein solches Verbrechen an demjenigen, der keine Waaren zu verlieren hat, ungestraft lassen? Nein. Es giebt Unterschleife, wobei die Erhebung der Gefälle, die ein so wesentlicher und so schwieriger Theil einer guten Gesetzgebung sind, so sehr interessirt ist, daß ein dergleichen Verbrechen eine schwere Strafe verdient, die sich vom Gefängnisse bis sogar zur Knechtschaft erstrecken kann. Aber das Gefängniß und die Knechtschaft müssen der Natur des Verbrechens angemessen seyn *).

§. 32.

*) Es giebt drei Arten von Unterschleif, entweder man führt verbotene Waare ein, oder betrügt die Accise, oder ein Beamter bevortheilt die öffentliche Casse. Darf nun eine Gesetzgebung die Einfuhr ausländischer Waaren verbieten? Da kein Staat ein Gesetz geben darf, das nicht allgemein, also für das ganze Menschengeschlecht gültig seyn könnte und da überdieß der Verkehr der Nationen mit einander durch den Handel, ein Beförderungsmittel der Kultur und der Erziehung zum Weltbürgersinne ist, so darf keine Gesetzgebung die Einfuhr ausländischer Waaren verbieten. „Sollte aber dadurch nicht ein zu großer Nachtheil für den Staat entstehen, der in Ansehung seiner Fabrikate und Produkte mit dem Andern noch nicht wetteifern kann, wenn er uneingeschränkte Handelsfreiheit gestattet und alle Waaren ohne Einschränkung einführen läßt?“ Da die Menschen ein stetes Bestreben äußern, das Vollkommene und Geschmackvolle, das sie sehen, nachzuahmen, so wird ein Staat in kurzem die ausländischen Waaren entbehren können, und sollte dieß aus Mangel an Materialien zu einer Waare
nicht

§. 32.

Von den Schuldnern.

Die Nothwendigkeit von Treu und Glauben bei
Verträgen, und die Sicherheit im Handel und Wandel
nöthi-

nicht möglich seyn, so wird er andere Produkte und Fabrikate ausführen, die im Lande wachsen oder verfertigt
werden, wodurch also das Gleichgewicht zwischen Ein-
und Ausfuhr wieder hergestellt wird. Muß er aber
auch bei dem Handel mit einer Nation etwas verlieren,
so wird er diesen Verlust wieder durch den Handel mit
einer Andern ersetzen, wenn nur seine Bürger thätig
sind: allein eben der freie und ungehinderte Verkehr der
Nationen unter einander ist das stärkste und zweckmäßigste Aufmunterungsmittel zur Industrie. Das
Recht ist immer der beste Wegweiser zum Glücke. Alles
ist bemüht, etwas zu gewinnen; der Eigennutz ist daher
ein immerwährender Stachel, der die Menschen zur
Thätigkeit und zur Arbeit antreibt und sie nie ruhen
läßt, wenn ihnen nur ihre Arbeit etwas einträgt und
ihnen Gewinn verspricht. „Wenn nun aber die benachbarten Staaten die Einfuhr aller ausländische Waaren
verbieten, wie soll sich ein Staat dabei verhalten?" Da
ein solches Verbot eigentlich eine Nation in einen Kriegs-
stand versetzt, der eben so widerrechtlich als unnatürlich
ist, so darf sich jeder Staat, der darunter leidet, wider
diesen ungerechten Angriff auf sein freies Verkehr durch
Verbote der Waaren eines solchen Staates vertheidigen.
Es ist aber stets Pflicht der Oberhäupter der Nationen,
jedes Hinderniß, das den freien Handel und Wandel
der Völker mit einander stört, aus dem Wege zu räumen, es müssen sich daher die Beherrscher immer angelegen seyn lassen, dahin zu arbeiten, daß der freie Verkehr zwischen den Nationen wieder hergestellt werde,
damit sie ihre Produkte und Fabrikate gegen einander
austauschen können.

Woher kommt es nun, daß das Publikum den Kon-
trebandier nicht mit Ehrlosigkeit brandmarkt? Weil es
die

nöthigen den Gesetzgeber, den Gläubigern Mittel an
die Hand zu geben, sich der Person ihrer banqueroutir-
ten Schuldner zu bemächtigen. Ich halte es aber für
wichtig, einen vorsätzlichen Banqueroutirer von einem unschuldigen zu unterscheiden. Den Erstern sollte eben die
Strafe treffen, die man dem Falschmünzer zuerkennt,
weil ein Stück geprägten Metalls zu verfälschen, das
ein Unterpfand der Verbindlichkeiten der Bürger ist,
doch gewiß kein größeres Verbrechen ist, als die Verbindlichkeiten selbst verfälschen. Der unschuldige Banqueroutirer aber, der nach einer strengen Untersuchung
vor seinen Richtern bewiesen hat, daß er entweder durch
Anderer Unglück, oder Treulosigkeit, oder durch Zufälle,
die keine menschliche Klugheit voraussehen konnte, um
sein

die Einrichtung, wodurch ausländische Waaren verboten werden, für ungerecht hält. Dies ist der Fall auch
mit dem Unterschleife gegen die Accise. Diese Auflage
wird nicht von dem Vermögen und von dem Erwerbe
eines Jeden, sondern von dem Nahrungs und Unterhal-
tungsmitteln erhoben — also von Dingen, die zum
menschlichen Leben unentbehrlich sind. Man sieht daher
nicht ein, warum man jemand die Ehre absprechen soll,
da man seine That nicht für widerrechtlich hält.

Wenn nun aber die Accise einmal statt findet, wie
muß ein Unterschleif gegen dieselbe bestraft werden?
Der Gesetzübertreter muß nicht allein seine Waare verlieren, sondern auch Gefängniß- oder Arbeitsstrafe erhalten, weil er durch die Wegnahme der Waare noch
nicht für seine Handlung bestraft wird, die er gegen das
Gesetz begangen hat. Die Waare wird schon durch das
Verbot, nichts ohne Abgabe an die Accise einzuführen,
confiszirt, warum soll nun seine wissentliche Uebertretung eines Gesetzes straflos seyn?

                                        Der Uebers.

sein Vermögen gekommen ist, aus welchem grausamen Bewegungsgrunde will man diesen nun ins Gefängniß werfen und ihm des einzigen und armseligen Gutes, das ihm noch allein übrig ist — seiner Freiheit — berauben, um in der Verzweiflung der unterdrückten Redlichkeit die Qualen der Schuldigen auszustehen und es ihm vielleicht gereuen zu lassen, daß er rechtschaffen war? Bei seiner Unschuld lebte er ruhig unter dem Schutze derjenigen Gesetze, welche nicht zu verletzen, nicht in seiner Gewalt stand. Diese allzu strengen Gesetze gab die Habsucht der Mächtigen und dultete die Hoffnung der Ohnmächtigen, die immer im menschlichen Herzen glimmt und die uns überredet, nur Andern könnten Wiederwärtigkeiten begegnen, uns aber müsse alles nach Wunsche gehen. Die Menschen, die ein Spiel der ersten besten Eindrücke sind, lieben grausame Gesetze, ob sie gleich selbst auch noch so sehr von ihnen gedrückt werden und ob es gleich jedermanns Vortheil erheischt, daß sie gemäßigt werden, so ist dennoch die Furcht vor Beleidigungen größer als der Wille zu beleidigen *).

Um

*) Es ist nur zu oft der Fall, daß Ein muthwilliger Banqueroutirer eine Menge Unschuldiger ins Unglück und ins Verderben stürzt, warum sollten nun diese dieselbe Strafe leiden, die man dem Schuldigen zuerkennt? Menschen ohne irgend eine Schuld zu strafen, ist Grausamkeit. Sie sind schon unglücklich genug, daß sie ihr Vermögen ohne ihr Verschulden eingebüßt haben. Man sollte ihnen daher keine Strafe zufügen, da sie nichts verschuldet haben, aber man sollte sie zur Arbeit anhalten und sie mit Geld unterstützen, damit sie wieder zu Kräften gelangten und ihre Gläubiger bezahlen könnten. Welches ist nun die gerechteste und zweckmäßigste Strafe für den muthwilligen Banqueroutirer? Da dieser oft

in

Um also wieder auf den unschuldigen Banqueroutirer zu kommen, so frage ich, wenn seine Verbindlichkeit bis zur völligen Bezahlung unauslöschlich seyn soll, wenn er ihr sich nicht ohne Einwilligung derer, welche Ansprüche auf ihn haben, entziehen und wenn er sich in kein anderes Land begeben darf, um da von seinem Fleiße und von seiner Arbeit zu leben, die man aber bei Strafe nur dazu verwenden müßte, um ihn in Stand zu setzen, denjenigen, denen er etwas schuldig ist, nach Verhältniß seines Gewinnes Zahlung zu leisten, unter welchem Vorwandte, der vor dem Rechte bestehen kann, frage ich, will man eine Beraubung seiner Freiheit rechtfertigen, die für seine Gläubiger keinen Vortheil hat?

Man

in Sauß und Brauß gelebt und alle Freuden, die Geld, Kredit und Ansehen verschaffen können, genossen hat, da er an Gesellschaft und an Bequemlichkeit gewöhnt ist und da er entweder unsinnig verschwendet oder ohne Kopf spekulirt hat, so scheint die nützlichste Strafe, welche ihn treffen muß, lebenlose Einsamkeit zu seyn. Todenstille muß ihn umgeben, um ihn als Mensch zur Reue über seine Ausschweifungen und als Bürger zum Nachdenken über die Treulosigkeit, die er an seinen Mitbürgern verübt hat, zu bringen. Der grenzenlose Luxus und der oft gehirnlose Spekulationsgeist stürzen ein Handelshaus nach dem Andern und verscheuchen Treue, Redlichkeit und Zutrauen, die zu allen Gewerben so nothwendig, zur Ausbildung der menschlichen Anlagen so beförderlich und zur Erweckung der Tugendliebe unter den Menschen so vortheilhaft sind, von der Erde. Die unersättliche Begier nach Genuß zersprengt alle Bande der Pflicht, welche die Menschen an einander kettet und trägt das Glück zu Grabe.

Der Uebers.

Man wird mir einwenden, die Leiden der Knechtschaft seyn ein Mittel, die Geheimnisse eines für unschuldig gehalten Banqueroutirers an den Tag zu bringen. Dieser Fall aber wird sich sehr selten ereignen,
wenn man eine scharfe Untersuchung über sein Betragen
und seine Angelegenheiten vorausgehen läßt.

Ich halte es für einen heilsamen Grundsatz in der
Gesetzgebung, daß der Werth der politischen Nachtheile,
welche aus der Ungestraftheit eines Verbrechens entstehen, in geradem Verhältnisse mit dem öffentlichen
Schaden, den der Gesellschaft ein Verbrechen verursacht
und in ungekehrtem Verhältnisse mit der Schwierigkeit
stehen müsse, welche es ausser Zweifel zu setzen kostet.

Man wird mir die Sicherheit des Handels und
Wandels und die Unverletzlichkeit des Eigenthums anführen; allein der Handel und das Eigenthum der Güter sind nicht der Zweck des gesellschaftlichen Vertrages.
Sie können aber als Mittel zur Erreichung desselben gebraucht werden. Alle Mitglieder der Gesellschaft den
Uebeln preiß geben, wovon die zahllosen Verknüpfungen,
welche aus dem bürgerlichen Zustande hervorgehen, die
Ursache sind, hieße die Zwecke den Mitteln unterordnen.
Allein dies ist ein in allen Wissenschaften, vorzüglich
aber in der Staatskunst, verkehrter Schluß *).

Man

---

*) In einen solchen Irrthum bin ich selbst in den vorher-
gehenden Ausgaben gefallen, wo ich sagte, der unschuldige Banqueroutirer müsse als ein Unterpfand seiner
Schulden verwahrt oder als Sclave zur Arbeit für seine
Gläubiger gebraucht werden. Ich schäme mich, dieses
geschrieben zu haben. Man hat mich der Freidenkerei be-
schul-

Man sollte einen bösen Vorsatz von einem groben Fehler, einen groben von einem geringen, einen geringen von vollkommener Unschuld unterscheiden *); und auf den Ersten die Strafe des Falschmünzens, auf den zweiten geringere Strafen und den Verlust der Freiheit setzen; im Falle einer völligen Unschuld aber, den Schuld-

beschuldigt, ich verdiente diesen Vorwurf nicht. Man hat mich für einen Aufrührer ausgeschrieen und ich verdiente auch diese Anklage nicht. Aber ich habe die Rechte der Menschheit verletzt und niemand hat mir darüber einen Verweiß gegeben.

Beccaria.

*) Immer muß zwischen einem absichtlichen und einem unabsichtlichen Verbrechen ein Unterschied der Strafen gemacht werden, weil jenes mit dem Bewußtseyn des Gesetzes und der Schuld begangen wird, dieses aber ein Werk der Unwissenheit oder Unbesonnenheit ist. Ein absichtlicher Verbrecher überlegt und sinnt nach, wie er seine böse That am besten ausführen kann; er hat also Zeit über die Verworfenheit und das Verbotenseyn seiner Handlung nachzudenken; der Unabsichtliche hingegen wird ohne Wissen und Willen in den Strudel hinabgestürzt und zu einer widerrechtlichen That gezwungen. Beide sind zwar strafbar, aber nicht in gleichem Grade: der Erstere, der mit Besonnenheit handelt, verdient eine größere Strafe als der Andere, wenn sie ein gleiches Verbrechen begehen. Jener wird bestraft, daß er eine widerrechtliche Handlung verübt hat, dieser, daß er eine ungerechte Handlung nicht unterlassen hat. Er hätte stets mit Ueberlegung verfahren und nie ein bürgerliches Gesetz verletzen sollen. Seine Aufmerksamkeit hätte bei allen seinen Unternehmungen auf das gerichtet seyn sollen, was verboten war. Es geschieht ihm daher kein Unrecht, daß er wegen einer Nichtunterlassung einer That bestraft wird.

Der Uebers.

Schuldner die freie Wahl der Mittel überlaſſen, durch
welche er ſich wieder in Stand ſetzen will, ſeine Gläubiger zu bezahlen und endlich im Falle eines geringen
Fehlers dem Schuldner die Freiheit, dies zu thun nehmen und ſie ſeinen Gläubigern geben. Dieſe Unter-
ſcheidungen aber von einem groben und geringen Fehler
müſſen allein von dem blinden und unpartheiiſchen Geſetze und nicht von der gefährlichen und willkührlichen
Klügelei der Richter abhängen. Die Feſtſetzung der
Grenzen iſt in der Staatskunſt eben ſo nothwendig als
in der Mathematik, ſo wohl in Anſehung des Maaßes
des allgemeinen Beſten, als in Anſehung der Abmeſ-
ſung der Größen.

Wie leicht könnte ein kluger Geſetzgeber einem
großem Theile von nicht betrüglichen Banquerouten vorbeugen und dem Unglücke eines unſchuldigen und fleißigen Mannes abhelfen. Ein öffentliches und richtiges
Verzeichniß von allen Verträgen und die allen Bürgern
ertheilte Erlaubniß, dieſe gutgeordneten Urkunden nach-
zuſehen, eine öffentliche Bank, die man von den auf
den glücklichen Handel weißlich vertheilten Abgaben er-
richtete, und die man dazu beſtimmte, den unglücklichen und unſchuldigen Mitgliedern des Handelsſtandes
mit den nöthigen Summen zu Hülfe zu kommen. Eine
dergleichen Einrichtung würde keine wirklichen Nachtheile, aber deſto größere Vortheile haben. Allein
leichtverſtändliche, einfache und durchgreifende Geſetze,
die nur auf einen Wink des Geſetzgebers warten, um
in den Schooß der Nation Reichthum und Macht aus-

zuſchüt-

zuschütten *), Gesetze, die ihn mit unvergänglichen See-
genswünschen und Dankliedern überhäufen würden, sind
entweder weniger bekannt oder weniger beliebt. Ein
Geist der Unruhe und Kleinigkeiten hingegen, eine kurzsichtige nur auf den gegenwärtigen Augenblick beschränkte
Klugheit und eine übertriebene Abneigung gegen Neue-
rungen bemächtigen sich der Gemüther derjenigen, welche
die Schicksale der unglücklichen Sterblichen verbessern
könnten.

§. 33.

Von der öffentlichen Ruhe.

Unter die Verbrechen der dritten Art gehören vorzüglich diejenigen, welche die öffentliche Sicherheit und
die Ruhe der Bürger stören, worunter man den Lär-
men und die Schlägereien auf öffentlichen Straßen, die
zum

---

*) Bis hieher sind nur zu oft Noth, Vorurtheile und
Leidenschaften allein und nicht vorurtheilsfreie Denkungsart, reifliche Ueberlegung und Weisheit die Gesetzgeber
der Nationen gewesen. Man fragte nicht, ob ein Gesetz gerecht sey, sondern überließ es dem Zufalle, ob er
diese Foderung befriedige. Man schied nicht das Gebiete
der Klugheit von dem Gebiete des Rechts und räumte
jener und nicht diesem, ob es gleich durch Vernunft geboten ist, das Primat ein.
Gerechte und zweckmäßige Gesetze sind jederzeit die
Schöpfer des Glücks und des Wohlstandes der Nationen. Ihre Gerechtigkeit leuchtet jedermann ein, sie
sind daher leicht zu verstehen und werden gern und gewissenhaft beobachtet. Auf der Bahn des Rechts blüht
stets Heil und Segen, da hingegen der Pfad des Unrechts das Verderben der Menschen und alles desjenigen
ist, was vernünftigen Wesen theuer seyn muß.

Der Uebers.

zum Handel und Wandel, zum Gehen, zum Fahren
und Reiten bestimmt sind, zählen muß, ferner schwärmerische Reden, die leicht die Leidenschaften des neugie-
rigen großen Haufens in Flammen setzen, welche durch
die Menge der Zuhörer, mehr aber noch durch den dunkeln und geheimnißvollen Enthusiasmus eine größere
Stärke erlangen, als durch eine ruhige und aufgeklärte
Vernunft, die niemals auf einen großen zusammenge-
laufenen Haufen Eindruck macht.

Erleuchtung einer Stadt auf öffentliche Kosten,
Wachen, die man durch die verschiedenen Theile derselben
vertheilt, verständliche und moralischreligiöse Predigten,
die man in der Stille und in der geheiligten Ruhe der
Tempel, die unter dem öffentlichen Schuße stehen, hält;
öffentliche Reden, welche die Absicht haben, die Vortheile der einzelnen Bürger und das allgemeine Beste
in den Volksversammlungen, in den Parlamenten, oder
an den Orten, wo die Majestät des Souverains ihren
Sitz hat, zu unterstüßen und zu befördern: alles dieses
sind kräftige und wirksame Mittel, gefährlichen Zusam-
menrottirungen unruhiger Köpfe und den Ausbrüchen
von Volksleidenschaften vorzubeugen. Diese Gegenstände machen einen Hauptzweig der Wachsamkeit
derjenigen Obrigkeit aus, welche die Franzosen Polizei
nennen *). Wenn aber eine solche Obrigkeit nach will-
kührli-

*) Die Polizei darf sich bloß mit demjenigen beschäftigen,
was die Beeinträchtigungen der Rechte und Güter der
Bürger verhüten und was den Genuß derselben erleichtern kann. Sie muß also darauf sehen, daß
sich kein Stand eine Uebermacht über den Andern an-
maaße, die ihm nicht zukommt, daß die Reichthümer

S   in

kührlichen und in dem Gesetzbuche nicht enthaltenen
Maaßregeln und Gesetzen, die allen Bürgern bekannt
seyn

in einer Familie nicht allzu sehr angehäuft werden, indem sie keine Privilegien gestattet, sondern alle Beschäftigungen und Gewerbe frei läßt; daß sie für die Erziehung und für den Unterricht der **müßigen und auf
öffentlichen Straßen lermenden Jugend**
sorgt; daß sie alle Mittel anwendet, die Gesundheit der
Bürger vor Gefahren zu schützen, ihr Vermögen zu
sichern und ihre Beschäftigungen zu erleichtern, daß sie
den Nothleidenden Arbeit oder Nahrung schaft, daß sie
Reinheit und Unschuld der Sitten befördert und begünstigt, und keine Schauspiele gestattet, die lasciv und
unmoralisch sind, daß sie für das hülflose Alter und für
Unglückliche an Verstand oder Körper eine väterliche Für-
sorge trägt, daß sie öffentliche Hasardspiele und lieder-
liche Gesellschaften verbietet, der Bettelei steuert und
alles das verbietet, wodurch jemandes Rechte beeinträchtigt werden können u. s. w. Den Genuß des Lebens erleichtert sie dadurch, daß sie für öffentliche Spaziergänge,
für wohlfeile und gesunde Nahrungsmittel, für Reini-
gung und Erleuchtung der Straßen sorgt, kurz alles
das thut, was den Menschen an Geist und Körper gesund erhalten kann. So darf sie z. B. keine der Gesundheit gefährlichen Beschäftigungen in den Städten
dulten u. s. w. Das Hauptgeschäft der Polizei besteht also darin, die
Ausübung und den Genuß aller Rechte und Güter zu
schützen und zu befördern. Die Mittel, wodurch sie
vorzüglich diesen Zweck erreichen kann, sind **öffentliche Anstalten, Ermahnen und Warnen.**
Sie muß daher das Publikum von gefährlichen Quak-
salbern, Betrügern, Schwärmern, Spielern u. s. w. ab-
mahnen und vor ihnen warnen, sie darf aber diejenigen
Personen, die dergleichen unedle Gewerbe treiben, nicht
bestrafen, so lange kein Ankläger gegen sie auftritt, weil
sie sonst Parthei und Richter seyn würde.

Die Polizei unterscheidet sich von der bürgerlichen Gesetzgebung dadurch, daß diese über das **Mein und**
Dein

seyn müſſen, verführe, ſo öffnete man der Tyrannei, die ſich immer um die Schranken der politiſchen Freiheit herumlagert, Thor und Thür. Es giebt keine Ausnahme von dem allgemeinen Grundſatze, daß jeder Bürger wiſſen muß, in welchem Falle er ſchuldig und in welchem er unſchuldig ſey *). Wenn die Cenſoren und

S 2 über-

Dein, über Verträge u. ſ. w. urtheilt und entſcheidet, jene hingegen den Genuß dieſer Gegenſtände erleichtert und jeder Beeinträchtigung derſelben vorzubeugen ſucht. Die Polizei iſt Erzieher und Lehrer der Staatsbürger, die bürgerliche und peinliche Geſetzgebung hingegen ſind Richter und Beſtrafer derſelben.　　　　　　　Der Ueberſ.

*) Ein Geſetz, das nicht jeder Bürger wiſſen kann, iſt kein Staatsgeſetz, weil ihm der Charakter aller Geſetze — Publizität — mangelt. Kein Geſetz kann als ſolches angeſehen werden, wenn es nicht öffentlich bekannt gemacht worden iſt, damit ſich jedermann von ſeinem Inhalte unterrichten könne. Daher ſind Cenſoren widerrechtliche Obrigkeiten, weil ſie nach Vorſchriften verfahren, die nicht allgemein ſeyn können, indem der Begriff von guten Sitten kein allgemeingültiger, ſondern ein relativer Begriff iſt und daher ſtets das Gepräge der Denkungsart und des Charakters desjenigen, der ihn beſtimmt und des Zeitalters, wo man ihn feſtzuſtellen ſucht, an ſich trägt und alſo kein allgemeines Geſetz darüber ſtatt finden kann, was in allen Stücken und unter allen Umſtänden durch die guten Sitten geächtet und vor den Richterſtuhl des Cenſors gezogen werden ſoll. Die Cenſoren verfahren jederzeit eigenmächtig und ſchaden daher dem Charakter einer Nation mehr als ſie den guten Sitten nützen. Sie urtheilen nach ihrer Denkungsart und nach ihren Launen und bringen dieſe anſtatt der Geſetze in Ausübung. Sie dürfen alſo in keinem rechtlichen Staate ſtatt finden. Die Sitten zu beobachten und zu bilden, kommt den Volkslehrern und der Preſſe zu.

　　　　　　　　　　　　Der Ueberſ.

überhaupt die nach Willkühr verfahrenden Obrigkeiten
in einer Regierung nothwendig sind, so rührt dies von
der Schwäche ihrer Verfassung und nicht von der Natur
einer weißlich organisirten Regierung her. Die Ungewißheit der Herrscher über ihr eigen Schicksal, hat der
verborgenen Tyrannei mehr Opfer gebracht als eine öffentliche und allgemein bekannte Grausamkeit. Diese
empört mehr die Gemüther als sie dieselben erniedrigt
und verworfen macht. Der wahre Tyrann fängt mit
der Herrschaft über die Meinungen an, welche den Muth
niederschlägt, der allein entweder in dem hellen Lichte
der Wahrheit, oder in dem Feuer der Leidenschaften
oder in der Unbekanntschaft mit der Gefahr glänzt.

§. 34.

Von dem politischen Müßiggange.

Weise Regierungen dulten im Schooße der Arbeit
und des Fleißes keinen politischen Müßiggang. Ich
nenne den Müßiggang politisch, der nichts zum Besten
der Gesellschaft weder durch Arbeit noch durch Geld beiträgt; der immer gewinnt, ohne jemals zu verlieren;
der von dem Pöbel mit staunender Verwunderung verehrt und von dem Weisen mit Unwillen und Mitleiden
gegen diejenigen Wesen angesehen wird, die seine Opfer
sind; der, da er den Menschen derjenigen Triebfeder,
welche ihn zur Thätigkeit antreibt und welche ihn nöthigt,
die Gemächlichkeiten des Lebens zu erhalten und zu vermehren, beraubt, alle seine Thatkraft den Leidenschaften der Meinung, die nicht weniger Stärke besitzen,
preiß giebt.

Diese

Diese Art von Müßiggang ist von strengen Sittenrichtern mit der Ruhe und Gemächlichkeit verwechselt worden, die durch Arbeit zusammengehäufte Reichthümer gewähren. Aber nicht die strenge und peinliche Tugend einiger Sittenrichter, sondern die Gesetze allein müssen bestimmen, welcher Müßiggang strafbar sey. Derjenige ist kein politischer Müßiggänger, der die Früchte von den Lastern oder von den Tugenden seiner Vorfahren genießt und der fleißigen Armuth, die im Frieden einen heimlichen Krieg des Fleißes mit dem Reichthume anstatt des blutigen und ungewissen Krieges mit der Gewalt führt, für die Vergnügungen, die sie ihm verschaft, Brod und Unterhalt giebt. Dieser Müßiggang ist desto nothwendiger und nützlicher, jemehr sich die Gesellschaft erweitert und jemehr die Regierung den Bürgern Freiheit läßt *).

§. 35.

*) Ist politischer Müßiggang strafbar? Niemand darf deswegen bestraft werden, daß er nichts durch Arbeit zum Besten der Gesellschaft beiträgt, so lange er nicht etwann eines Einzelnen Recht beeinträchtigt. Daß die Menschen arbeiten, ist eine Gewissenspflicht. Kein Staat darf sie daher darzu zwingen. Aber das Betteln und das Stehlen, wozu Müßiggang verleitet, darf er bestrafen. Glaubt jemand, der keine Familie hat, nicht arbeiten zu müssen, wem thut er unrecht? Er beeinträchtigt ja dadurch nicht den Genuß und den Gebrauch von jemandes Rechten und Güter. Daß er arm ist, geht dem Staate nichts an, wenn der Arme nur nichts von ihm fodert und keines Bürgers Rechten Abbruch thut. Trägt denn der Reiche mit seiner Geldverschwendung, mit seinem Luxus und mit seinen Ausschweifungen so viel zum Besten des Staates bei? Verbreitet er nicht durch seine Lebensart Sittenlosigkeit, entnervt seinen Körper und seinen Geist, privilegirt den Müßiggang

§. 35.

Von dem Selbstmorde und von Auswanderungen.

Der Selbstmord ist ein Verbrechen, das keine, eigentlich sogenannte, Strafe nach sich ziehen zu können scheint, weil diese nur entweder Unschuldige oder einen kalten und gefühllosen Körper treffen könnte. Wie nun aber die letztere Art von Strafe eben so wenig Eindruck auf die Lebendigen macht, als wenn sie einer Statue den Staubbesen geben sähen, so ist jene, die Unschuldigen zugefügt wird, wiederum ungerecht und tyrannisch, weil die Freiheit der Menschen als nothwendig voraussetzt, daß alle Strafe bloß persönlich sey'n. Die Menschen lieben das Leben nur allzu sehr; und alles, was sie umgiebt, befestigt sie in dieser Liebe: das verführerische Bild des Vergnügens und die Hoffnung, die lieblichste Zauberin der Sterblichen, durch deren süße Täuschungen sie den großen Kelch von Leiden austrinken, worein nur wenige Tropfen von Freuden gemischt sind, lockt sie allzu sehr an, als daß man irgend einen nachtheiligen Einfluß von der nothwendigen Straflosigkeit eines solchen Verbrechens zu besorgen hätte. Wer den Schmerz fürch-

gang, vertilgt in sich und seines Gleichen den Gedanken an Gleichheit vor dem Gesetze und entfremdet sich von dem strengen Gehorsam gegen dasselbe? Niemand darf bestraft werden, sey er arm oder reich, als wer ein erworbenes oder angebornes Recht des Andern verletzt. Ist Jemand ein unnützer Bube und ein Taugenichts, so hat er dies vor seinem Gewissen zu verantworten, das ihn die Arbeit als Uebung seines Körpers und als Abhaltungsmittel vom Laster gebietet.

Der Uebers.

fürchtet, gehorcht den Gesetzen; allein der Tod vernichtet in dem Körper alles Gefühl. Was kann es denn
also noch für einen Beweggrund geben, der die Hand
des mit der Verzweiflung kämpfenden Selbstmörders
zurückhielte *)?

Wer

*) Niemand soll sich willkührlich das Leben abkürzen. Je-
der soll so lange leben, um seine Kräfte auszubilden
und zu vervollkommenen, als er nicht in seinem Berufe
fällt, oder als ihn nicht die Natur wegrafft. Der
Selbstmord ist daher unmoralisch, weil er eine Uebertretung einer Gewissenspflicht ist. Handelt nun aber
der Selbstmörder auch widerrechtlich? Wenn er keine
Verbindlichkeiten z. B. Versprechungen, Verträge u. s.
w. gegen Andere mehr zu erfüllen hat, so verfährt er
nicht widerrechtlich. Er kann daher nicht vor das Forum des Staats gezogen werden, weil er kein Gesetz
desselben übertritt, ob er sich gleich an Gott und seinem
Gewissen versündigt. Wenn nun aber der Selbstmörder
Schulden hat, zu deren Bezahlung sein hinterlassenes
Vermögen nicht hinreicht, darf der Staat ihn in diesem
Falle bestrafen? An wem soll aber die Strafe vollzogen
werden? An seiner Familie? Diese ist unschuldig, weil
nicht sie sondern ihr Hausvater das Verbrechen begangen hat. An seinem Leichname? Dieser aber ist keine
lebendige Person mehr und also keiner Bestrafung
zuläßig. Der Staat kann also auch in diesem Falle
nicht strafen, allein er darf auch nicht. Kein Selbstmörder ist seines Verstandes gänzlich mächtig. Gekränk-
ter Ehrgeitz, betrogene Liebe, zahlloses Ungemach,
schändlicher Undank, schwärmerische Religionsbegriffe,
empörte Leidenschaften, eine Masse verworrener Vorstellungen sind gemeiniglich die Ursache des Selbstmordes.
Diese Leiden und diese Uebel bemächtigen sich seiner ganzen Aufmerksamkeit, fesseln seinen Verstand, verfolgen
den Unglücklichen Tag und Nacht, umstricken ihn gänzlich und prägen sich ihm so tief ein, daß sie zur be-
harrlichen Vorstellung werden, ihm die zur Ueberlegung nöthige Besonnenheit rauben, die mannichfalti-

gen

Wer sich selbst ermordet, fügt der Gesellschaft einen geringern Schaden zu, als derjenige, der auf immer aus dem Lande geht, weil jener alle sein Gut und Habe darin zurückläßt, dieser aber sich und einen Theil seines Vermögens mit sich nimmt. Ja! wenn die Macht eines Staats in der Menge seiner Bürger besteht, so verursacht derjenige, welcher auswandert und sich in ein benachbartes Land begiebt, der Gesellschaft einen doppelten Schaden im Verhältniß zu demjenigen, welcher sich durch den Selbstmord entzieht. Die Untersuchung beschränkt sich also darauf: ob es für eine Nation nützlich oder schädlich sey, wenn sie jedem ihrer Mitglieder stets die Freiheit gestattet, sich aus ihrer Gesellschaft zu entfernen *).

Es

gen Ansichten, welche ein Gegenstand gewährt, entreißen und ihn mit einer lästigen und beschwerlichen Einseitigkeit plagen, daß er des Lebens überdrüßig ohne Bedenken die Hülle abwirft, die ihm zur Last ist. Hierzu kommt oft Kränklichkeit des Körpers, welche stets unangenehme Eindrücke auf seinen Geist äußert und ihm vollends allen Muth benimmt und ihn zur Verzweiflung bringt. Alle Selbstmörder sind entweder bloße Geisteskranke oder leiden an Geist und Körper zugleich. Sie verdienen Mitleiden anstatt Strafe und können wegen keiner ihrer Thaten zur Verantwortung gezogen werden, weil es ihnen an Freiheit des Verstandes fehlt. Es ist eine Sache der Aerzte und der Psychologen und nicht des Richters, solche Kranke unter ihre Aufsicht zu nehmen.

Der Ueberſ.

*) Iſt die Auswanderung rechtlich? Da der Auswanderer durch seine bloße Entfernung aus einem Staate Niemandes Recht kränkt, so darf er sich entfernen, wenn er will. Hat er aber jemandes Recht beeinträchtigt, so
iſt

Es darf kein Gesetz gegeben werden, das nicht mit Nachdruck vollzogen werden kann. Und wie nun die

ist er strafwürdig, wie jeder andere Bürger; und hat er Schulden, so muß er erst bezahlen, ehe er das Land verläßt. Der gesellschaftliche Vertrag hat das Eigene, daß er immer zwischen denjenigen, die auf dem Boden eines Landes bleiben, fortdauert, wenn auch mehrere der Theilnehmer wegziehen. Er wird in der Absicht, Aller Rechte zu schützen, geschlossen und die Auswanderung wird daher durch ihn geschützt. Wollte man sie verbieten, so würde man sowohl widerrechtlich als unmoralisch handeln: denn aus welchem Grunde kann der Staat ein Gesetz geben, das sich auf Handlungen bezieht, wodurch niemanden weder im Unterlassungs- noch im Begehungsfalle unrecht geschieht? Er überschreitet daher durch ein solches Gesetz die Grenze seiner Wirksamkeit, die sich nur auf das Verbot von Handlung der Willkühr, die jemandes Rechten Abbruch thun und auf Gebote von solchen Mitteln einschränkt, welche zum Schutze des Staates unbedingt nothwendig sind, z. B. Abgaben, Beistand gegen äußere Feinde u. s. w. Unmoralisch handelt er, daß er eine Sache des Gewissens und der Ueberzeugung vor sein Forum zieht. Dem Auswanderer gefällt es nicht mehr in einem Lande, oder die Landesgesetze verstoßen gegen sein Gewissen oder beleidigen seine Einsichten, oder sie gewähren ihm nicht den Schutz, den er von ihnen zu erwarten berechtigt ist, oder sie kränken durch ein Verbot des öffentlichen Bekenntnisses seiner Ueberzeugung über Gott, Menschen und den Staat seine Gewissensrechte, was hat der Staat nun für ein Recht, einem so Gesinnten das Auswandern zu verbieten und womit will er einen solchen Eingriff in das Reich des Gewissens und der Gottheit rechtfertigen? Wer berechtigt ihn, Menschen zu zwingen, gegen besser Wissen und Willen zu handeln?

Die Auswanderung, die also weder ein Verbrechen noch Sünde ist, hat den Vortheil, daß sie Kultur und Kenntnisse verbreitet, die Staaten auf die Mängel ihrer Verfas-

die Gemüther die Meinung beherrscht, die den langsamen
und unmerklichen Eindrücken des Gesetzgeber gehorcht,
aber der Macht und der Gewaltthätigkeit Widerstand
leistet, so theilen unnütze und von den Menschen ver-
achtete Gesetze ihre Verachtung und Erniedrigung auch
den heilsamsten Gesetzen mit, die man sich mehr für
ein Hinderniß, das man aus dem Wege räumen muß,
als für eine Schutzmauer des allgemeinen Besten anzusehen gewöhnt. Ja, wenn, wie gesagt worden ist,
die Thätigkeit unseres Empfindungsvermögens beschränkt
ist, so werden die Menschen desto weniger Ehrerbietung
gegen die Gesetze selbst haben, je größer diejenige seyn
wird, welche sie Gegenständen bezeugen, die den Gesetzen fremd sind.

Aus diesem Grundsatze kann ein weiser Vertheiler
der öffentlichen Glückseligkeit einige nützliche Folgerungen ziehen, deren Erörterung mich aber allzu weit von
meinem Gegenstande abführen würde. Meine Absicht
ist, die Schädlichkeit des Verfahrens zu beweisen, daß
man aus dem Staate ein Gefängniß macht. Ein Gesetz, das auf diesen Zweck hinzielt, ist unnütz, denn
wie will man ein Land, das weder durch unzugängliche
Felsen noch durch ein unschiffbares Meer von allen Andern abgesondert ist, auf allen Punkten seines Umfangs
verschließen und wie will man die Hüter selbst bewachen?
Wer alles wegschaft, kann, so bald er damit zu Stande
ist,

Verfassungen und Regierungen aufmerksam macht und
sie Maaßregeln zur Beförderung des Wohlstandes und
der Milderung des Schicksals der Nationen zu ergreifen nöthigt.   Der Uebers.

iſt, nicht weiter deswegen beſtraft werden. Ein ſolches Verbrechen kann alſo, ſo bald als es verübt iſt, nicht
mehr beſtraft werden. Wollte man daſſelbe vor ſeiner
Vollbringung ſtrafen, ſo ſtrafte man den Willen der
Menſchen und nicht ihre Handlungen. Dies hieße über
die Abſicht gebieten, die der freieſte Theil des Menſchen
und von der Herrſchaft der menſchlichen Geſetze unabhängig iſt. Wollte man den Abweſenden durch die
Confiskation ſeiner zurückgelaſſenen Güter ſtrafen, ſo
würde das außer einer leichtem und unvermeidlichem Col-
liſion, die man nicht aufheben könnte, ohne alle Verträge zu vernichten, allen Handel zwiſchen den Nationen zu Grunde richten. Wollte man aber einen ſolchen
Schuldigen ſtrafen, wenn er wieder zurückkehrte, ſo
würde man dadurch alle Vergütung des Schadens, den
man der Geſellſchaft zugefügt hat, verhindern, indem
man alle diejenigen, die entwichen wären, in die Nothwendigkeit verſetzte, nie wieder zu kommen. Selbſt
das Verbot, nicht aus dem Lande zu gehen, vermehrt
nur die Begierde der Eingebornen noch mehr, ſich daraus zu entfernen und dient den Ausländern zur Warnung, ſich nicht darinnen nieder zu laſſen.

Was ſollen wir von einer Regierung denken, die
kein ander Mittel hat, die Menſchen an ihr Vaterland
zu feſſeln, an welchem ſie ſchon durch die erſten Eindrücke der Kindheit hängen, als die Furcht? Das
ſicherſte Mittel, die Bürger an ihr Vaterland zu ketten, beſtehet darin, daß man eines jeden Wohlſtand
zu vermehren ſucht. Wie jeder Staat alle Mühe anwenden muß, damit ſich der überwiegende Vortheil des
Handels

Handels auf seine Seite neige; so erfodert es auch das
größte Interesse des Regenten und der Nation, daß die
Summe von Glückseligkeit, wenn man sie mit derjenigen vergleicht, welche die benachbarten Nationen genießen, größer als anderswo sey.

Die Freuden des Luxus sind nicht der Grundstoff
dieser Glückseligkeit, ob der Luxus gleich ein nothwendiges Mittel gegen die Ungleichheit ist, die mit den Fortschritten einer Nation in der Kultur zunimmt und ohne
welchem sich alle Reichthümer in einer einzigen Hand
anhäufen würden *); sondern die Sicherheit und die
durch die Gesetze allein beschränkte Freiheit, machen die
Hauptgrundlage dieser Glückseligkeit aus. Durch die
Verbindung der Sicherheit und Freiheit begünstigen die
Freuden des Luxus die Bevölkerung **), ohne diese
Ver-

---

*) Der Handel und der Tausch mit den Freuden des Luxus
   führen diese Unbequemlichkeit bei sich, daß ob sie gleich
   Vieler Hände beschäftigen, so fangen sie doch bei wenigen an und endigen sich bei wenigen und die große Menge
   hat nur sehr wenigen Genuß davon. Daher wird das
   Gefühl ihres Elendes, das mehr durch die Vergleichung
   mit dem Glücke Anderer als durch die Wirklichkeit selbst
   entsteht, nicht ausgetilgt, sondern dauert immer fort.

   Beccaria.

**) Der Luxus ist der Bevölkerung nie günstig, weil er
   die Menschen entnervt, die Begierde nach Genuß zwar
   vermehrt, aber die Kraft, die dazu erfodert wird, vermindert, und weil er seine Anhänger mit einer Menge
   von Uebeln heimsucht, die weder dem Erzeugen noch
   dem Erziehen der Kinder günstig sind. Frühe Reife des
   Geschlechtstriebes, Kraftlosigkeit, Ueberdruß des Lebens
   und ein zeitiger Tod sind der Lohn des Luxus.

   Der Uebers.

Vereinigung aber werden sie ein Werkzeug der Tyrannei *). Gleichwie die edelmüthigsten wilden Thiere und die freien Bewohner der Luft, die Vögel, am liebsten an einsamen Orten und in undurchdringlichen Wäldern weilen und die fruchtbaren und lachenden Fluren, die

der

*) Wenn sich die Grenzen eines Landes in einem größern Verhältnisse erweitern, als seine Bevölkerung zunimmt, so begünstigt der Luxus den Despotismus, weil je geringer die Anzahl der Bewohner eines Landes und je zerstreuter sie ist, desto geringer ist ihre Arbeitsamkeit; je geringer die Arbeitsamkeit ist, desto größer ist die Abhängigkeit der Armuth von dem stolzen Prunke des Reichthums und desto schwerer und desto weniger furchtbar ist eine Vereinigung der Unterdrückten gegen ihre Unterdrücker: denn Wenige erhalten weit leichter die sclavischen Ehrenbezeugungen, Gefälligkeiten, Auszeichnungen und die Unterwürfigkeit, welche den Abstand des Mächtigen von dem Ohnmächtigen noch auffallender machen, als Viele, weil die Menschen nur desto unabhängiger sind, je weniger sie beobachtet werden und sie werden desto weniger beobachtet, je größer ihre Anzahl ist. Wenn aber die Bevölkerung eines Landes in einem größern Verhältnisse zunimmt, als seine Grenzen erweitert werden, so wird der Luxus eine Schutzmauer gegen den Despotismus, weil er die Arbeitsamkeit und die Thätigkeit der Menschen belebt und weil der Fleiß und die Nothdurft des Armen dem Reichen allzu viele Freuden und Bequemlichkeiten anbietet, als daß die Vergnügungen, welche die Prahlsucht gewährt und welche die Meinung der Abhängigkeit vermehrt, die Oberhand haben sollten. Man kann daraus sehen, daß in großen, aber schwachen und entvölkerten Staaten, wofern es nicht andere Ursachen verhindern, der Luxus der Prahlsucht, dem Luxus der Bequemlichkeit weit überlegen ist. In Staaten hingegen, die mehr bevölkert als weitläuftig sind, strebt der Luxus der Bequemlichkeit stets den Luxus der Prahlsucht zu vermindern.

Beccaria.

der Mensch, ihr Feind, mit Schlingen besäet, verlassen, so fliehen die Menschen die Freuden selbst, wenn
sie die Tyrannei ausstreuet.

Es ist also erwiesen, daß ein Gesetz, welches die
Unterthanen in ihr Land einkerkert, unnütz und ungerecht
ist; und eben dieses Urtheil läßt sich auf die Strafe des
Selbstmordes anwenden: denn ob dieser gleich eine Sünde ist, die Gott straft, der allein, auch nach dem Tode,
strafen kann, so ist er doch kein Verbrechen, welches
vor einen bürgerlichen Richterstuhl gehörte, weil die
Strafe, anstatt auf den Schuldigen zu fallen, nur seine
Familie trifft.

Wenn mir dagegen jemand einwendete, daß eine
solche Strafe doch nichts destoweniger denjenigen, der
entschlossen ist, sich selbst zu ermorden, davon abhalten
könnte, so erwiedere ich, daß, wer gleichgültig dem
Leben, einem so großen Gute, entsagt, und wem sein
Daseyn so sehr verhaßt ist, daß er demselben eine ewige
Verdammniß vorzieht, den wird der weniger Eindruck
machende und entferntere Gedanken an seine Kinder oder
an seine Anverwandten, ganz und gar nicht rühren.

§. 36.

Von Verbrechen, die schwer zu beweisen sind.

Es giebt einige Verbrechen, die in der bürgerlichen Gesellschaft eben so häufig vorfallen, als sie schwer
zu beweisen sind, z. B. der Ehebruch, die Knabenschänderei und der Kindermord.

Der

Der Ehebruch ist ein Verbrechen, das, wenn man es aus politischen Gesichtspunkten betrachtet, von zwei Ursachen herrührt, von den veränderlichen Gesetzen der Menschen und von der mächtigen Anziehungskraft, die ein Geschlecht zu dem Andern hinzieht *). Hätte ich zu Nationen zu sprechen, die noch des Lichtes der Religion beraubt wären, so würde ich sagen: es herrscht noch ein andrer großer Unterschied zwischen diesem und andern Verbrechen. Der Ehebruch rührt von dem Mißbrauche eines angebornen der ganzem Menschheit gemeinen nothwendigen Triebes her, eines Triebes, der vor aller menschlichen Gesellschaft vorausgeht, ja der sogar ihr Stifter selbst ist; während die andern die Gesellschaft vernichtenden Verbrechen mehr von den leidenschaften des Augenblicks herrühren, als sie ihren Ursprung einem natürlichen Instinkte zu verdanken hätten. Ein dergleichen nothwendiger Trieb wird demjenigen, der die Geschichte und den Menschen kennt, unter einerlei Klima gleich mächtig und stark vorkommen. Wenn das wahr wäre, so müßte man alle die Gesetze und Gewohnheiten nicht allein für unnütz, sondern auch für schädlich ansehen, welche die ganze Summe dieses Triebes

---

*) Diese Anziehung ist in vielen Fällen der Schwerkraft, welche das Weltall bewegt, ähnlich; denn wie diese nimmt sie mit der Entfernung ab; und wenn die Eine alle Bewegungen der Körper bestimmt, so lenkt die andere alle Regungen des Gemüthes, so lange die Thätigkeit desselben fortdauert. Sie unterscheiden sich aber darin von einander, daß die Schwerkraft sich mit den Hindernissen ins Gleichgewicht setzt, die Anziehung hingegen durch den Widerstand mehr Kräfte und Nachdruck erhält.

Beccaria.

bes zu vermindern suchten, weil sie auf diese Weise einen Theil der Gesellschaft mit seinen eigenen Bedürfnissen und mit den Bedürfnissen Anderer belasten würden. Dieses hingegen würden weise Gesetze seyn, die so zu sagen der allmäligen Neigung einer Ebene folgten und das Ganze in so viele gleiche und kleine Theile vertheilten, und ableiteten, um allenthalben sowohl Trockenheit als Ueberschwemmung zu verhindern. Die eheliche Treue steht immer mit der Menge und der Freiheit der Ehen im Verhältnisse *). Wo angeerbte Vorurtheile die Ehen beherrschen, wo die väterliche Gewalt sie schließt und trennet, da zerreißen heimliche Liebeshändel ihre Bande, so sehr auch gemeine Moralisten dagegen eifern, die immer gegen die Wirkungen schreien, den Ursachen aber Verzeihung angedeihen lassen. Derjenige aber, der in der wahren Religion lebt, hat dergleichen Betrachtungen nicht nöthig. Er kennt erhabenere Beweggründe, die die Macht der natürlichen Triebe in Ordnung halten.

Der Ehebruch ist ein so schnelles und geheimnißvolles und mit eben dem Schleier, den die Gesetze davorgezogen haben, bedecktes Verbrechen, (ein nöthiger, aber dünner Vorhang, der die Reitze des Gegenstandes vermehrt, anstatt daß er sie vermindern sollte); die Gelegen-

---

*) In Zeitaltern also, wo wenige Menschen wegen des zunehmenden Luxus mehr heurathen können, wird der Ehebruch desto gewöhnlicher. Mit je weniger Schwierigkeiten hingegen des Heurathen verbunden ist, desto besser sieht es um die Sittlichkeit einer Nation aus.

Der Uebers.

legenheiten, es zu begehen, sind so leicht und die Folgen so zweideutig, daß es weit eher in der Macht des Gesetzgebers steht, ihm vorzubeugen, als es wieder gut zu machen. **Es ist eine allgemeine Erfahrung: die Strafe wird bei jedem Verbrechen, das vermöge seiner Natur meistentheils unbestraft bleiben muß, ein Anreiz zum Verbrechen.** Es liegt in der Natur unsers Geistes, daß die Schwierigkeiten einer Sache, die nicht ganz unüberwindlich, oder allzu groß in Rücksicht der trägen Gemüthsart eines jeden Menschen sind, unsere Einbildungskraft weit mehr entflammen und den Werth des Gegenstandes erhöhen: denn die Schwierigkeiten sind gleichsam eben so viele Schranken, welche die herumschweifende und flüchtige Einbildung verhindern, ihren Gegenstand zu verlassen. Sie zwingen sie, alle Verhältnisse zu durchlaufen und sie hängt sich desto fester an den angenehmen Theil, zu welchem unser Gemüth natürlicher Weise sich mehr hinneigt, als an traurige und schmerzhafte Gegenstände, die es flieht und von welchen es sich entfernt *).

Die

---

*) Der Ehebruch und die Knabenschänderei gehören gar nicht vor den bürgerlichen Richter, wenn nicht die beleidigten Theile Klage führen. Was ist nun Ehebruch? Er ist eine Handlung, wodurch Einer der durch die Ehe verbundenen Personen von einer Dritten fleischlich beigewohnt wird. Die Ehe wird nicht durch den bloßen Umgang Einer der verehlichten Person mit einer Dritten, noch durch andere äußere Gefälligkeiten, sondern bloß durch die Geschlechtsbeiwohnung eines Dritten mit einer der verheuratheten Personen gebrochen, weil die Ehe durch die Beiwohnung allein ihre Vollziehung erhält.

T

Die Knabenschänderei, welche die Gesetze so hart
bestrafen und wegen welcher man so leicht zu Martern
schrei-

erhält. Der Ehebruch ist eine Verletzung eines auf
dingliche Art persönlichen Rechts, welche Strafe verdient nun eine dergleichen Beeinträchtigung? Da der
Zweck der Ehe in dem wechselseitigen Gebrauche der
Geschlechtsorgane, durch das Gesetz, besteht, so
vollziehen diejenigen, die einen Ehebruch begehen, schon
die Ehe. Sie müssen daher einander heurathen; allein
sie beleidigen durch diese Handlung einen Dritten, welche Genugthuung soll nun dieser erhalten? Geld und
Beleidigungen sind disparate Gegenstände, die nicht
durch einander ausgeglichen werden können: denn wer
kann das Maaß von Kränkungen bestimmen, das jemand erlitten hat und wie will man eine Summe Gel-
des mit diesen unangenehmen Gefühlen in ein rechtliches Verhältniß bringen? Der beleidigte Theil kann
also vor einem menschlichen Gerichtshofe keine andere
Genugthuung erhalten, als im Falle seiner Schuldlosig-
keit am Ehebruch eine Abbitte und Ehrenerklärung.
Der Schaden aber, den er etwan während der Zeit
der Untreue des Gatten an der Wirthschaft leidet, muß
ihm vergütet werden, wenn er kann ausgemittelt
werden: aber auf Muthmaßungen hin, ihn zu bestimmen, ist unerlaubt. Er muß genau und bestimmt angegeben werden, wenn Schadenersatz vor dem Rechte
Gültigkeit haben soll.

Die Personen aber, welche die Ehe gebrochen haben,
müssen mit dem Verluste ihrer Freiheit auf eine Zeitlang bestraft werden, weil sie eigenmächtig einen Vertrag gebrochen haben, der nicht über ein dingliches, sondern über ein weit wichtigeres, über ein dingliches persönliches Recht geschlossen worden war. Wie lange diese
Strafe dauern darf, muß aus dem Grade der Schuld
ermessen werden, den sie sich zugezogen haben. Es ist
aber eine Pflicht des Staats, die Ehescheidung zu erleichtern, damit nicht die Ursachen der Treulosigkeit vermehrt werden und damit die Ehegatten einen desto
größern Werth auf ihre wechselseitigen Gefälligkeiten
setzen.

schreitet, die über die Unschuld triumphiren, gründet
sich weniger auf die eingepflanzten Triebe des freien und
abgesonderten, als auf die Leidenschaften des in Gesellschaften lebenden und sclavischen Menschen. Sie erhält ihre Stärke nicht sowohl durch die Uebersättigung
der Vergnügen, als durch diejenige Erziehung, welche,
um die Menschen für Andere brauchbar zu machen, sie
sich selbst unnütz zu machen anfängt und zwar in solchen
Häusern, wo eine feurige Jugend in großer Anzahl zu-
sammengesperrt und wo ihr aller Umgang mit dem andern Geschlechte versagt ist. Alles Feuer und alle Lebhaftigkeit der Natur, welche sich eben entwickelt, ver-
zehrt sich unnütz für die Menschheit, ja sie beschleunigt
sogar das Alter *).

T 2   Der

setzen. Sind beide über die Scheidung einig, so muß
sie ihnen ohne Einwendung zugestanden werden; ist aber
nur Einer von den beiden Theilen aus Unzufriedenheit
mit dem Andern die Ehe aufzuheben willens, so kann
die Scheidung zwar nicht verweigert, weil ihre Dishar-
monie den Zweck der Ehe unreichbar macht, aber dem
andern Theile, wenn er schuldlos ist, muß wegen der
Hoffnung, welche er auf die Fortdauer des Vertrages
setzte, Schadenersatz geleistet werden.
Glückliche Ehen sind die Stützen der Staaten und
eine Schule der Tugend. Es muß daher Personen, die
sich aus Zuneigung einander heurathen wollen, so wenig
als möglich Hindernisse in den Weg gelegt werden,
Liebe, nicht Eigennutz, noch Convenienz, noch Vorurtheile, müssen dieses heilige Band knüpfen, damit der
Ehestand nicht ein Stand der Leiden und der Unsittlichkeit, sondern ein Stand der Erziehung in guten Gesinnungen werde.   Der Uebers.

*) Knabenschänderei muß als ein unnatürliches Laster,
wenn es vor den bürgerlichen Richter gebracht wird,
mit

Der Kindermord ist gleichfalls die Wirkung eines unvermeidlichen und schrecklichen Widerspruchs, worein eine Person gerathen ist, die entweder aus Schwäche, oder durch Gewalt gezwungen, unterlegen ist. Wer sich in der Lage befindet, zwischen seiner eigenem Schande und dem Tode eines Wesen zu wählen, das noch nicht den Verlust des Lebens fühlen kann, wie sollte eine solche Person den Tod nicht dem unvermeidlichen Elend vorziehen, welchem sie und ihre unglückliche Frucht ausgesetzt seyn würden? Das zweckmäßigste Mittel, diesem Verbrechen vorzubeugen, würde darin bestehen, wenn kräftige Gesetze die Schwäche gegen diejenige Tyrannei schützten, welche alle Laster vergrößert, die man nicht mit dem Mantel der Tugend bedecken kann *).

Ich

mit Gefängniß und Arbeit bestraft werden, weil es gemeiniglich aus einem Hange zu widernatürlichen Wollüften, die durch Arbeit vertilgt werden, entsteht. Es ist ein Mißbrauch der Geschlechtsorgane der einen Person und eine Verletzung und Gewaltthätigkeit an der Andern. Ueberhaupt muß dieser schändlichen Abschweifung vom Pfade der Natur durch vernünftige Erziehung, zweckmäßigen Unterricht und durch Schärfung des moralischen Gefühles gesteuert werden.

Der Uebers.

*) Der Kindermord ist ein Verbrechen, das unter allen Mordthaten das meiste Mitleid verdient. Es ist zwar schrecklich, daß Menschen ihre eigenen Kinder morden, aber ewige Schande, folgernde Gewissensbisse und eine trübe und trostlose Zukunft umlagern die Gefallene Tag und Nacht und die unnatürliche Mutter stößt den Dolch in das Herz ihres kaum gebornen Kindes! — Welche Strafe verdient nun eine Kindermörderin? So viele Entschuldigungsgründe sich immer für die Thäterin anführen lassen, so muß der Kindermord doch eben so bestraft

Ich bin nicht willens, den gerechten Abscheu zu vermindern, den dergleichen Verbrechen verdienen; aber indem ich ihre Quelle anzeige, glaube ich berechtigt zu seyn, eine allgemeine Folgerung daraus herzuleiten: Man kann eigentlich keine Strafe gerecht, das heißt, nothwendig nennen, so lange nicht das Gesetz das zweckmäßigste Mittel, das bei vorkommenden Umständen einer Nation möglich ist, angewandt hat, dem Verbrechen vorzubeugen.

§. 37.

Von einer besondern Gattung von Verbrechen.

Wer diese Schrift lieset, wird bemerken, daß ich eine Art von Verbrechen übergangen habe, die Europa mit Menschenblut überschwemmt und jene schändlichen Scheiterhaufen errichtet hat, worauf menschliche lebende Körper den Flammen zur Nahrung dienten,

straft werden, wie jeder andere Mord. Es muß aber genau untersucht werden, ob die Mutter mit Ueberlegung oder im Anfalle der Verzweiflung die That vollbracht habe; denn man kann als ausgemacht annehmen, daß, wenn man die Zuneigung einer besonnenen Mutter zu ihrem Geschöpfe bedenkt, die meisten Kindermorde in einem Anfalle von Wahnsinn und Verstandeslosigkeit verübt werden. Oft hat ein blinder mechanischer Trieb das Werk schon vollendet, ehe die Besonnenheit zurückkehrt. Dem Kindermorde muß durch Erleichterung der Ehen, durch Staatserziehungsinstitute, wo die Mutter ihr Kind ohne Furcht vor der Entdeckung hingeben kann und durch Verbreitung richtiger Begriffe von Ehre und Schande vorgebeugt werden.

Der Ueberf.

ten, wenn es für den blinden Haufen ein angenehmes
Schauspiel und eine liebliche Harmonie war, das dumpfe
Aechzen und das Klagen der Unglücklichen, das durch die
schwarzen Rauchwolken, durch den Rauch von menschlichen Gliedmaßen, hindurch drang und das Knistern
der brennenden Gebeine und das Braten der noch schla-
genden Eingeweide zu hören. Vernünftige Menschen
aber werden leicht einsehen, daß die Umstände des Or-
tes und der Zeit, worin ich lebe und der Stoff, den ich
bearbeite, mir nicht erlauben, die Beschaffenheit eines
solchen Verbrechens zu untersuchen. Ich würde mich
allzu weit von meinem Gegenstande entfernen und eine
zu weitläuftige Arbeit übernehmen, wenn ich beweisen
wollte, wie nothwendig eine vollkommene Einstimmig-
keit in den Meinungen in einem Staate gegen das Beispiel vieler Nationen sey; wie Glaubensarten, die sich
bloß durch einige dunkle Spitzfindigkeiten, die weit über
alle menschliche Einsichten hinausliegen, unterscheiden,
doch die öffentliche Ruhe störhen und dem allgemeinen Besten nachtheilig seyn können, wenn nicht eine
zum Vorzuge vor allen Andern berechtigt ist; und
wie die Meinungen so beschaffen sind, daß, während
einige durch ihren Widerstreit, durch ihre Gährung und
durch ihre wechselseitige Bekämpfung einander selbst
aufklären, die wahren oben aufschwimmen und die
falschen in Vergessenheit versinken, Andere, weniger
durch sich selbst gegründete, mit Macht und Ansehen
unterstützt werden müssen. Es würde zu weitläuftig
seyn, wenn ich beweisen wollte, daß die Herrschaft über
die menschlichen Gemüther, so gehässig auch ihre Macht
scheinen mag, weil sie nur Heuchler und dann Nieder-
trächtige

trächtige und Feige schaft und so sehr sie auch dem
Geiste der Sanftmuth und der brüderlichen Liebe entgegen seyn mag, welchen uns die Vernunft und die Macht,
welche wir noch mehr verehren, gebietet, unumgänglich nothwendig sey *). Dieses muß man alles als
völlig

*) Das Gebiet der Meinungen ist durch nichts beschränkt
als die Naturgesetze des menschlichen Geistes. Können
nun Menschen, wegen Verschiedenheit ihrer Meinungen, gestraft werden? Meinungen sind Kinder des Verstandes und nicht der Willkühr. Sie hängen nicht von
unserm Belieben und von unserer Freiheit ab, sondern
werden durch die Nothwendigkeit erzeugt, die ein Werk
der Erziehung, des Unterrichts, des Umgangs, des
Klimas, der besondern Lage eines Menschen, seines
Studiums und seiner besondern Anlagen ist. Sie
können daher vor kein bürgerliches Gericht gezogen
werden, weil sie nicht willkührliche, sondern nothwendige Aeußerungen des Geistes sind. Der Mensch
soll sich ausbilden und dieser Pflicht kann er nicht anders gnügethun, als durch Uebungen und Versuche seiner Kräfte. Was ist nun geschickter dazu, als durch
Verschiedenheit der Meinungen erregte Kämpfe und das
Reiben der verschiedenen Denkarten der Menschen an
einander? Durch Verschiedenheit der Meinungen wird
der menschliche Geist zum Nachdenken aufgefodert, der
Streit darüber hält seine Kräfte stets wach und aufmerksam und flößt ihm die Begierde ein, alles, was um ihn
her ist, zu erforschen.

Verschiedenheit der Meinungen darf auch nicht bestraft werden, weil durch ihre Aeußerungen niemandes
Recht beeinträchtigt wird: denn welches Recht würde
denn dadurch verletzt? Hat nicht jeder Mensch das unveräußerliche Recht, seine Meinungen frei und offen-
herzig zu bekennen und befördert diese Mittheilung nicht
die Wahrhaftigkeit und Lauterkeit der Gesinnungen und
ist sie nicht der einzige wahre Weg zur Tugend? Wer

Meinun-

völlig erwiesen ansehen und mit den wahren Vortheilen
der Menschen übereinstimmend halten, wenn es eine
gesetzmäßige und anerkannte Gewalt giebt, die es in
Ausübung bringt. Ich spreche nur von denjenigen
Verbrechen, die ihren Grund in der menschlichen Natur und in dem gesellschaftlichen Vertrage habe, aber
nicht von den Sünden, deren Strafen, wenn sie auch
zeitlich sind, nach ganz andern Grundsätzen, als nach
den Grundsätzen einer eingeschränkten Philosophie bestimmt werden müssen.

§. 18.

Meinungen nicht frei kurstren läßt, sondern ihren Umlauf mit Gewalt zu hemmen versucht, ist ein Lehrer der
Unsittlichkeit und der Irreligion und begeht nicht allein
ein Verbrechen, sondern versündigt sich auch an der
Gottheit. „Allein, giebst du nicht Andern durch deine
verschiedenen Meinungen ein Aergerniß?“ Liegt aber
nicht die Schuld davon an ihrer eingeschränktem Denk-
art und an ihrer Ungebildetheit? Gebietet ihnen nicht
eine Gewissenspflicht jene zu erweitern und dieser durch
Fleiß und Nachdenken abzuhelfen? Geben sie etwan
Andern durch ihre intoleranten Gesinnungen und ihre
grundlosen Ansprüche kein Aergerniß? Wer verletzt das
Recht der Menschheit? Derjenige, der Meinungen verfolgt, oder derjenige, der frei und gewissenhaft denkt
und handelt? Wollen die Intoleranten nicht alle
menschliche Gedanken und Meinungen in eine und dieselbe Form gießen und das Unmögliche möglich machen?
Es ist kläglich, daß schwache Menschen sich erdreusten,
in das Meinungsgebiet — wo die Gottheit allein zu
Gerichte sitzt, — Eingriffe zu thun! Verschiedenheit der
Meinungen kann und darf nicht bestraft werden, wenn
nicht der Adel der menschlichen Natur vernichtet und alle
Tugend mit der Wurzel ausgerottet werden soll.

Der Uebers:

§. 38.

Von einer Quelle von Irrthümern und von Ungerechtigkeiten in der Gesetzgebung; und zwar erstlich von den falschen Begriffen des Nützlichen.

Eine Quelle von Irrthümern und Ungerechtigkeiten sind die falschen Begriffe, die sich die Gesetzgeber von dem Nützlichen machen. Derjenige macht sich einen falschen Begriff von dem Nützlichen, der den besondern Uebeln abhilft und die allgemeinen Uebeln fortdauern läßt, der über die Empfindungen herrschen will, anstatt daß er sie bloß erwecken sollte und der sich erdreustet zur Vernunft zu sagen: sey Sclave. Derjenige hat einen falschen Begriff von dem Nützlichen, der tausend wirkliche Vortheile der Furcht vor einem eingebildeten oder unbedeutenden Uebel aufopfert; der den Menschen das Feuer entziehen würde, weil es Feuersbrünste verursacht und das Wasser, weil jemand darin ertrinken kann und der dem Strome des Uebels nur durch Zerstörung vorzubauen weiß. Von dieser Art sind diejenigen Gesetze, welche das Waffentragen verbieten und die nur diejenigen entwaffnen, die weder Neigung noch Entschlossenheit zu Verbrechen haben: denn wie sollen diejenigen, die dreust und verwegen die heiligsten Gesetze der Menschheit und die wichtigsten Verordnungen des Gesetzbuchs verletzen, gegen die unbedeutenden und bloß willkührlichen Gesetze Ehrfurcht haben, deren Uebertretung, weil sie allzu leicht ist, unbestraft bleiben sollte und deren strenge Vollziehung alle persönliche Freiheit, — das theuerste Gut des Menschen und des aufgeklärten Gesetzgebers — vernichtet und die Unschuldigen allen Mißhandlungen, die nur die Schuldigen verdienen,

nen, preiß giebt *)? Dergleichen Geſetze verſchlimmern
den Zuſtand des Beleidigten und verbeſſern das Schickſal

*) Es giebt im Staate nur eine Art von Freiheit, von
welcher jedermann Gebrauch machen und welche ihm der
Staat ſchützen ſoll. Die Denkfreiheit, die Ge-
wiſſensfreiheit u. ſ. w. a) liegen gänzlich außer
dem Gebiete der Wirkſamkeit, welches dem Staate von
dem Rechte angewieſen iſt. Die Freiheit, welche der
Menſch als Staatsbürger genießen muß, iſt die politiſche, welche darin beſteht, daß jedes Geſetz im Staate
muß angeſehen werden können, als habe er ſeine Einwilligung dazu gegeben und als ſey der Inhalt deſſelben
aus dem Bedürfniſſe ſeiner Natur entſprungen. Die
Beiſtimmung zu jedem Geſetze iſt ein nothwendiges Prä-
dikat eines Staatsbürgers und es läßt ſich, da es aus
dem Zuſammenleben mit ſeines Gleichen in einem bürgerlichen Vereine entſpringt, nicht von ſeinem Individuum trennen. Freiheit herrſcht alſo da, wo die
Bürger entweder ſelbſt oder durch Stellvertreter ihre
Einwilligung zu einem Geſetze geben. Die bürgerliche Freiheit iſt hingegen ein Wort ohne allen Inhalt, weil ſie ſchon in dem Rechte der Gleichheit vor dem
Geſetze enthalten iſt, vermöge welches niemand zum Gehorſam gegen irgend ein Geſetz gezwungen werden kann,
wozu er nicht rechtlicher Weiſe jeden Andern wieder verbinden kann. Der Menſch kann daher alles thun, was
nicht verboten iſt.
                                          Der Ueberſ.

a) Der Freiheit zu denken, ſagt Kant, iſt der bürgerliche
Zwang entgegen geſetzt. Zwar ſagt man: die Freiheit zu
ſprechen oder zu ſchreiben, könne uns zwar durch obere
Gewalt, aber die Freiheit zu denken, durch ſie gar nicht
genommen werden. Allein, wie viel und mit welcher
Richtigkeit würden wir wohl denken, wenn wir nicht
gleichſam in Gemeinſchaft mit Andern, denen wir
unſere und die uns ihre Gedanken mittheilen, dächten!
Alſo kann man wohl ſagen, daß diejenige äußere Gewalt,
welche die Freiheit, ſeine Gedanken öffentlich mitzuthei-
                                                      len,

ſol des Angreifers; ſie vermindern nicht die Menſchen-
mörder, ſondern ſie vermehren ſie, weil man weit dreuſter Unbewaffnete als Bewaffnete anfallen kann. Dieſe
Geſetze beugen nicht den Verbrechen vor, ſondern ſie
fürchten ſich vor ihnen; ſie verdanken ihr Daſeyn dem
betäubenden Eindrucke einiger beſondern Vorfälle und
nicht der Vernunft, welche die Vortheile und Nachtheile einer allgemeinen Verordnung in genaue Ueberlegung zieht.

Einen falſchen Begriff von dem Nützlichen macht
ſich auch derjenige, der einer Menge empfindender
Weſen die Gleichförmigkeit und Ordnung zu geben
wünſcht, deren nur eine rohe und lebloſe Materie fähig iſt;
der nahe liegende Beweggründe vernachläßigt, die allein
einen ſtarken und dauerhaften Eindruck auf den großen
Haufen machen, und entfernte Beweggründe gebraucht, deren Eindruck ſehr kurz und ſchwach iſt,
wenn nicht etwan eine ſtarke Einbildungskraft, die
kein gemeines Geſchenk der Natur unter den Menſchen
iſt, durch die Vergrößerung eines Gegenſtandes ſeine
Entfernung erſetzt. Endlich hat derjenige einen unrich-
tigen

len, den Menſchen entreißt, ihnen auch die Freiheit zu
denken nehme: Das einzige Kleinod, das uns bei allen
bürgerlichen Laſten noch übrig bleibt und wodurch allein uns
der alle Uebel dieſes Zuſtandes noch Rath geſchaft werden
kann. Der Freiheit zu denken, wird auch der Gewiſſens-
zwang entgegengeſetzt, wo ohne alle äußere Gewalt in
Sachen der Religion ſich Bürger über Andere zu Vormün-
dern aufwerfen und ſtatt Argumente, durch vorgeſchriebene
mit ängſtlicher Furcht vor der Gefahr einer eigenen
Unterſuchung, begleitete Glaubensformeln alle Prüfung
der Vernunft durch frühen Eindruck auf die Gemüther zu
verbannen wiſſen.

tigen Begriff von dem Nützlichen, der die Sache dem
Namen zum Opfer bringt und der das allgemeine Beste
von der Wohlfarth der einzelnen Bürger trennt.

Der Unterschied zwischen dem Zustande der bürgerlichen Gesellschaft und zwischen dem Naturstande besteht darin, daß der im Naturzustande lebende Mensch
dem Andern nur so viel Schaden zufügt, als hinreicht,
sich selbst einen Vortheil zu verschaffen; aber der Mensch,
der in Gesellschaft lebt, wird manchmal durch schlechte
Gesetze bewogen, Andern, ohne irgend einen Vortheil
für sich selbst, zu schaden *). Der Despot jagt seinen
Sclaven Furcht und Muthlosigkeit ein, aber diese Furcht
und Muthlosigkeit wirken mit desto stärkern Nachdruck
auf ihn zurück, und foltern und machen ihn unglücklich.

Je einsamer und häuslicher die Furcht ist, desto
weniger ist sie für denjenigen gefährlich, der sie zum
Werkzeuge seiner Glückseligkeit macht; je öffentlicher sie
hingegen und je größer die Anzahl von Menschen ist,
welche sie beunruhigt, desto leichter ist es möglich, daß
sich

---

*) Der bürgerliche und Naturstand unterscheiden sich da-
durch von einander, daß in jenem Alle unter einem
Oberhaupte stehen, in diesem jeder in allen Angelegenheiten sein eigener Richter ist; daß es in jenem eine austheilende Gerechtigkeit giebt, die jedermann widerfahren
läßt, was er verdient, und daß in diesem die Uebermacht entscheidet und daher niemand zu seinem Rechte
gelangt. Der Naturzustand ist ein Stand der Ungerechtigkeit, weil dadurch, daß jeder sein eigener Richter
ist, das Recht ohne Effekt bleibt. Die Menschen können daher mit Gewalt genöthigt werden, diesen Zustand
zu verlassen, weil sie niemand Sicherheit gewähren.
      Der Uebers.

sich entweder ein Unbesonnener, oder ein Verzweifelter, oder ein verschlagener Wagehals finde, der Andere zu seinen Absichten hinzulenken und der unter ihnen desto angenehmere und verführerische Hoffnungen zu erregen versteht, je größer die Anzahl ist, welche die Gefahr des Unternehmens theilen. Der Werth, den Unglückliche auf ihr Leben legen, vermindert sich nach dem Maaße des Elendes, das sie erdulten. Dies ist Ursache, warum Eine Beleidigung immer neue erzeugt, weil der Haß weit länger als die Liebe dauert; der Erstere erhält durch die Fortdauer der Handlung immer neue Kräfte, da hingegen die zweite durch fortdauernden Genuß sich selbst vermindert *).

§. 39.

Von dem Familiengeiste.

Der Familiengeist ist eine andere allgemeine Quelle von Irrthümern und Ungerechtigkeiten in der Gesetzge-

---

*) Der Gesetzgeber darf nicht zuerst auf das Nützliche sehen, wenn er gerecht seyn will, weil ihm der Nutzen oder Schaden keinen sichern Maaßstab gewährt, wornach er die allgemeine Verbindlichkeit eines Gesetzes entscheiden könnte. Nur der ist ein weiser Gesetzgeber, der Aller Willkühr einem gleichen Gesetze unterwirft, der nur Handlungen der Menschen gegen einander vor sein Forum zieht, der auf die Bedürfnisse der Nation Rücksicht nimmt und sie zu befriedigen die zweckmäßigsten Mittel ergreift. Sieht er hingegen bei seinen Gesetzen auf den bloßen Nutzen, so verliert er sich in Irrgänge, aus welchen es keinen Ausweg giebt und er erndtet, anstatt Lob und Segen, Schande und Verwünschungen ein.

Der Uebers.

ſetzgebung. Man bemerkt, daß die Grauſamkeit und
andere Fehler der peinlichen Geſetzgebung auch von den
aufgeklärteſten Männern gut geheißen und in den freie-
ſten Staaten in Ausübung gebracht worden ſind, weil
man die Geſellſchaft mehr für eine Familienverbindung
als für eine Vereinigung von Menſchen angeſehen hat *).
Man ſetze den Fall, eine Nation beſtehe aus hunderttauſend Menſchen, oder aus zwanzigtauſend Familien,
deren jede 5 Perſonen, das Oberhaupt, das ſie vorſtellt
mit

*) Eine Regierung, ſagt Kant, die auf dem Prinzip des
Wohlwollens gegen das Volk als eines Vaters gegen ſeine Kinder errichtet wäre, d. i. eine väterliche
Regierung (imperium paternale), wo alſo die
Unterthanen als unmündige Kinder, die nicht unterſcheiden können was ihnen wahrhaft nützlich oder ſchädlich iſt, ſich bloß paſſiv zu verhalten genöthigt ſind, und
wie ſie glücklich ſeyn ſollen, bloß von dem Urtheile
des Staatsoberhauptes und daß dieſer es auch
wolle, bloß von ſeiner Gütigkeit zu erwarten, iſt der größte denkbare Despotismus (eine Verfaſ-
ſung, die alle Freiheit der Unterthanen, die alsdann
gar keine Rechte haben, aufhebt). Nicht eine väterliche, ſondern eine vaterländiſche Regierung
(imperium non paternale, sed patrioticum) iſt diejenige, welche allein für Menſchen, die der
Rechte fähig ſind, zugleich in Beziehung auf das
Wohlwollen des Beherrſchers gedacht werden kann.
Patriotiſch nämlich, iſt die Denkungsart, da ein
jeder im Staate (das Oberhaupt deſſelben nicht ausgenommen) das gemeine Weſen als den mütterlichen Schoß
oder das Land als den väterlichen Boden, aus und auf
dem er ſelbſt entſprungen und welchen er auch ſo als ein
theueres Unterpfand hinterlaſſen muß, betrachtet, nur
um die Rechte deſſelben durch Geſetze des gemein-
ſamen Willens zu ſchützen, nicht aber, es ſeinem
unbedingten Belieben zum Gebrauch zu unterwerfen,
ſich für befugt hält.

mit eingerechnet, ſtark iſt. Wenn die Vereinigung
Familienweiſe eingegangen iſt, ſo giebt es nur zwanzigtauſend Menſchen und achtzigtauſend Sclaven; iſt ſie
aber Perſonenweiſe abgeſchloſſen worden, ſo giebt es
hunderttauſend Bürger und keinen einzigen Sclaven.
Im erſten Falle gründet man eine Republik und zwanzigtauſend kleine Monarchieen, aus welchen jene zuſam-
mengeſetzt iſt; im zweiten wird nicht allein auf öffentlichen Plätzen und in Volksverſammlungen ein republika-
niſcher Geiſt athmen, ſondern auch in dem Innern der
Häuſer, welche den größten Theil von dem Glücke oder
von dem Elende der Menſchen in ſich ſchließen. Da
die Geſetze und Sitten eine Wirkung der eingewurzelten
Geſinnungen der Mitglieder eines gemeinen Weſens,
oder der Oberhäupter der Familien ſind, ſo wird ſich
im erſten Falle nach und nach in die Republik ſelbſt ein
monarchiſcher Geiſt einſchleichen, weil dieſer keine ander
Hinderniß, als das entgegengeſetzte Intereſſe eines jeden
Familienhauptes, und nicht den lebendigen und Allge-
mein-Geiſt der Freiheit und Gleichheit zu beſiegen hat.
Der Familiengeiſt iſt ein Kleinigkeitsgeiſt, der ſich bloß
mit kleinen unbedeutenden Dingen beſchäftigt. Der
herrſchende Geiſt der Republiken hingegen, der ſich auf
allgemeine Grundſätze gründet und ſie auch beherrſcht,
blickt auf die Thaten, bringt ſie in allgemeine Claſſen
und weiß wichtige für den größten Theil des Volks zuträgliche Folgerungen daraus zu ziehen. In Republiken, welche aus Familien beſtehen, bleiben die Kinder
ſo lange unter der Gewalt des Oberhauptes, bis daſſelbe ſtirbt und ſie müſſen erſt von ſeinem Tode eine von
dem Geſetzen allein abhängige Exiſtenz erwarten. Da ſie

in

in jüngern und kraftvollen Jahren, wo ihre Thätigkeit
noch wenig von der aus der Erfahrung entstandnen
Furcht, die man Mäßigung nennt, gehemmt wird,
sich zu schmiegen und zu zittern gewohnt sind, wie sollen
sie den Hindernissen widerstehen können, die immer das
Laster der Jugend in einem kraftlosen und hinfälligen
Alter entgegensetzt, wo man sogar die Hoffnung aufgiebt, die Früchte seiner Bemühungen zu erndten, welches von kühnen Unternehmungen abschreckt?

In Republiken aber, wo ein jedes Individuum
Staatsbürger ist, ist die Familie keine durch Gewalt
erzwungene, sondern durch Vertrag eingegangene Unterwerfung. Haben die Kinder das Alter erreicht, das
sie von der Abhängigkeit der Natur, das heißt, von der
Schwäche und von dem Bedürfnisse der Erziehung und
des Schutzes befreiet, so werden sie freie Mitglieder
der Gesellschaft und unterwerfen sich nur dem Familien-
haupte, um an den Vortheilen Antheil zu nehmen,
welche diese Unterwerfung gewährt; eben so wie es
freie Menschen in Beziehung auf die große Gesellschaft machen.

In Republiken, wo bloß die Familienväter Bürger sind, steht die Jugend, das ist, der größte und
nützlichste Theil, unter der Willkühr der Väter; in
Staaten hingegen, wo jeder männliche Bewohner Bürger ist, findet kein anderes gebotenes Band statt, als
jene heilige und unverletzliche Pflicht, sich einander allen
nöthigen Beistand zu leisten und dankbar für die erhal-
tenen Wohlthaten zu seyn: und das Gefühl, diese

Pflich-

Pflichten zu erfüllen, ist nicht sowohl durch die Bösartigkeit des menschlichen Herzens, als durch eine übelverstandene Unterwürfigkeit, welche die Gesetze gebieten, ausgerottet worden.

Dergleichen Widersprüche zwischen den Familiengesetzen und den Grundgesetzen des gemeinen Wesens sind eine zweite Quelle von andern Widersprüchen zwischen der öffentlichen und häuslichen Sittenlehre und verursachen einen immer fortdauernden Kampf in dem Gemüthe eines jeden Menschen. Die häusliche Sittenlehre flößt Unterwürfigkeit und Furcht, die öffentliche Muth und Freiheit ein; jene lehrt den Menschen, seine Wohlthätigkeit auf eine kleine Anzahl nicht freiwillig gewählter Personen beschränken, diese aber, gegen alle Klassen von Menschen wohlthätig seyn; jene befiehlt, sich selbst stets einem erdichteten Götzen aufzuopfern, den man das Beste der Familie nennt, das doch oft keinem ihrer Mitglieder einen wirklichen Vortheil gewährt; diese zeigt, wie man für sein eigenes Wohl sorgen könne, ohne die Gesetze zu übertreten, oder muntert die Bürger auf, sich ihrem Vaterlande aufzuopfern, und zeigt ihnen im Geiste die Belohnung voraus, welche ihre Aufopferung erwartet. Dergleichen Widersprüche sind Ursache, daß die Menschen so ungern der Tugend folgen, die sie so verhüllt, so unkenntlich und in einer solchen Entfernung erblicken, die von der Dunkelheit sowohl der physischen als der moralischen Gegenstände herrührt. Wie oft erstaunt nicht der Mensch, sich unredlich zu finden, wenn er auf sein vergangenes Leben zurück blickt!

Je

Je mehr sich die Gesellschaft vermehrt, ein desto geringerer Theil des Ganzen wird jedes Mitglied und in gleichem Verhältnisse vermindert sich auch der republikanische Geist, wenn die Gesetze nicht dafür sorgen, ihm neue Stärke zu geben. Die bürgerlichen Gesellschaften haben, wie die menschlichen Körper, ihre bestimmten Grenzen, die sie nicht überschreiten dürfen, ohne daß ihre innere Einrichtungen nothwendig zerrüttet werden. Die Größe eines Staats scheint in einem umgekehrten Verhältnisse mit dem Grade der Empfindlichkeit und Thätigkeit seiner Bürger stehen zu müssen, denn wenn beide im Verhältnisse der Bevölkerung zunähmen, so würden die guten Gesetze, wenn sie den Verbrechen vorbeugen wollten, ein Hinderniß in dem Guten selbst, das sie hervorgebracht haben, finden. Eine allzu große Republik rettet sich nur dadurch vor dem Despotismus, daß sie sich selbst zertheilt und in eine Menge verbündeter Republiken vereinigt *). Allein wie

*) Große Republiken, wenn sie ein weißlich organisirte Verfassung haben, verdienen den Vorzug vor kleinen, weil, wenn in jenen auch eine Verschwörung, die auf den Umsturz der Verfassung abzielt, in der Hauptstadt ausbrechen sollte, sie doch nicht leicht gelingen kann, da die Macht, die sie noch in den übrigen Provinzen zu bestreiten hat, zu groß ist, als daß man sich nach ihren Absichten bequemen sollte. Große Staaten erfordern auch nicht so viele Regierungskosten und befördern mehr den Weltbürgergeist, auf dessen Verbreitung die Menschen hinarbeiten sollen, als eine Menge kleiner abgesonderter Staaten. Die Masse der Einsichten bringt in großen Republiken weit leichter Verbesserungen zu wege, als in kleinen, zumal wenn Preßfreiheit in ihnen herrscht, welche die Stimme des Volks allzu gewaltig macht,

wie kann man diesen Zweck erreichen? Hierzu ist ein despotischer Diktator nöthig, der den Muth eines Sylla und eben so viel Talente zum Aufbauen hätte, als dieser zum Niederreißen hatte. Wäre ein solcher Mann ehrgeitzig, so würde ihn der Nachruhm aller Jahrhunderte krönen; wäre er Philosoph, so würden ihn die Segenswünsche seiner Mitbürger für den Verlust seines Ansehens schadlos halten, wenn er nur gegen ihre Undankbarkeit nicht gleichgültig würde.

Je schwächer die Gefühle, die uns an den Staat ketten, werden, desto mehr verstärken sich diejenigen, die uns an die Gegenstände, die uns umgeben, fesseln. Daher sind unter dem wüthensten Despotismus die Freundschafsbande stärker und dauerhafter und die Familientugenden (die immer mittelmäßig sind) die gemeinsten, oder vielmehr die einzigen. Hieraus kann

U 2   man

macht, als daß man sich ihrer Foderung widersetzen sollte. Sie sind auch der Industrie und den Wissenschaften günstiger, weil die Regierung leichter große und nützliche Institute errichten kann und weil die Gelehrten eines Landes immer in einer engern Verbindung mit einander stehen, als mit dem Auslande. Daß große Staaten zum Kriege geneigt seyn sollten, gilt nur von Despotien, aber nicht von solchen Staaten, wo alle Gewalten verfassungsmäßig von einander getrennt sind, wo den Bürgern das Recht, über Krieg und Frieden zu entscheiden zukommt und wo sie nicht allein alle Kosten und Beschwerlichkeiten des Krieges tragen, sondern wo auch die Gewalthabenden nach kurzer Zeit selbst fechten müssen. Wenn sie also auch das Recht und die Pflicht gegen die Menschheit nicht vom Kriege abhalten sollte, so wird sie doch der Eigennutz davon abschrecken.

Der Uebers.

man sehen, wie eingeschränkt die Gesichtspunkte der
meisten Gesetzgeber gewesen sind!

§. 40.

Von dem Fiscus.

Es hat einen Zeitraum gegeben, wo alle Strafen Geldstrafen waren. Die Verbrechen der Menschen waren das Erbgut des Fürsten. Die Angriffe
auf die öffentliche Sicherheit waren ein Gegenstand des
Gewinns: derjenige, der sie zu vertheidigen bestimmt
war, hatte einen Vortheil dabei, wenn er sie gestört
sah. Der Gegenstand der Strafen war damals ein
Prozeß zwischen dem Fiscus, der diese Strafen zuer-
kannte und dem Schuldigen, den sie trafen; eine bürgerliche Streitsache oder vielmehr eine Privat- als eine
öffentliche Angelegenheit, die dem Fiscus andere Rechte
einräumte als ihm die Sorge für die öffentliche Sicherheit zu gestatten erlaubte, und dem Schuldigen andere
Bedrückungen aufbürdete, als wozu er um der Nothwendigkeit des Beispiels willen hätte verdammt werden
können *).

Der

---

*) Alle Prozesse müssen umsonst geführt werden, damit
die Obrigkeit nicht der Versuchung des Eigennutzes und
des Verdachtes der Partheilichkeit ausgesetzt werde.
Alle Obrigkeiten müssen fixe Besoldungen erhalten, damit sie ihre Geschäfte ohne Sorgen und mit Fleiß und
Pünktlichkeit abwarten können. Ueberdies ist die Aus-
theilung der Gerechtigkeit Zweck des Staatsvertrages
zu dessen Vollziehung alle Bürger nach ihrem Vermögen
beizutragen verbunden sind. Jeder Einzelne muß nunmehro, ohne weitere Vergeltung, sein Recht erhalten,
wenn der Staat seiner Pflicht nachkommen will. Die
Gesetze

Der Richter war daher vielmehr ein Sachwalter des Fiscus, als ein unpartheiischer Untersucher der Wahrheit, er war vielmehr ein Geschäftsführer der Casse des Fiscus, als ein Beschützer und Diener der Gesetze. Erkannte sich jemand nach diesem System für schuldig, so erklärte er sich für einen Schuldner des Fiscus, welches der Zweck des peinlichen Verfahrens in den damaligen Zeiten war. Das Eingeständniß des Verbrechers, das man so lenkte, daß es dem Fiscus nicht zum Schaden, sondern zum Vortheile gereichte, war also und ist noch heutiges Tages der Mittelpunkt, um welchen sich die ganze peinliche Rechtsgelehrsamkeit dreht; denn die Wirkungen dauern immer noch sehr lange fort, wenn gleich die Ursachen nicht mehr vorhanden sind. Ohne das Eingeständniß wird den durch unbezweifelte Beweise überführten Schuldigen eine geringere Strafe treffen, als diejenige ist, die er leiden sollte, wenn er sein Verbrechen eingestanden hätte und ohne dasselbe bringt man ihn nicht auf die Folter, um aus ihm das Geständniß noch anderer Verbrechen von der Art, die er begangen haben könnte, heraus zu bringen. Hat der Richter das Eingeständniß erhalten, so wird er Herr des Körpers des Schuldigen und martert ihn

Gesetze aber müssen gerecht, deutlich, bestimmt und einfach, die Prozeßform darf nicht verwickelt seyn, und die Prozesse dürfen nicht lange dauern, sondern müssen durch ihre kurze Dauer und durch ihre gerechte Entscheidung die Streitsucht unter den Menschen, die eine Frucht verworrener und dunkler Gesetze, der Habsucht der Richter und der Rabulisterei der Advocaten ist, ausrotten.

Der Ueberf.

ihn methodisch, um wie aus einem gekauften Landgute alle möglichen Vortheil zu ziehen.

Hat man die Wirklichkeit des Verbrechens bewiesen, so macht das Eingeständniß einen überzeugenden Beweis aus und um nun diesen Beweis weniger verdächtig zu machen, so erpreßt man es mit Gewalt durch Zuckungen und bis zur Verzweiflung gehenden Schmerzen aus, weil man zu gleicher Zeit eingesteht, daß ein außergerichtliches, ruhiges und gleichgültiges Bekenntniß, ohne die übermächtige Furcht einer peinigenden Untersuchung zur Verdammung nicht hinreichend sey. Man schließt die Untersuchungen und Beweise aus, die die Thatsache zum Vortheile des Angeklagten aufklären, aber den Ansprüchen des Fiscus nachtheilig seyn würden. Nicht zur Linderung des Elendes, noch aus Mitleiden gegen menschliche Schwäche geschieht es, daß man die Schuldigen zuweilen mit der Folter verschont, sondern zu Gunsten der Ansprüche, die dieses eingebildete und unbegreifliche Wesen verlieren könnte. Der Richter wird ein Feind des Angeschuldigten, eines Menschen, der in Ketten schmachtet, und der eine Beute der Quaalen, eines ungesunden Gefängnisses und der schrecklichsten Zukunft ist. Er sucht nicht die Wahrheit der Thatsache auszumitteln, sondern spürt nur an dem Gefangenen nach einem Verbrechen, er legt ihm Fallstricke und glaubt zu verlieren, wenn ihm sein Wunsch nicht gelingt und wähnt, der Untrüglichkeit, die sich der Mensch in allen Dingen anmaaßt, zu nahe zu treten. Es steht in der Gewalt des Richters, die Anzeigen zu bestimmen, welche zur

Ver-

Verhaftnehmung eines Menschen hinreichend sind: damit jemand seine Unschuld beweise, muß er vorher schuldig erklärt werden. Das heißt einen Angriffsprozeß führen und gleichwohl ist ein solches peinliches Verfahren fast an jedem Orte des aufgeklärten Europas noch im 18ten Jahrhunderte gewöhnlich. Der wahre Untersuchungsprozeß, d. i. eine ruhige Erforschung der Thatsache, die die Vernunft gebietet, die Kriegsgesetze befolgen und die selbst der asiatische Despotismus in ruhigen und gleichgültigen Fällen gebraucht, trifft man äußerst selten in den europäischen Gerichtshöfen an. Welch' ein verwirrtes Labyrinth von sonderbaren Ungereimmtheiten, die einer glücklichern Nachwelt unglaublich vorkommen werden! Nur die Philosophen allein werden die Möglichkeit eines solchen Systems aus der menschlichen Natur erklären können!

§. 41.

Von Vorbeugungsmitteln gegen Verbrechen.

Es ist besser Verbrechen vorzubeugen, als sie zu bestrafen. Dies ist der Hauptzweck einer jeden guten Gesetzgebung, die in der Kunst besteht, den Menschen die größre Summe von Glückseligkeit zu verschaffen, oder sie von so wenig als möglich Uebeln heimsuchen zu lassen. Der Gesetzgeber muß alles Glück und Unglück dieses Lebens in Anschlag bringen. Die Mittel aber, die man bisher zur Beförderung der Glückseligkeit der Nationen angewandt hat, sind größtentheils elend und dem beabsichtigten Zwecke zu wider gewesen. Es ist nicht möglich, die unruhige Thätigkeit des Menschen einer

einer geometrischen Ordnung zu unterwerfen, ohne daß nicht Unregelmäßigkeiten und Verwirrungen vorfallen sollten. Wie die unwandelbaren und höchst einfachen Gesetze der Natur nicht verhindern, daß die Planeten in ihren Bewegungen nicht Störungen erfahren sollten, so können auch nicht menschliche Gesetze bei den zahllosen und entgegengesetztesten Anziehungen der Freude und des Schmerzes Störungen und Unordnungen verhüten. Und gleichwohl wollen eingeschränkte Köpfe dies Hirngespenst verwirklichen, wenn sie Gewalt in Händen haben *). Eine Menge gleichgültiger Handlungen verbieten, heißt nicht den Verbrechen, die davon eine Folge seyn können, vorbeugen, sondern zu andern Verbrechen Veranlassung geben: es heißt willkührlich die Begriffe von Tugend und Laster bestimmen, die man uns doch für ewig und unwandelbar ausgiebt. Wie elend würde es um uns stehen, wenn man uns alles das verbieten wollte, was uns zu einem Verbrechen verleiten könnte. Man müßte dem Menschen den Gebrauch seiner Sinne entziehen. Gegen einen Bewegungsgrund, der die Menschen ein wirkliches Verbrechen

---

*) Immer werden Verbrechen begangen werden, so lange die Menschen nicht den Grad von moralischer Ausbildung erlangt haben, daß sie allein dem Sittengesetze und zwar bloß aus Achtung gegen dasselbige gehorchen. Dieser Zeitpunkt scheint aber noch weit entfernt zu seyn. Die Pflicht einer guten Gesetzgebung beschränkt sich daher jetzt bloß darauf, durch Unterricht und gutes Beispiel die Anzahl der Verbrechen zu verringern und jedes Verbrechen gerecht, bald und ohne Unterschied des Standes zu bestrafen.

Der Uebers.

chen zu begehen anreißt, giebt es tausend andere, die
sie zu gleichgültigen Handlungen, die schlechte Gesetze
Verbrechen nennen, antreiben *).   Und wenn nun die
Wahrscheinlichkeit, daß ein Verbrechen begangen werden wird, mit der Anzahl der Beweggründe dazu in
Verhältniß steht, so heißt es die Sphäre der Verbrechen erweitern, wenn man die Wahrscheinlichkeit vermehrt, daß sie begangen werden können.   Der größte
Theil der Gesetze sind nur ausschließende Vorrechte,
das heißt, ein Tribut Aller zum Vortheil einiger
Wenigen.

Wollt ihr Verbrechen vorbeugen, so wendet alle
eure Mühe darauf, daß die Gesetze deutlich und einfach
seyn, und daß man die ganze Stärke der Nation zu
ihrer Vertheidigung vereinige, ohne daß ein Theil
dieser Stärke zu ihrer Vernichtung angewandt werden
könne.   Man sehe darauf, daß die Gesetze weniger die
verschiedenen Stände der Menschen, sondern die Menschen selbst begünstigen *).   Man flöße diesen Furcht
vor

*) Nichts darf vor dem äußern Rechte verboten und
als ein Verbrechen angesehen werden, wenn es begangen worden ist, als was irgend jemandes Recht beeinträchtigt.   Giebt es auch gleich vor dem Sittengesetze keine gleichgültigen Handlungen, so giebt es doch
dergleichen vor dem äußern Rechte, und diese dürfen
vom Staate weder geboten noch verboten, sondern der
Willkühr der Menschen anheim gestellt werden, welche
dafür ihrem Gewissen verantwortlich sind.

                              Der Uebers.

*) Es giebt kein wirksamer Mittel, Verbrechen zu steuern
und ihnen vorzubeugen, als gerechte und allgemeingültige Gesetze.   Jedermann huldigt ihnen und befolgt sie
                              gern.

vor den Geſetzen ein, aber nur vor den Geſetzen allein.
Die Furcht vor den Geſetzen iſt heilſam, aber die Furcht
eines Menſchen vor einem Andern, iſt eine unſelige und
fruchtbare Quelle von Verbrechen.   Sclaven ſind woll-
lüſtiger, zügelloſer und grauſamer als freie Menſchen.
Dieſe denken über die Wiſſenſchaften und über die Vortheile der Nationen nach,   werden große Gegenſtände
gewahr und führen große Dinge aus; jene aber mit der
Gegenwart zufrieden, ſuchen im Geräuſche eines zügel-
loſen und liederlichen Lebens eine Zerſtreuung, um dem
ſchrecklichen Zuſtande zu entfliehen, worinn ſie ſich erblicken.   An die Ungewißheit des Ausgangs aller Be-
gebenheiten gewöhnt,   wird der Erfolg ihrer Verbrechen für ſie ſelbſt zweifelhaft.   Dieſe Ungewißheit giebt
der Leidenſchaft, die ſie dazu anreizt, eine neue Stärke.

Macht eine Nation das Klima träge und gleichgültig, ſo erhält und vermehrt die Ungewißheit der Geſetze ihre Unthätigkeit und Dummheit: trifft hingegen
dieſe

gern. Auch der größte Böſewicht ſchaudert vor der Verletzung eines ſo heiligen Verbotes und Gebotes zurück,
das er durch ſeine Handlungen aufzuheben willens
iſt. Dieſe Ehrfurcht iſt ſo tief in der menſchlichen Natur eingewurzelt, daß jedes Geiſt ſich auch unwillkührlich vor dem Guten und vor dem Rechte beugt. Gerechte Geſetze, die Aller Rechte ſchützen, das Unrecht
allein verbieten und weder zu viel noch zu wenig thun,
ſind daher nebſt einer vernünftigen Erziehung und einem
zweckmäßigen Unterrichte die beſten Mittel von Verbrechen abzuhalten. Ungerechte Geſetze hingegen beleidigen nnd empören die menſchliche Natur, fodern die
Menſchen zu Verbrechen heraus und überſäen die Erde
mit Frevelthaten und Ungerechtigkeiten.

                                        Der Ueberſ.

diese Ungewißheit eine wollüstige aber thätige Nation, so verschwendet sie ihre Thätigkeit an eine ungeheure Menge von listigen Ränken und Anschlägen, die den Saamen des Mistrauens in Aller Herzen ausstreuen und die den Verrath und die Heuchelei zur Grundlage der Klugheit machen. Fällt endlich diese Ungewißheit auf eine muthige und tapfere Nation, so wird sie vernichtet, nachdem sie vorher die Veranlassung von vielen Hin- und Herschwanken von der Freiheit zur Sclaverei und von der Sclaverei zur Freiheit gewesen ist.

Wollt ihr Verbrechen vorbeugen, so macht, daß die Aufklärung im Gefolge der Freiheit sey. Je mehr sich die Kenntnisse verbreiten und die Wissenschaften erweitern, desto geringer wird die Anzahl der Uebel, die von ihnen herrühren und desto mehr vermehren sich die Vortheile, die sie gewähren. Ein kühner Betrüger (der niemals ein Mensch von gemeinen Talenten ist) wird von einem unwissenden Volke höchlich verehrt, von einem aufgeklärten aber verachtet: denn Kenntnisse erleichtern dem Menschen die Vergleichung der Gegenstände. Sie lernen ihm dieselben aus mehrern Gesichtspunkten betrachten und viele Empfindungen einander entgegenstellen, welche sich wechselweise einschränken und ihm desto leichter an Andern, eben die Gesichtspunkte und eben den Widerstand voraussehen lassen, welchen er selbst zu machen geneigt ist. Vor der Aufklärung, welche in großer Menge unter einer Nation verbreitet ist, schweigt die verläumberische Unwissenheit, zittert das Ansehen, wenn es nicht mit Gründen bewaffnet ist und nur die starke Macht der Gesetze bleibt unter-

unerschütterlich: denn es giebt keinen aufgeklärten Mann,
der nicht die öffentlichen Verträge, deren Nutzen offenbar und deutlich ist und die die Grundsäulen der öffentlichen Sicherheit sind, liebe, wenn er den geringen
Theil der unnützen Freiheit, die er aufgeopfert hat, mit
der Summe der Freiheit aller Andrer vergleicht, welche
sie ihm aufgeopfert haben, und der erwägt, wie sie ohne
Gesetze sich gegen seine Sicherheit verschwören könnten.

Wer ein gefühlvolles Herz hat, wer einen Blick
auf ein gutes Gesetzbuch wirft und findet, daß er weiter nichts verloren hat, als die unselige Zügellosigkeit,
Andern Uebels zu thun, wird den Thron und denjenigen, der darauf sitzet, zu seegnen gezwungen seyn.

Es stimmt nicht mit der Wahrheit überein, daß
die Wissenschaften immer der Menschheit nachtheilig
gewesen seyn; und waren sie dies auch jemals, so war
es ein Uebel, das die Menschen nicht vermeiden konnten *). Die Vermehrung des menschlichen Geschlechts
auf

*) Das Fortschreiten in der Kultur und also die Erwei-
terung der Wissenschaften und die Vermehrung der
Kenntnisse ist ein Naturgesetz, welchem der Mensch
gehorchen muß. Die Wissenschaften sind daher keine
erkünstelten Bedürfnisse, sondern nothwendige Erzeugnisse des menschlichen
Geistes. Sie sind zwar die Ursache von einer Menge
von Uebeln und sie lernen uns vorher nie bemerkte kennen
(die idealisirende und sophistisirende Vernunft und die
schöpferische Einbildungskraft sind unerschöpflich in Er-
findung neuer Leiden) aber geben sie uns denn nicht
auch zugleich Mittel dagegen an die Hand? Die Leiden,
welchen der Mensch durch die Wissenschaften zur Beute
wird, sind sehr zahlreich und scheinen unerträglich zu
seyn,

auf der Erde hat den Krieg, die Handwerke, die rohen Künste und die erften Gefeße erzeugt, die nur augenblickliche Verträge waren, die von der Nothwendigkeit herrührten und mit ihr vernichtet wurden. Diefes war die erfte Philofophie der Menfchen, deren wenige Grundfäße in ihren Urftoffen richtig waren, weil ihre Trägheit und ihr weniger Scharffinn fie vor dem Irrthume bewahrten.

Da aber mit der Vermehrung der Menfchen fich die Bedürfniffe vervielfältigen, fo waren ftärkere und dauerhaftere Eindrücke nöthig, um die Menfchen von öftern Rückfällen in den erften Stand der Ungefelligkeit abzuhalten, der täglich gefährlichere Folgen nach fich zog. Diefe erften Irrthümer, die die Erde mit erdichteten Gottheiten bevölkerten und ein unfichtbares Weltall, das unfere Erde beherrfchte, fchufen, leifteten daher der Menfchheit einen großen (politifchen) Dienft. Diejenigen Männer, welche die Menfchen in Erftaunen

---

feyn, weil fie mehr unfern Geift als unfern Körper treffen und weil wir fie ftets mit uns herumtragen müffen, aber haben fie denn keinen Zweck? Erhalten fie den Menfchen nicht in fteter Thätigkeit? Lernen wir nicht durch vermehrte Einfichten immer mehr Mittel kennen, welche den zahllofen Schwarm von Uebeln, die auf uns losftürmen, in die Flucht fchlagen? Und gewähren uns denn nicht die Wiffenfchaften eine Menge Freuden und Wohlgenüffe, die der Wilde nicht kennt? Haben wir ihnen nicht die Freuden der Einbildungskraft und des Verftandes, deren Anzahl nicht gering ift, zu danken? Haben fie nicht auch die moralifchen Freuden vermehrt und uns neue Vergnügungen in dem Gebiete des Gefchmacks angewiefen?

Der Ueberf.

nen zu setzen wagten und die gelehrige Unwissenheit zu
den Altären hinschleppten, waren Wohlthäter des Menschengeschlechts. Sie stellten dem Volke Gegenstände
dar, die über die Sinnenwelt hinauslagen, die sich
immer mehr von ihm entfernten, je näher es ihnen zu
kommen glaubte und die man niemals zu verachten
wagte, weil man sie nicht kannte. Sie vereinigten
und richteten die verschiedenen und getheilten Leidenschaften auf einen einzigen Gegenstand, der sich ihrer ganzen Seele bemeisterte. So waren die ersten Schicksale
aller Völker beschaffen, die aus Wilden entstanden.
Dies war die Epoche der Bildung der großen Gesellschaften und von der Art war ihr nothwendiges und vielleicht einziges Band. (Ich spreche nicht von jenem
auserwählten Volke Gottes, bei welchem die außeror-
dentlichsten und die ausgezeichnetesten Beweise der göttlichen Gnade die Stelle der menschlichen Staatskunst
vertraten.) Wie aber der Irrthum das Eigene hat,
daß er sich bis ins Unendliche theilt, so machten diege-
nigen Wissenschaften, die ihm ihr Daseyn verdankten,
aus dem Menschen einen fanatischen Haufen von Blin-
ten, die in einem verschlossenen Labyrinthe an einander
stoßen und sich so in einander verwirrten, daß einige ge-
fühlvolle Seelen und philosophische Geister den alten
Zustand der Wildheit bedauerten. Dies ist die erste
Epoche, wo die Kenntnisse oder besser, die Meinungen
schädlich sind.

In der zweiten Epoche findet der schwere und
schreckliche Uebergang von den Irrthümern zur Wahrheit, von der unerkannten Finsterniß zum Lichte statt.
Es entsteht ein ungeheurer Kampf der Irrthümer, die
einigen

einigen wenigen Mächtigen nützlich sind, gegen die
Wahrheit, die vielen Ohnmächtigen Nutzen gewährt.
Die Annäherung und die Gährung der Leidenschaften,
die bei dieser Gelegenheit aufwachen, fügen den unglücklichen Sterblichen zahllose Uebel zu. Wer über die Geschichte, deren Hauptepochen nach gewissen Zwischen-
räumen immer wieder erscheinen, nachdenkt, wird finden, daß in dem traurigen, aber nothwendigen Ueber-
gange von der Finsterniß der Unwissenheit zum Lichte
der Philosophie, und von der Tyrannei zur Freiheit, oft
eine ganze Generation dem Glücke der nachfolgenden
aufgeopfert wird *). Wenn aber die Gemüther beru-
higt sind, und das Feuer, das die Nation von den
Uebel, die sie bedrückten, reinigte, gelöscht ist, dann
gelangt die Wahrheit, deren Fortschritte anfänglich
langsam sind, hernach aber beschleunigt werden, auf die
Throne, sie wird eine Gefährtin der Monarchen, man
erbauet ihr in den Parlamenten der Republiken Altäre

und

*) Alle großen Veränderungen in den Verfassungen der
Völker sind mit Aufopferungen für Einzelne verbunden,
weil man einer Menge von Ungerechtigkeiten ein Ende
macht; allein nicht Alle verlangen Opfer von der ganzen Nation, wie es bei politischen Revolutionen der
Fall ist, in welchen sich fremde Mächte einmischen,
wogegen sich diejenige Nation, welche die Veränderung
getroffen hat, zu vertheidigen verbunden ist. Solche
Revolutionen sind gefräßige Raubthiere, welche die
Menschen in Haufen verschlingen, woran aber nicht
die Veränderungen unter einer Nation selbst, sondern
die unbefugte Einmischung schuld ist. Ist aber endlich
die begangene Veränderung vollendet und alles ruhig,
alsdann kehrt Glück, Ruhe und Ueberfluß bald desto
reichlicher unter die Nation zurück.

Der Uebers.

und erzeigt ihr eine göttliche Verehrung. Wer kann nun wohl noch glauben, daß das Licht, welches den großen Haufen erleuchtet, schädlicher sey als die Finsterniß und daß eine richtige Erkenntniß von dem wahren und einfachen Verhältnisse der Dinge den Menschen nachtheilig sey *)?

Wenn die blinde Unwissenheit weniger schädlich ist als ein mittelmäßiges und verwirrtes Wissen, weil dieses mit den Uebel der Unwissenheit noch die Uebel des Irrthums verbindet, (ein unvermeidliches Schicksal für denjenigen, der viel zu kurzsichtig ist als daß er die Grenzen der Wahrheit wahrnehmen sollte,) so ist ein aufgeklärter Mann das kostbarste Geschenk, das ein Regent einer Nation und sich selbst machen kann, wenn er ihn zum Verwahrer und Hüter der geheiligten Gesetze bestellt. Gewohnt die Wahrheit zu sehen ohne sie zu fürchten, über den größten Theil der eingebildeten Bedürfnisse erhoben, die niemals zur Gnüge befriedigt werden

*) Die Aufklärung ist nur Ungerechtigkeiten gefährlich. Sie ist vielmehr die Stütze der Staaten welche sich auf das Recht gründen und die Gerechtigkeit handhaben. Der Bürger, der einsieht, warum ihm etwas befohlen wird, gehorcht gern, wenn er auch das Widerrechtliche eines Gesetzes wahrnehmen sollte, weil er das Gesetz, so lange es nicht aufgehoben ist, als den Erhalter der bürgerlichen Gesellschaft ansieht und den Nationalwillen, wenn er auch nicht mit seinen Einsichten übereinstimmen sollte, heilig achtet. Ganz anders ist es mit einem unwissenden und blinden Haufen, vor dessen Angriffen weder die Gesetze noch der Regent einen Augenblick gesichert ist, weil er kein leitendes und unwandelbares Prinzip bei seinen Handlungen hat, sondern ein Spielwerk der Leidenschaften und der äußern Eindrücke ist.   Der Ueberf.

werden können und die die Tugend der meisten Menschen
in Versuchung führen, pflegt und weiß er die Menschheit
aus den erhabensten Gesichtspunkten zu betrachten.
Seine Nation sieht er als eine Bruderfamilie an, und
der Abstand der Großen von dem Volke kommt ihm desto
geringer vor, je größer die Menge von Menschen ist,
die er vor Augen hat. Die Philosophen haben Bedürfnisse und Pflichten, die das gemeine Volk nicht
kennt, worunter vorzüglich gehört, daß sie die Grundsätze, welche sie in ihrem Studierzimmer gepredigt haben, öffentlich ausüben. Sie erwerben die Fertigkeit,
die Wahrheit um ihrer selbst willen zu lieben. Eine
Auswahl solcher Männer befördert die Glückseligkeit
einer Nation, aber eine Glückseligkeit, die nur vor-
übergehend ist, wenn nicht gute Gesetze die Anzahl derselben so vermehren, daß sich die Wahrscheinlichkeit, die
immer noch groß ist, eine schlechte Wahl hierinnen zu
treffen, vermindere.

Ein anderes Mittel Verbrechen vorzubeugen, besteht darin, daß man es dahin bringe, daß der Obrigkeit weit mehr an der genauen Vollziehung der Gesetze
als an der Verletzung derselben durch Bestechung, gelegen seyn muß. Je größer die Anzahl derjenigen ist, die
mit der Vollziehung der Gesetze beauftragt sind, desto
weniger gefährlicher sind ihre angemaßten Eingriffe in
die Gesetze, weil die Bestechlichkeit unter Mitgliedern,
die einander beobachten und die desto weniger interessirt
sind, ihr Ansehen zu vermehren, je geringer der Antheil ist, der auf jedes derselben fallen würde, beson-

X   ders

bers wenn man den Vortheil mit der Gefahr vergleicht, mit mehr Schwierigkeiten verbunden ist. Wenn der Souverain durch Gepränge, durch Feierlichkeiten, durch strenge Befehle, durch Verbietung von gerechten und ungerechten Klagen desjenigen, der sich für unterdrückt hält, seine Unterthanen daran gewöhnt, sich mehr vor den Obrigkeiten als vor den Gesetzen zu fürchten, so werden die Obrigkeiten mehr Vortheil von dieser Furcht haben, als die privat- und die öffentliche Sicherheit.

Ein anderes Mittel, Verbrechen vorzubeugen, besteht in der Belohnung tugendhafter Handlungen. Ueber diesen Gegenstand sehe ich die Gesetze der heutigen Nationen ein allgemeines Stillschweigen beobachten. Wenn die Academien Preiße auf die Entdeckung nützlicher Wahrheiten gesetzt und hierdurch sowohl die Kenntnisse als die guten Bücher vermehrt haben, warum sollten die Belohnungen, welche die Wohlthätigkeit der Tugend ertheilt, nicht auch die Anzahl der tugendhaften Handlungen vermehren *)? Die Münze

---

*) Die Tugend darf nie belohnt werden, wenn sie nicht ihren eigenthümlichen Charakter und ihre innere Würde verlieren soll. Ihr Charakter ist Uneigennützigkeit und ihre Würde ist ohne allen Preiß. Tugendhafte Handlungen sind eine Gewissenspflicht und warum soll das bezahlt werden, was die Pflicht des Menschen an und für sich selbst fodert? Man erzeige der Tugend nur die gehörige äußere Achtung (die innere kann ihr kein Sterblicher verweigern) und trete tugendhafte Männer nicht in Staub, dann wird schon die Tugend triumphiren.

Der Uebers.

Münze der Ehre ist in den Händen eines weisen Regenten immer unerschöpflich und fruchtbar.

Das sicherste aber schwereste Mittel, Verbrechen zu verhüten, ist die Vervollkommnerung der Erziehung: ein Gegenstand der allzu weitläufig ist und der mich über die Grenzen, die mir vorgeschrieben sind, hinausführen würde, ein Gegenstand, ja ich wage es zu sagen, der allzu enge mit der Natur der Regierung verbunden ist, als daß er nicht immer bis auf die entferntesten Jahrhunderte der öffentlichen Glückseligkeit ein unfruchtbares und nur von wenigen Weisen hier und da bearbeitetes Feld bleiben sollte. Ein großer Mann *), der die Menschheit, die ihn verfolgt, aufklärt, hat ausführlich die Hauptgrundsätze einer für die Menschen wahrhaft nützlichen Erziehungsmethode entwickelt. Er hat bewiesen, daß die Erziehung und der Unterricht weniger in der Beibringung einer unfruchtbaren Menge von Gegenständen, als in der Auswahl und Deutlichkeit derselben bestehe: daß man so wohl bei physischen als bei moralischen Erscheinungen, die der Zufall oder die Geschicklichkeit des Lehrers den jugendlichen Gemüther darbietet, die Urbilder an die Stelle der Abbildungen setzen, und daß man die Jugend auf dem leichten Wege der Empfindung zur Tugend leiten, und sie von dem Bösen auf dem untrüglichen Wege der Nothwendigkeit und der Unannehmlichkeiten, die immer auf die Handlungen folgen und nicht auf dem ungewissen Wege des Befehlens, wo man nur einen verstellten und augenblicklichen Gehorsam erhält, abhalten müsse.

§. 42.

*) Rousseau (J. J.)

§. 42.

Beschluß.

Aus dem bisher Vorgetragenen kann man folgenden allgemeinen und sehr nützlichen, aber mit dem Gebrauch, der der gewöhnlichste Gesetzgeber der Nationen ist, wenig übereinstimmenden Lehrsatz ziehen:

Jede Strafe, die nicht eine Gewaltthätigkeit Eines oder Mehrerer gegen einen einzelnen Bürger seyn soll, muß durchaus öffentlich, schleunig, nothwendig, so gelinde, als sie nach Beschaffenheit der Umstände seyn kann, mit den Verbrechen übereinstimmend und durch die Gesetze bestimmt seyn.

Ende des Beccaria'schen Werkes: über Verbrechen und Strafen.

Leipzig,
gedruckt bei Christian Friedrich Solbrig.

Inhalt des ersten Theils.

Inhalt des ersten Theils.

21. Von

Inhalt des ersten Theils.